Direito Ponto a Ponto

Direito Civil - Lei de Introdução ao Código Civil, Parte Geral e Direito das Coisas
Luís Paulo Cotrim Guimarães

Direito Civil - Família
José Luiz Gavião de Almeida

Direito Civil - Contratos
Maria Ligia Mathias
Maria Helena Marques Braceiro Daneluzzi

Direito Imobiliário
Washington Carlos de Almeida

Direito Notarial e Registral
Juliana de Oliveira Xavier Ribeiro

Direito Processual Civil - Execução
Márcia Conceição Alves Dinamarco
Fabio Montanini Ferrari

Direito Processual Civil - Processo Cautelar
Nelton Agnaldo Moraes dos Santos

Direito Processual Civil - Procedimentos Especiais
Alexandre David Malfatti

Direito de Empresa
Armando Luiz Rovai

História do Direito
Vicente Bagnoli
Susana Mesquita Barbosa
Cristina Godoy Oliveira

Direito Eleitoral
Ricardo Cunha Chimenti

Direito Administrativo - Tomos I e II
Márcia Walquiria Batista dos Santos
João Eduardo Lopes Queiroz

Direito da Seguridade Social - Direito Previdenciário, Infortunística, Assistência Social e Saúde
Jediael Galvão Miranda

Direito do Trabalho
Rodrigo Garcia Schwarz

Direito Processual do Trabalho - Processo de Conhecimento e Tutelas de Urgência (antecipada e cautelar) - Tomo I
Thereza C. Nahas

Direito Processual do Trabalho - Execução e Procedimentos Especiais - Tomo II
Yone Frediani

Direito Penal - Parte Geral
Christiano Jorge Santos

Direito Processual Penal
Tomos I e II
Gustavo Henrique Badaró

Direito Econômico
Fabiano Del Masso

Direito Tributário
Guilherme de Carvalho Jr.

Direito Internacional
Friedmann Wendpap
Rosane Kolotelo

Direito Ambiental
Márcia Dieguez Leuzinger e Sandra Cureau

Ética
Viviane Séllos

PRÓXIMOS LANÇAMENTOS:

Direito Civil
Obrigações

Direito Civil
Responsabilidade Civil

Direito Civil
Sucessões

Direito Processual Civil
Teoria Geral do Processo e Processo de conhecimento

Direito do Consumidor

Direito Constitucional
Tomo III

Direito Penal
Parte Especial

Legislação Penal Especial

Filosofia do Direito

História do Direito

Vicente Bagnoli
Susana Mesquita Barbosa
Cristina Godoy Oliveira

História do Direito

Fechamento desta edição: 12 de março de 2009.

CAMPUS
JURÍDICO

Projeto Gráfico
Interface Designers

Copidesque
Livia Maria Giorgio

Editoração Eletrônica
SBNIGRI Artes e Textos Ltda.

Revisão Gráfica
Emidia Maria de Brito

Coordenação Acadêmica
Thereza Nahas e Márcia Conceição Alves Dinamarco

Projeto Gráfico
Elsevier Editora Ltda.
A Qualidade da Informação
Rua Sete de Setembro, 111 — 16º andar
20050-006 — Rio de Janeiro — RJ — Brasil
Telefone: (21) 3970-9300 Fax: (21) 2507-1991
E-mail: info@elsevier.com.br
Escritório São Paulo
Rua Quintana, 753 – 8º andar
04569-011 – Brooklin – São Paulo – SP
Telefone: (11) 5105-8555

ISBN: 978-85-352-2853-3

Central de Relacionamento
Tel.: 0800 026 53 40
Rua Sete de Setembro, 111, 16º andar – Centro – Rio de Janeiro
CEP.: 20.050-006
E-mail: info@elsevier.com.br
Site: www.elsevier.com.br

CIP-Brasil. Catalogação-na-fonte.
Sindicato Nacional dos Editores de Livros, RJ

B134h

Bagnoli, Vicente, 1976 –
História do Direito / Vicente Bagnoli, Susana Mesquita Barbosa, Cristina Godoy Bernardo de Oliveira. – Rio de Janeiro: Elsevier, 2009.
232 p. (Direito ponto a ponto)

Inclui bibliografia
ISBN 978-85-352-2853-3

1. Direito – História. I. Barbosa, Susana Mesquita. II. Oliveira, Cristina Godoy Bernardo de. III. Título. IV. Série.

09-0572. CDU: 34(09)

Dedicatórias

Aos meus pais, Miriam e Antonio e ao meu irmão, Alexandre.

Cristina

Para
Maria Cristina, Luiz Fernando,
Cássio, Lígia, Laura e Júlia (*in memoriam*).

Susana

Dedico este livro à minha mãe Eliana e à minha avó Wanda, homenageando desta forma as professoras e professores do nosso país, em especial as minhas professoras de História do Colégio Dante Alighieri.

Vicente

Vicente Bagnoli

Sócio de Bagnoli e Gonçalves Advogados, é Doutor em Filosofia e Teoria Geral do Direito pela Faculdade de Direito da Universidade de São Paulo. Mestre em Direito Político e Econômico e Bacharel pela Faculdade de Direito da Universidade Presbiteriana Mackenzie, na qual leciona nos programas de graduação e pós-graduação em Direito. Conselheiro do IBRAC e Diretor do GEDECON. Membro das Comissões de Estudos da Concorrência e Regulação Econômica e do Cooperativismo da OAB-SP. Associado à Câmara Ítalo-Brasileira de Comércio e Indústria, na qual é o coordenador do Grupo de Estudo de Concorrência e Regulação do Comitê Jurídico. Integrante do Conselho Editorial da Revista IBRAC e do Boletim da Concorrência, publicação do CADE. Representante da Ordem dos Advogados do Brasil – Secção São Paulo à convite do CADE na 6ª Conferência da *International Competition Network*, realizada em Moscou. Autor de artigos e trabalhos em publicações especializadas e livros como *Direito e Poder Econômico*: Os Limites Jurídicos do Imperialismo frente aos Limites Econômicos da Soberania; *Direito Econômico*; e *Introdução ao Direito da Concorrência*: Brasil-Globalização-União Européia-Mercosul-ALCA. www.vicentebagnoli.com.br

Susana Mesquita Barbosa

Graduada e licenciada em Filosofia e mestre em Educação pela Universidade Estadual de Campinas (UNICAMP), bacharel em Direito pela Pontífica Universidade Católica de São Paulo (PUC-SP). Professora do Departamento de Filosofia e Teoria Geral de Direito, nos cursos de graduação e pós-graduação, da Faculdade de Direito da Universidade Presbiteriana Mackenzie. Pesquisadora dos Grupos de Pesquisa CNPq "Ética e Bioética" e "Teoria das Idéias". Consultora de Direito Educacional de Barbosa e Spalding Advogados Associados.

Cristina Godoy Bernardo de Oliveira

Advogada. Graduação em Direito pela Universidade de São Paulo. Especialização em Direito Administrativo, Político e Financeiro pela Universidade de São Paulo. Doutorada em Teoria Geral e Filosofia do Direito pela Universidade de São Paulo. Ex-bolsista pela CNPq e ex-pesquisadora da Fundação Arcadas-Consulado Americano. Participante da Pesquisa: *Comportamento Eleitoral - Eleições Municipais 2008.*

Apresentação

O estudo da História do Direito tem primordial relevância na formação e consolidação acadêmica e profissional dos bacharéis em Direito. Deve-se, precipuamente, à própria finalidade da História que é responsável por permitir que aquele que se debruça sobre seus estudos vislumbre novas possibilidades de interpretação e compreensão das situações e dos fenômenos contemporâneos.

O termo *História* não tem uma única e inequívoca definição. Ao contrário, refere-se a uma multiplicidade de concepções, metodologias e objetos que, por vezes, são similares, outras complementares e, até, contraditórias.

Tradicionalmente, História se refere tanto a fatos e acontecimentos como ao campo de conhecimento que realiza o estudo destes, ou ao conjunto de conhecimentos e análises sobre o passado e, ainda, ao conjunto de textos e obras sobre a própria História.[1]

De todo o modo, a História, tomada em qualquer uma de suas acepções, é o resultado de uma necessidade essencialmente humana: explicar para si próprio sua origem, suas instituições e construções, seus valores, enfim, sua vida.

A palavra é de origem grega (*ιστορια* – historia) e em sua matriz se relaciona à investigação. Investigação é a ação de buscar vestígios. Assim, fazer História é revelar a capacidade do Homem de, por meio da observação de impressões duradouras de fatos e acontecimentos (como uma pegada, uma fotografia, uma ruína arquitetônica, um texto ou qualquer

1 Pode-se observar essa multidimensionalidade do termo *História* inclusive em uma rápida busca em dicionário, a saber: "**his.tó.ria** *sf* (*gr historía*). **1** Narração ordenada, escrita, dos acontecimentos e atividades humanas ocorridas no passado. **2** Ramo da ciência que se ocupa de registrar cronologicamente, apreciar e explicar os fatos do passado da humanidade em geral, e das diversas nações, países e localidades em particular. **3** Os fatos do passado da humanidade registrados cronologicamente. **4** Ramo da ciência que se ocupa com a natureza animada e inanimada. **5** Tratado acerca da origem e desenvolvimento de uma nação, ciência, arte etc. **6** O futuro, considerado como juiz das ações humanas: *A história o julgará*. **7** Biografia de uma personagem célebre. **8** Exposição de fatos, sucessos ou particularidades relativas a determinado objeto digno de atenção pública. **9** Narração de aventura particular. **10** Desavença, questão, disputa. *dim: historieta*." Dicionário Michaelis. Disponível em <http://www.michaelis.com.br>.

outro registro), reconstituir e compreender o Homem e a humanidade pretéritos e vislumbrá-los no futuro.

A História é a história do Homem e da Humanidade. Mas é, também, a história do processo de transformação das sociedades humanas, desde seu aparecimento até os dias atuais, dentro das condições e possibilidades reais estabelecidas.[2]

O processo evolutivo e o conjunto destas transformações se constituem como objeto primordial da História. Nessa medida, o tempo histórico é a dimensão da própria História. Este tempo é o substrato para a análise dos acontecimentos que ocorreram em outro tempo cronológico.

O processo histórico, temporal, é contínuo, porém não é linear, vez que não se encontra limitado pelo tempo cronológico. É um tempo que inclui idas e vindas, desvios e avanços, recuos e inversões e alterações-rupturas e alterações-continuidade.

Ante esta complexidade em relação ao seu objeto, atualmente, o estudo de história exige que se realize uma delimitação específica para sua realização. Assim, o historiador, bem como o estudioso da história, ocupa-se de uma determinada realidade concreta situada ou no tempo e no espaço, ou em um determinado objeto. Observando-a em seu todo, em seu conjunto, o historiador encontrará uma realidade concreta única e total.

A compreensão da história constitui-se então como um processo de libertação e justificação do presente em relação ao passado.[3]

Resta claro, pois, que a História não é, nem será, uma mera narrativa de acontecimentos, mas sim, e, sobretudo, um processo de compreensão e reflexão profundo sobre a realidade.

Dentre os fatos e acontecimentos observáveis na História do homem e da humanidade encontra-se o Direito. Desde o surgimento do homem e da sociedade (momento no qual os homens são colocados diante de outros homens para buscar um fim comum de convivência), estabelece-se o Direito como uma "*possibilidade garantidora de atividades ou de poderes atribuídos a todos*"[4] em sociedade.

---

2 Borges, V. P. *O que é história?* 5. ed. São Paulo: Brasiliense, 1983, p. 18-19.

3 Gilissen, J. *Introdução Histórica ao Direito*. Tradução portuguesa de Hespanha, A. M.-Macaísta Malheiros, L. M. Lisboa: Calouste Gulbenkian, 2001, p. 13.

4 Reale, M. *Horizontes do Direito e da História*. São Paulo: Saraiva:1956, p. 272.

O Direito, mais do que fatos e acontecimentos, é um valor construído e erigido em todas as sociedades independente das formas de organização, sistematização e estruturação social, política, cultural, ética e moral destas. Um valor que garante e possibilita a vida em sociedade e que estabelece diretrizes para a sua construção e transformação.

Como valor que é, o Direito vem sendo vivenciado e realizado pelo homem ao longo da história. Parece, então, que a história humana liga-se essencialmente à história do Direito, porque tudo quanto o homem faz em sociedade está entrelaçado, direta ou indiretamente, pelo Direito, ou se manifesta mediante formas jurídicas.

A finalidade deste trabalho é apresentar uma introdução ao Direito como fenômeno histórico, de modo a contribuir para a formação do olhar crítico e reflexivo dos estudiosos do Direito. Para alcançar tal propósito, o trabalho busca refazer o percurso histórico jurídico da humanidade ocidental, em selecionados tempos e espaços, lançando luzes sobre determinados fatos e acontecimentos jurídicos de modo a fornecer ao leitor, de maneira sintética, um roteiro para o constante estudo do Direito.

Entender alguns fatos como a instituição histórica do positivismo ou do jusnaturalismo, da racionalidade jurídica, da propriedade, dos códigos e das Constituições e de tantos outros temas históricos, pode proporcionar ao estudioso uma visão diferenciada da ciência jurídica e do direito contemporâneo. Uma visão livre para refletir sobre os dogmas do direito contemporâneo sem torná-los amarras à compreensão do fenômeno jurídico.[5]

Fatos e acontecimentos, conhecimentos e conteúdos, institutos e procedimentos jurídicos, idéias e ações devem ser definidos e pontuados para que se ampliem as possibilidades e o alcance da investigação, nunca para limitá-los.

Nesta perspectiva, a presente obra se organiza em três partes que buscam, no todo, apresentar e refletir sobre os principais acontecimentos e fatos históricos que repercutem no Direito Brasileiro nos dias de hoje.

Na primeira parte, apresenta-se uma Introdução conceitual com o objetivo de oferecer um quadro das principais fontes jurídicas e das teorias da história e de diversas metodologias para o estudo da História do Direito.

---

5 Aguiar, Renan. *História do Direito*. José Fabio Rodrigues Maciel (Coordenador). São Paulo: Saraiva, 2007, p. 22.

Na segunda parte, compreende-se o Direito no mundo Ocidental, refazendo o percurso nos grandes períodos históricos da humanidade a fim de verificar quais são os institutos e conceitos que, ainda hoje, refletem no Direito contemporâneo.

Na terceira parte, aborda-se o Direito luso-brasileiro identificando suas semelhanças e distanciamentos, e verificando como, após a Independência, o Direito brasileiro se organizou, moldou-se e se configurou, o que justifica uma série de características contemporâneas.

Prefácio

A história é mais que um repositório inerte de dados do passado. É mais que mera memória coletiva. Importa, se recorrermos às velhas lições dos alemães, na expressão germânica "*Verstehen*", uma linha de direção que nos auxilia a compreender e a interpretar os acontecimentos ao longo do desenvolvimento humano. Isto porque o homem, o ser humano, não pode se desvincular da história, do seu passado, dos fatos que marcaram este percurso evolutivo. Toda a sua obra é história. Todo o seu conhecimento – filosófico, artístico, técnico, científico – suas criações, instrumentos e desenvolvimento do intelecto é história. A isto denominamos experiência histórica acumulada. E, concomitantemente a esta caminhada, que transpassa séculos, emerge com acentuado potencial e relevância a formação do Direito que, a seu turno, encontra suas raízes e formação no lento e insistente curso da história, que aloja as tradições, os costumes sociais, os reclamos populares, o espírito dos povos.

O *tempo histórico*[1] condiciona a forma de ser e de pensar das sociedades, a sua organização, as fórmulas de regências, os mecanismos de tratamento da vida coletiva, as normas de convivência social, enfim o Direito, ou seja, a regulação da conduta humana na vida em sociedade. O Direito, portanto, é produto da história, um dos seus mais proeminentes fenômenos – como frisado na presente obra – e, daí, o seu conhecimento, a imersão na ciência jurídica e a sua interpretação afigurarem-se indissociáveis da perfeita colocação da variada e diversificada gama de institutos jurídicos, que hoje se descortina, nas respectivas trajetórias históricas.

Pois bem, esta é a árdua e espinhosa proposta do livro ***História do Direito*** que temos a honra de apresentar, trabalho produzido por três estudiosos, dedicados e talentosos docentes. Jovens, profundamente apaixonados pelo Direito, pesquisadores interessados em percorrer, com seriedade e em bases científicas, *o histórico jurídico da humanidade*

1 Expressão utilizada por Borja, Rodrigo, *Enciclopédia de la Política*, México, Fondo de cultura Econômica, 1997.

ocidental e, dessa forma, concorrer para o aprimoramento do estudo do Direito, idealizando um itinerário e uma harmoniosa sistematização.

Vicente Bagnoli, doutor pela Universidade de São Paulo e mestre pela Universidade Presbiteriana Mackenzie, Cristina Godoy Bernardo de Oliveira, doutoranda pela Universidade de São Paulo e Susana Mesquita Barbosa, mestre pela Unicamp, realizam e oferecem um robusto estudo, uma análise detalhada e livre de quaisquer apologias da história do Direito, as linhas de evolução, as diferentes etapas, a percepção histórica, a formação e as mutações comandadas por emergentes correntes filosóficas e sob o impacto de movimentos sociais.

Exibindo uma rara combinação de perspectiva histórica e precisão analítica, Bagnoli, Godoy e Barbosa proporcionam aos estudiosos e pesquisadores *uma visão diferenciada da ciência jurídica e do direito contemporâneo, fornecendo ao leitor, de maneira sintética, um roteiro para o constante estudo do Direito.*

Em verdade, todo estudante de Direito e todo operador de hoje deve estar informado sobre o impacto do passado e não há como ignorar a relevância ou até mesmo a imprescindibilidade do perfeito entendimento da formação histórica das instituições que regem o nosso cotidiano. Escrupulosos à fidelidade a fatos e momentos históricos, respaldados em ampla investigação e guiados pela preocupação inicial de apresentar as idéias, doutrinas e correntes jurídicas de molde a produzir uma obra apta a ajudar o leitor a adentrar e captar os complexos contornos do sistema jurídico ocidental, Vicente Bagnoli, Cristina Godoy e Susana Mesquita Barbosa conquistam sólida reputação na literatura jurídica, que, timidamente, vem denotando um movimento de expansão no escaninho pertinente ao Direito e a sua história.

A obra desses autores transborda, contudo, o perfil de mero relatório ou roteiro – como é registrado no livro. Alinha-se às produções de elevada qualidade doutrinária e densa pesquisa científica. Informativa e de notória riqueza quanto ao conteúdo, de alta utilidade para o exame dos institutos jurídicos, a ***História do Direito***, de Vicente Bagnoli, Cristina Godoy e Susana Mesquita Barbosa, certamente contará com sucessivas edições. Pela qualidade e valor jurídico do trabalho, que este inaugure uma longa e sempre renovada série de futuras produções literárias dos autores no cenário jurídico.

São Paulo, março de 2009.

Cláudio Lembo

Governador do Estado de São Paulo (2006). Vice-Governador do Estado de São Paulo (2003-2006). Secretário dos Negócios Jurídicos da Prefeitura do Município de São Paulo. Diretor da Faculdade de Direito da Universidade Presbiteriana Mackenzie (1974-1975). Reitor da Universidade Presbiteriana Mackenzie (1997-2002). Professor Titular de Direito Constitucional e Coordenador do Curso de Especialização em Direito Empresarial da Universidade Presbiteriana Mackenzie. Professor da Faculdade de Direito da Fundação Armando Álvares Penteado – FAAP. Presidente do Centro de Estudos Políticos e Sociais – CEPES.

Monica Herman Caggiano

Presidente da Comissão de Pós-Graduação da Faculdade de Direito da Universidade de São Paulo. Professora Associada do Departamento de Direito do Estado da Faculdade de Direito da Universidade de São Paulo e Livre-docente em Direito Constitucional pela Faculdade de Direito da Universidade de São Paulo. Professora Titular de Direito Constitucional e Coordenadora do Curso de Especialização em Direito Empresarial da Universidade Presbiteriana Mackenzie. Procuradora Geral do Município de São Paulo (1994-1996). Secretária dos Negócios Jurídicos do Município de São Paulo (1996). Procuradora municipal (1972-1996). Vice-Presidente do Instituto "Pimenta Bueno" de Direito Constitucional – Associação Brasileira dos Especialistas em Direito Constitucional. Membro vitalício e perpétuo titular da Academia Paulista de Letras Jurídicas. Diretora cultural do Centro de Estudos Políticos e Sociais – CEPES.

A crescente competitividade no mercado profissional e a demanda de um público cada vez mais exigente motivaram a Editora Campus/Elsevier a conceber a série *Direito Ponto a Ponto*.

O Direito, em essência, desafia para uma trajetória profissional que se inicia em um complexo curso de graduação e segue pelo exame da OAB, a advocacia, a preparação para concursos públicos e, ainda, as constantes alterações legislativas, que mudam sistemas, conceitos e procedimentos.

Os personagens do Direito precisam, portanto, absorver diariamente cada vez mais informações em um curto período de tempo. O desafio é aprender e compreender, pensar e raciocinar, crescer e amadurecer intelectualmente.

A necessidade premente de livros que atinjam o ponto de equilíbrio necessário para obter conhecimento direto sem prejuízo do aprofundamento doutrinário, da interpretação jurisprudencial, da discussão atual de assuntos polêmicos é o fundamento da série *Direito Ponto a Ponto*.

A série é escrita por autores de intensa atuação profissional e acadêmica, imbuídos do espírito de renovação e do compromisso de manter excelência do conteúdo doutrinário e aprimoramento contínuo das novas edições. Os autores são advogados, juízes, promotores, especialistas, mestres, doutores e professores, todos comprometidos com o ensino jurídico.

Pontos polêmicos e de interesses profissionais, pontos de concursos e pontos de graduação são tratados em cada um dos volumes. É o Direito *ponto a ponto* que oferecemos a nossos leitores.

Editora Campus/Elsevier

Sumário

Parte I

Introdução Conceitual

Capítulo 1
Conceito e Objeto da História do Direito

A finalidade da História, desde os tempos mais remotos, sempre foi a de fornecer aos Homens e à sociedade explicações sobre sua origem e sua evolução. Como se sabe, a História é a história do homem e da humanidade. É, também, a história do processo de transformação das sociedades humanas, desde seu aparecimento até os dias atuais, dentro das condições e possibilidades reais estabelecidas.[1] Portanto, a história significa *"ao mesmo tempo: os acontecimentos que se passaram e o estudo desses acontecimentos."*[2]

A compreensão da História como um fenômeno social constitui-se como um processo de libertação e justificação do presente em relação ao passado,[3] ao mesmo tempo que abre a possibilidade de compreensão e de planejamento do futuro quando se consegue dimensionar o contemporâneo estágio das coisas.

Dentre os diversos fenômenos sociais identificados no decurso da História, o Direito, certamente, figura entre os mais importantes. Desde o surgimento do Homem como ser social (momento no qual os homens são colocados diante de outros homens para se relacionarem em busca de um fim comum de convivência), estabelece-se o Direito como uma *"possibilidade garantidora de atividades ou de poderes atribuídos a todos"*[4] em sociedade.

Toda sociedade possui uma cultura jurídica/normativa própria. Tem um aspecto normativo, cabendo-lhe delimitar a existencialidade de padrões, regras e valores que institucionalizam modelos de conduta. Cada sociedade esforça-se para assegurar uma determinada ordem social, instrumentalizando normas de regulamentação essenciais, capazes de atuar como sistema eficaz de controle social.[5]

1 Borges, V. P. obra citada. p. 18-19.

2 *Ibid*, p. 14.

3 Gilissen, J. obra citada. p. 13.

4 Reale, M. obra citada. p. 272.

5 Wolkmer, A. C. *Fundamentos de História do Direito*. 4. ed. revista e ampliada. Belo Horizonte: Del Rey Éditora, 2008, p. xix.

Como valor que é, o Direito vem sendo vivenciado e realizado pelo Homem ao longo da história. Parece, então, que a História humana liga-se essencialmente à História do Direito, porque tudo quanto o homem faz em sociedade está entrelaçado, direta ou indiretamente, pelo Direito, ou se manifesta mediante formas jurídicas.

O Direito, mais do que fatos e acontecimentos, é um valor construído e erigido em todas as sociedades, independente das formas de organização, sistematização e estruturação social, política, cultural, ética e moral destas. Um valor que garante e possibilita a vida em sociedade e que estabelece diretrizes para a sua construção e transformação.

Nesse sentido, o

> Direito é uma experiência vital; é uma soma de atos que as gerações vão vivendo, uma após outras, dominadas, todas, pelo ideal do que chamamos do justo. Pois bem, a esta experiência histórica, que se concretiza no tempo, ao fato social que progride ou regride assumindo fisionomias e aspectos bastante diversos, variando de lugar para lugar, de tempo para tempo, e exprimindo-se em sistemas de normas positivas damos o nome de Direito.[6]

A História procura especificamente ver as transformações e as permanências pelas quais passaram as sociedades humanas. Certamente que cada povo e cada organização social dispõem de um sistema jurídico que traduz a especialidade de um grau de evolução e complexidade, o que sempre exigirá que se faça uma análise conjunta e aprofundada dos elementos constituintes.

Atualmente, mesmo com todo o estudo historiográfico, subsiste "um certo mistério"[7] e, também, uma ausência de explicações científicas – aos moldes positivistas – que forneçam dados e respostas corretas e conclusivas acerca das origens de grande parte das instituições jurídicas, particularmente das sociedades não ocidentais e pré-históricas.

Essa dificuldade refere-se ao fato de que o estudo histórico do Direito exige procedimentos, métodos e abordagens bastante complexos, além da própria especificidade da Ciência do Direito que abarca uma série de objetos de pesquisa (sistemas legais, sistemas jurídico-políticos, sistemas econômicos, dentre outros).

Não fosse pela própria especificidade desta Ciência, o estudo histórico contemporâneo também solicita uma abordagem multidimensinonal e, por conseguinte, multidiscilplinar. A História se estabelece, hoje, cada vez mais

6 Reale, M. obra citada. p. 273.

7 Wolkmer, A. C. obra citada, p. 2.

próxima às outras áreas conexas do conhecimento que estudam o homem e a sociedade, tais como a Sociologia, a Antropologia, a Economia, a Geografia e a Psicologia, visando *"explicar a dimensão que o homem tem e teve em sociedade"*.[8]

A análise desta Ciência visa compreender a historicidade do Direito, em sua evolução histórica, suas ideias, suas instituições a partir de uma reinterpretação *"das fontes do passado sob o viés da interdisciplinariedade (social, econômica e política) e de uma reordenação metodológica, em que o fenômeno jurídico seja descrito numa perspectiva desmistificadora"*.[9]

Assim, a História do Direito, que não se refere exclusivamente *"às normas jurídicas estatais e seus efeitos jurídicos"*,[10] não se constitui como uma ciência *dogmática*, ou seja, uma ciência na qual se parte de verdades inquestionáveis e pré-estabelecidas reduzindo, no todo, a complexidade do fenômeno estudado. A História do Direito, em verdade, aproxima-se mais da interpretação *zetética*, ou seja, aquela na qual se privilegia o conhecimento, o ato de conhecer, e que visa o reconstituir em um determinado contexto histórico-social e intelectual, e atualmente interdisciplinar – as instituições e fatos jurídicos.[11]

Ora, do mesmo modo como se fazem necessárias a interdisciplinariedade e a interpretação complexa do fenômeno jurídico para a análise histórica, ainda não é possível o entendimento do objeto de investigação sem a análise de suas fontes que, à sua vez, funcionam como o *"material que fundamenta e embasa a própria pesquisa histórica."*[12]

8 Borges, V. P. obra citada. p. 48.

9 Wolkmer, A. C. obra citada. p. xix.

10 Marky, T. *Curso Elementar de Direito Romano*. 8. ed. São Paulo: Saraiva, 1995, p. 13

11 Viehweg, T. *Topica y filosofía del derecho*. Barcelona: Gedisa, 1991. p. 101.

12 Lombardi, J. C. Historiografia educacional brasileira e os fundamentos teórico-metodológicos da História. In *Pesquisa em Educação*: história, filosofia e temas transversais. Campinas: Autores Associados: HISTEDBR; Caçador, SC: UnC, 1999, p. 8.

Capítulo 2
Fontes da História do Direito

Etimologicamente, o termo *Fonte* significa "nascente ou bica d'água". Em historiografia, esta expressão indica, normalmente, o material específico que servirá de apoio à pesquisa. Cada pesquisa será diferenciada de acordo com o tipo de fonte que utilizará, podendo estas ser classificadas em fontes remanescentes ou fontes de tradições.[1]

As fontes históricas resultam da ação humana, que é constituída historicamente. A grande maioria das fontes utilizadas como material historiográfico não foi produzida com a intencionalidade de *"registrar a vida e o mundo dos homens, mas acabam sendo testemunhas dessa dimensão"*,[2] e, por isso mesmo, se constitui como elemento primordial do estudo historiográfico.

Essa ausência inicial de intencionalidade faz com que, nem sempre, encontrem-se facilmente disponíveis para que o Homem consiga inteligir sobre suas ações no tempo e no espaço, substrato fundamental da compreensão histórica.

No que diz respeito à História do Direito, Gilissen[3] estabelece que a expressão "fontes" deve ser compreendida em três sentidos diferentes, a saber:

a) Fonte Histórica do Direito: constituída por todos os instrumentos (documentos orais e escritos) que foram utilizados como base para a formação do direito positivo de um determinado país.

---

1 "Fontes Históricas: (ingl *Historical Sources; fr. Souces historiques*). Com esta expressão se indica, comumente, o material da pesquisa historiográfica. As Fontes Históricas costumam ser dividas em remanescentes e tradições. As remanescentes são: 1) os restos das obras produzidas pelo homem (casas, pontes, teatros, utensílios etc.); 2) os modos de vida das comunidades (usos, costumes, ordenamentos jurídicos, políticos etc.); 3) as obras literárias e filosóficas; 4) os documentos em geral. [...]. Os restos produzidos com a intenção de transmitir uma recordação se chamam monumentos. Tais são os documentos que tiveram a finalidade de testemunhar, no futuro, a conclusão de um fato e tais são as inscrições, as medalhas, as moedas etc.[...] Por último, as Fontes da Tradição são aquelas pelas quais se transmitiu a memória dos fatos passados e podem ser orais e escritas [...]." Conforme Abaggnano. *Dicionário de Filosofia*. São Paulo: Editora Mestre Jou, 1982.

2 Lombardi, J. C. obra citada. p. 10.

3 Gilissen, J. obra citada. p. 23-28.

b) Fonte Real do Direito: Constituída por todos os elementos que compõem a "estrutura jurídica" de uma determinada sociedade. No decurso da história, o fundamento jurídico já esteve relacionado a diversas acepções como "*forças sobrenaturais, místicas, divinas, noções de justiça, de equidade, de bem-estar social, econômico, político ou mesmo geográfico etc., e também o direito dos períodos anteriores e os direitos estrangeiros*".[4]

c) Fonte Formal do Direito: Constituída pelo conjunto de instrumentos utilizados na elaboração e sistematização das normas jurídicas e do Direito em um determinado grupo sociopolítico em uma determinada época. Podem se referir, também, às formas de expressão do Direito (Constituições, códigos jurídicos, Jurisprudência, valores, dentre outros).

O Direito de cada sociedade não surgiu em um único momento, como um *fiat* descontextualizado. Antes, é consequência de uma evolução secular. As fontes do Direito – principalmente quando pensadas em sua tripla dimensão – têm por finalidade fornecer ao historiador elementos suficientes para a realização das análises subjetivas e objetivas do processo de construção desse determinado fenômeno social.

Dentre essas fontes apresentadas por Gilissen, a mais importante para o estudo historiográfico e aquela que, sem dúvida, possibilita um maior número de análises – até porque é mais facilmente encontrada – é a Fonte Formal.

Dentre as Fontes Formais, destacam-se quatro como suas principais representantes – visto que serão encontradas em quase todas as sociedades ocidentais, desde a história antiga até os dias atuais, e que atuam de maneira conclusiva na estruturação e sistematização dos sistemas jurídicos –, que são: *i*) a Lei; *ii*) os Costumes; *iii*) a Doutrina; e *iv*) a Jurisprudência.

Entre essas quatro fontes, aquelas que causam maior repercussão, uma vez que são utilizadas, diretamente, na constituição das normas jurídicas, são a Lei e os Costumes, e por isso são chamadas de fontes primárias ou principais. A Doutrina e a Jurisprudência bem como os Princípios Gerais do Direito e outras fontes formais que não as Leis e os Costumes figuram como fontes suplementares ou subsidiárias, ou seja, aquelas que só atuam nas situações em que se configuram lacunas no sistema de estabelecimento ou interpretação das normas jurídicas deixadas pelas Leis e/ou pelos Costumes.[5]

4 *Ibid*, p. 14.
5 *Ibid*, p. 25.

Para o estudo da História do Direito faz-se necessário compreender o alcance e a extensão destas principais fontes.

A primeira fonte formal do Direito é a **Lei**. Esta se configura como a fonte que, predominantemente, influenciou a constituição dos diversos sistemas jurídicos, antigos, modernos e contemporâneos. Apesar do termo Lei, etimologicamente, referir-se apenas a uma das espécies de atos normativos produzidos pelo poder legislativo de um Estado constituído, em termos de fontes do Direito o termo abarca todas as formas e modalidades normativas encontradas dentro de um Estado.

Gilissen propõe que a Lei seja compreendida como *"norma ou conjunto de normas de direito, relativamente gerais e permanentes, na maioria das vezes escritas, impostas por aquele ou aqueles que exercem o poder em um grupo sócio-político relativamente autônomo"*.[6]

As Leis possuem por característica primordial a intencionalidade, ou seja, são criadas com um objetivo específico de uma aplicação geral, por isso conservam as naturezas da abstração e da generalidade em seu conceito, o que leva a uma sobrevivência no tempo e no espaço.

A segunda fonte formal do Direito são os **Costumes**. Estes se configuram como outra fonte de grande relevância pois tratam do conjunto de usos e hábitos e natureza jurídica que, legitimados por uma determinada sociedade, adquirem força obrigatória e coercitiva pela repetição de atos públicos e pacíficos durante um lapso de tempo relativamente longo.

Desta conceituação se extrai que os Costumes, diferentemente das Leis, além da legitimação social, exigem a existência de um período temporal diferenciado. Estas características são definidas como práticas reiteradas de *"certo ato com a convicção de sua necessidade jurídica"*.[7]

Os Costumes atuam como fontes subsidiárias no direito positivo, contudo guardam consigo uma das principais finalidades do fenômeno jurídico para o Homem em sociedade. O Costume é o representante formal do consenso popular tácito (*tacitus consensus populi*) e da presunção de vontade do cidadão (*tacita civium conventio*) por exigir o processo de legitimação social para sua configuração.

A fonte jurídica formal é a prática consuetudinária, sendo o Costume – ou a norma costumeira, como definem alguns autores – uma forma de expressão jurídica que, por si só, não gera o Direito, mas é um dos modos pelos quais ele se expressa.

---

6 *Ibid*, p. 27.

7 Valadão, Haroldo. *História do Direito brasileiro*. Parte 1. p. 21.

A terceira fonte formal do Direito é a **Doutrina**. Esta é a fonte que mais ativamente participa na elaboração e expressão do Direito e é formada pela atividade dos juristas, isto é, pelo ensinamento de professores, pelos pareceres dos jurisconsultos e pelas opiniões dos tratadistas que estudaram a fundo determinadas conceituações e teorias.

Constitui-se, ainda, como o conjunto de normas jurídicas formuladas pelos grandes juristas em suas obras conceituais e representam um esforço contínuo de classificação, sistematização, de análise e de síntese e, por isso, mesmo não se configurando como normas jurídicas imediatas, são fundamentais para a constituição destas, pois lhes fornece toda a sustentação teórica e conceitual.

A quarta fonte formal do Direito é a **Jurisprudência**, de real importância para a compreensão de boa parte dos sistemas jurídicos contemporâneos que se vinculam ao Sistema do *Common Law*.

Configura-se como o conjunto de normas jurídicas extraídas das decisões judiciárias que são proferidas na resolução de casos específicos e concretos. Por essa característica, encontram-se diametralmente opostas em relação às Leis, que possuem caráter de generalidade.

A Jurisprudência, devido à sua natureza, não se configura como uma fonte geral como as Leis e os Costumes – que a todos atinge e a todos subjugam –, mas, sim, como um instrumento indispensável à preservação e à promoção do Direito na medida em que assegura outro valor jurídico, igualmente fundamental para a compreensão do fenômeno jurídico: a Segurança Jurídica.

Essa Segurança Jurídica é intermediada pela Jurisprudência, que passa a figurar no sistema jurídico com a força de um precedente, ou seja, como representante de uma linha de interpretação do Direito previamente conhecido pela Sociedade e anteriormente aplicado ao caso concreto, o que gera maior estabilidade e maior confiabilidade no Sistema Jurídico.

Estas são as quatro principais fontes utilizadas para o estudo historiográfico do Direito e que servirão de base, neste livro, para a realização da nossa análise.

Cabe, por fim, ressaltar que essas fontes formais são todas pensadas e construídas a partir do conceito de norma jurídica, modificando-se somente o *locus* de sua constituição e os objetos específicos com os quais cada uma delas trabalha.

O historiador elege suas fontes, organiza-as e as interpreta, utilizando-se do maior número de informações que dispuser de modo a alcançar uma compreensão do todo. Isto é o que, contemporaneamente, poder-se-ia chamar de estudo interdisciplinar, ou abordagem interdisciplinar do fenômeno e de multiplicidade das fontes.

Tendo em vista o que já foi apresentado até o momento, entende-se, ainda, que a eleição de uma única categoria ou tipo de fonte pode não ser adequada para o desenvolvimento dos estudos específicos do Direito. Por isso, ao reconstituir a História, procura-se trabalhar com o maior número possível de fontes.

Superadas estas questões iniciais, é preciso um estudo diferenciado daquilo que se configura como o elemento central para o estudo historiográfico e que, pontualmente, é capaz de exercer grande influência na percepção e compreensão que se tem – e que se terá – do fenômeno jurídico: das correntes e/ou escolas metodológicas de estudo, e da própria análise e compreensão da História.

A princípio, vale ressaltar que não existe uma metodologia específica para o estudo da História do Direito, mas, sim, diversos métodos que podem ser empregados, ajustados e conjugados para a realização dos estudos sobre os objetos investigados. Não quer dizer que no decurso da História não se observam momentos em que determinadas concepções ou entendimentos metodológicos vigoraram com maior ênfase sobre outros e que influenciaram toda uma gama de juízos e compreensões do fenômeno jurídico.

Os estudos de História do Direito desenvolvidos, cada qual a sua maneira, foram fundamentais para a construção dos estudos contemporâneos. Desse modo, para que se realize uma adequada análise, cumpre agora resgatar as características essenciais das principais e mais influentes correntes metodológicas da História do Direito.

Capítulo 3
Correntes Metodológicas da História do Direito

As correntes metodológicas da História do Direito que serão apresentadas foram selecionadas a partir da influência na compreensão do fenômeno jurídico contemporâneo e, portanto, não abarcam todo o rol de possibilidades ou escolas existentes na historiografia jurídica, muito menos na historiografia geral e, por isso mesmo, tal estudo deve ser complementado com outras pesquisas.

Como lembra Margareth Rago,

> Já faz algum tempo que os historiadores perceberam as dificuldades de seu ofício, não apenas pelos obstáculos de acesso aos documentos, mas porque sua atividade não é neutra e nem o passado existe como coisa organizada e pronta, à espera de ser desvelado. O historiador produz o passado de que fala a partir das fontes documentais que seleciona e recobra, compõe uma trama dentre várias outras possíveis e constrói uma interpretação do acontecimento. Há múltiplas histórias a serem contadas já que os grupos sociais, étnicos, sexuais, generacionais, debaixo ou de cima, se constituem de maneiras diversas, mas têm diferentes modos de narrá-las. A História pode mostrar formas diferentes de pensar, de organizar a vida, de problematizar, vivenciadas por outras sociedades, em outros momentos históricos.[1]

A História, e consequentemente sua teoria, é, portanto, um ponto de vista, uma visão, e esse termo já é em si muito revelador, vez que só enxergamos uma parte do que pode ser visto, só aquilo que nos permite nosso ângulo de visão e a iluminação externa. Assim, em qualquer investigação a visão é subjetiva, dependente de quem olha; não obstante isso, ela é também afetada por condições de visibilidade externas ao observador.

A História não deve ser a mestra da vida. A importância está em compreender os contextos históricos, a diferença do passado, diante do presente. Dito isto, pode-se, também, revelar que o objetivo deste capítulo é apresentar as correntes metodológicas em suas diretrizes gerais apenas com a finalidade de identificar sua estrutura fundamental e as possibilidades de sua utilização.

1 Rago, Margareth. Estudo reavalia rumo da Escola de Annales. *in O Estado de S. Paulo*. São Paulo: 11/06/2000, D2.

3.1. A HISTÓRIA TRADICIONAL E A HISTÓRIA DO DIREITO: INFLUÊNCIAS DO IDEALISMO ALEMÃO

História Tradicional é o nome que se dá ao método histórico que foi utilizado quase que exclusivamente no mundo ocidental até o século XVIII e que é herança da doutrina positivista. O positivismo visava ao conhecimento objetivo do passado, não ao gozo de uma bela leitura e, menos ainda, a dar guarida à fantasia.

O adjetivo metódico conferido a esta escola resume as preocupações de uma escola intelectual que atribui ao rigor do método a única maneira de se chegar ao conhecimento histórico, afastando-se da especulação e da não objetividade.

Os metódicos buscavam a constituição de uma história não esvaziada de significado, na qual a existência dos documentos – sobretudo escritos –, a ausência da parcialidade e o rigor do método seriam os requisitos imprescindíveis da empresa e dos procedimentos científicos.

Acreditava-se que por um método rigoroso e uma crítica prudente a História podia se não descobrir sempre a verdade completa ao menos determinar exatamente, sobre cada ponto, o certo, o verossímil, o duvidoso e o falso.

O que, entretanto, se critica em relação a esta corrente é o fato de que sempre visava à vinculação da interpretação sobre a continuidade do exercício do poder (político e econômico) por intermédio do Direito e, na prática, à elevação do senhor (o Rei) à condição de superioridade absoluta, inclusive apresentando-o como um personagem poderoso identificado por suas glórias, devidamente narradas e imortalizadas nos documentos orais e escritos.

A História desta corrente é a chamada História da Soberania, mais do que das próprias Sociedades ou dos Homens pensados como Humanidade.

Essa perspectiva de análise histórica entra em decadência com o avanço da Racionalidade iluminista (séculos XVI ao XVIII) que procurava mostrar a História como resultado da evolução linear e progressiva da razão humana e não dos poucos Homens que exerciam o poder e governavam as Sociedades.[2]

No final do século XVIII, o reconhecimento da pluralidade de poder abriu novas perspectivas para análise da História do Direito, tornando seu objeto mais amplo e inter-relacionado com os objetos da história social, da antropologia histórica e outros ramos dos estudos históricos que tratam do exercício do poder e da constituição e atuação dos homens nas sociedades.

Particularmente foi na Alemanha, no início do século XIX, que surgiu um movimento de construção de uma nova escola filosófica – altamente influen-

2 Borges, V. P. obra citada. p. 28.

ciado pelas ideias do filósofo Immanuel Kant – chamada de "Filosofia romântica alemã" – cujos principais representantes são Fichte, Schelling e Hegel, na qual a concepção de História começou a realizar sua guinada metodológica.

Essa escola tinha como pressuposto fundamental a concepção de que o método essencial da Filosofia seria a *intuição*. Somente por meio da intuição os Homens, apenas com um ato simples do intelecto, são capazes de captar a realidade ideal das coisas. Essa nova concepção fundamentou a corrente epistemológica que, tempos depois, foi denominada de Idealismo.

O Idealismo considera que os objetos que realmente existem no mundo não são as coisas, mas os pensamentos, vez que estes são os primeiros a ser adquiridos por meio da intuição – que é uma forma *a priori* de inteligir.[3] O único elemento absoluto que encontramos no mundo é a razão, ou melhor, o raciocínio. Assim, a História – que estabelece tudo quanto é, tudo quanto foi e tudo quanto será – é a realização sucessiva e progressiva dos "germes racionais".[4]

O Idealismo, particularmente em Hegel, é uma concepção que revela a *"primazia fundamental das ideias do Homem em relação à realidade e ao desenvolvimento no processo histórico"*.[5]

A Escola Histórica compreendia o Direito como

> uma normativa da realidade histórico-cultural que se manifesta na vida historicamente real de um povo, de uma concreta comunidade nacional e como expressão sócio-cultural – análoga a outras expressões não menos originárias como a língua, os costumes – do espírito desse povo, de sua espiritual consciência comunitária.[6]

O Direito passara a possuir uma identidade cultural de raiz histórica que se faria conhecer por meio de elementos específicos como os costumes, as tradições culturais, as instituições historicamente reais de uma determinada comunidade.

Essa corrente tinha como parâmetro e fundamento a crítica ao jusnaturalismo iluminista que transferia a titularidade do Direito para o legislador, ou seja, estabelecia-se a recusa de uma concepção estatal do Direito e, postulando em último termo, a oposição entre o povo e o Estado. Além disso, pautava-se na crítica e repúdio da codificação, do chamado Direito-legislação.

3 Morente, Manuel Garcia. *Fundamento de Filosofia Primeira*: lições preliminares. São Paulo: Mestre Jou, 1980, p. 260.

4 *Ibid*, p. 273.

5 Borges, V. P. obra citada. p. 34.

6 Castanheira Neves, A. D. *Escritos acerca do Direito, do Pensamento Jurídico, de sua Metodologia e outros*. v. 2, Coimbra, 1995, p. 208.

O primordial era o reconhecimento da historicidade como princípios ou categoria verdadeiramente constitutivos do Homem e das comunidades em que este vive, mas, principalmente, do próprio ser humano. Implica dizer que o Homem e as comunidades em que este vive têm História, no sentido bem mais profundo de que a História não só é constitutiva do seu próprio ser, mas, também, que esta é seu resultado. *"O Direito, nesta perspectiva, está submetido ao mesmo movimento e à mesma evolução que todas as demais tendências comunitárias e, inclusivamente, esta evolução é regida pela mesma lei das necessidades interna."*[7]

Essa concepção iniciada por esta corrente ganhará melhores contornos e diretrizes no Materialismo Histórico.

3.2. A CORRENTE HISTÓRICO-CRÍTICA E O DIREITO: O MATERIALISMO HISTÓRICO

Contra o formalismo e o universalismo que transformaram o Homem em uma abstração, destaca-se a teoria histórico-crítica. Esta teoria, também denominada de Materialismo Histórico, traz uma nova proposta de racionalidade: a do Homem como um ser concreto, social e histórico.

O principal responsável pela estruturação desta corrente foi o filósofo Karl Marx. Marx em seus estudos procurava definir as razões que fizeram com que o Homem vivesse em um estado de alienação social, ou seja, um estranhamento do homem em seu meios, um espaço no qual ele não se reconhece. O entendimento dessa alienação é, portanto, o grande ponto de partida rumo ao desenvolvimento racional e inexorável da História.

Em Marx há uma orientação da ação política a partir da História. O filósofo vê no trabalho, que antes libertava o homem e possibilitava a sua realização e sua afirmação no mundo, a grande fonte de opressão, pois permitia que alguns homens fossem subjugados contínua e legitimamente por seus iguais. O filósofo então passou a indagar sobre as causas dessa opressão. Em sua obra, essas causas são enumeradas: *i)* a divisão social do trabalho; *ii)* a propriedade privada dos meios de produção; e *iii)* a divisão da sociedade em classes.

Esses três fatores são geradores da alienação, o estranhamento do homem em relação às suas atividades em seu meio e em relação ao produto de seu trabalho (como nos casos em que o homem não se reconhece naquilo que realiza uma vez que o resultado de seu trabalho pode ser feito por qualquer um; além do mais, não lhe pertence e dele não pode usufruir).

7 *Ibid*, p. 208.

Para Marx é preciso que o homem abandone essa condição de alienado. E essa superação só se dá por meio da consciência histórica desse processo de opressão. Esse conhecimento é o que fundamenta a concepção de História em Marx.

O Materialismo Histórico compreendia que os Homens para sobreviverem precisam transformar a natureza e o mundo em que vivem. Fazem-no não isoladamente, mas em conjunto; agindo em sociedade; estabelecem, para tal, relações que não dependem diretamente de sua vontade, mas dependem do mundo que precisam transformar e dos meios que vão utilizar para isso.

A emancipação civil e a emancipação política dos Homens, como queriam os Idealistas, implicaria a libertação dos laços feudais e a concessão de direitos civis individuais, mas reiteravam os direitos e privilégios burgueses como a propriedade. Era preciso, então, uma emancipação humana que contribuiria para a libertação dos homens do império a que estavam submetidos pela desigualdade e pelo individualismo, e, assim, chegar-se-ia à transformação social.

O Materialismo histórico, em linhas gerais, pauta-se nas seguintes teses:[8]

i) Em uma sociedade dividida em classes, a moral, como superestrutura ideológica, tem a função de sancionar as relações e as condições de existência de acordo com os interesses da classe dominante. As ideologias que constituem uma visão de mundo são necessárias a certas estruturas historicamente instaladas, portanto, quando se realizar um estudo histórico é preciso identificar aquilo que pertence à estrutura e aquilo que pertence à superestrutura.

ii) As tentativas de se construir um sistema de moral e, portanto, de justiça abstrata, universal são inválidas porque a cada classe corresponde uma moral particular e se há a universalização é para esconder interesses particulares. Portanto, devem-se analisar todos os fenômenos numa perspectiva de totalidade na qual se observam as características particulares e se analisam sob as luzes das teorias gerais.

iii) A moral, a Ética e o Direito surgem a partir de uma necessidade objetiva. Os Homens necessitam da moral como necessitam da produção. Com a relatividade estabelecida pela análise do caso específico, todas as vezes em que houver uma mudança social deverá ser produzida uma nova organização jurídica e moral.

8 Nesse sentido ver Kosik, K. *Dialética do Concreto*. 2. ed. Rio de Janeiro: Ed. Paz e Terra, 1976; Lowy, M. *As Aventuras de Karl Marx contra o Barão de Munchhausen, Marxismo e Positivismo na Sociologia do Conhecimento*. São Paulo: Busca Vida, 1987; Schaff, A. *O marxismo e o indivíduo*. Rio de Janeiro: Civilização Brasileira, 1967; Vasquez, A.S. *Filosofia da Práxis*. Tradução de Luiz Fernando Cardozo. Rio de Janeiro: Paz e Terra, 1976.

iv) A Moral e o direito são necessários para a transformação radical da sociedade, por meio de uma ação concreta do Homem, sujeito da história e, neste momento, ser moral e, portanto, o homem deve intervir conscientemente, moralmente, nas transformações da sociedade, para que não se corra o risco de retornar à barbárie.

Nesta medida, para a corrente histórico-crítica não existe uma Ética universal e metafísica, nem um Direito com estas características; o que existe são fenômenos histórica e socialmente construídos.

O ponto de partida do conhecimento da realidade são as relações que os Homens mantêm com a natureza e com os outros Homens; não são as ideias que vão provocar as transformações, mas as condições materiais e as relações entre os Homens, que estas condicionam.[9]

> São os indivíduos reais, sua ação e suas condições materiais de vida, tanto aquelas por eles já encontradas, como as produzidas pela sua própria ação. Toda a historiografia deve partir destes fundamentos naturais e de sua modificação no curso da história pela ação dos homens. [...] os homens devem estar em condições de viver para "fazer história". Mas, para viver é preciso antes de tudo comer, beber, ter habitação, vestir-se e algumas coisas mais.[10]

A compreensão do mundo deve partir dos homens, do mundo e da vida real. Para Karl Marx e Friedrich Engels, filósofos que estabeleceram os pressupostos dessa corrente metodológica, na eternidade imutável e imóvel não há História. A História deve sempre ser vista como um processo contínuo.

A História é um processo dinâmico, dialético, no qual cada realidade social traz dentro de si o princípio de sua própria contradição, o que gera sua transformação constante, uma vez que o movimento será sempre o de superação dessa realidade contraditória.

A História se pauta no princípio da contradição. "*A história de toda sociedade é até hoje a história de luta de classes. Toda sociedade até aqui existente repousou, como vimos, no antagonismo entre classes de opressores e classes de oprimidos.*"[11]

Em resumo, a realidade não é estática, mas dialética, ou seja, está em transformação pelas suas contradições internas. No processo histórico, essas contradições são geradas pela luta entre as diferentes classes sociais, e esta luta se manifesta em todos os fenômenos sociais, inclusive no âmbito jurídico.

---

9 Borges, V. P. obra citada. p. 35.

10 Marx, K. *A ideologia alemã*. São Paulo: Martins Fontes, 2002, p. 67.

11 Marx, K. *Manifesto do partido comunista*. Marco Aurélio Nogueira (org). Petrópolis: Vozes, 1988.

Como lembram Pedro Paulo Funari e Glaydson Silva, *"O desenvolvimento da história postulado por Marx tem na revolução a força motriz da história e nas bases reais (materiais) seu principal fundamento, conduzindo ao imperativo de que a história deve ser escrita em consonância com critérios situados dentro dela e não fora"*.[12]

3.3. A ESCOLA DE *ANNALES* E A HISTÓRIA DO DIREITO

A chamada escola de Anais, ou *Annales*, é uma corrente metodológica que teve como precursores os historiadores Marc Bloch e Lucien Febvre que, a partir de 1929, desenvolveram uma nova teoria de concepção histórica e que a publicaram na Revista *Annales*.

Pedro Paulo Funari e Glaydson Silva informam que a motivação da Escola de *Annales* estava vinculada à geração que se propôs a desenvolver a *"crítica aos ídolos das tribos dos historiadores"*,[13] que poderiam ser identificados como: *i)* o "ídolo político", ou seja, o estudo dominante, a preocupação perpétua da história política, dos fatos políticos, das guerras, das conquistas; *ii)* "ídolo individual", a saber, o hábito constante de conceber a história como a história dos indivíduos e, *iii)* o "ídolo cronológico", que se constitui como a prática de se perder nos estudos das origens.

A proposta contraposta era de uma análise histórica menos descritiva e mais relacional, mais social, que encontraria as causas dos acontecimentos nas esferas coletivas e não individual da sociedade, rompendo com a tradição metódica, e dessa forma poder-se-ia encontrar uma lógica pertinente à própria História, o que faria desta uma verdadeira Ciência.

Em seu movimento epistemológico, configurou-se como a primeira corrente a incorporar elementos interdisciplinares no processo de construção e reconstrução dos elementos históricos e a abandonar como procedimento a mera narrativa dos eventos. Esses autores começaram a problematizar o objeto da História, fornecendo-lhe características de objeto social, objeto econômico, objeto político, objeto artístico, dentre outros.

Eles partiam do pressuposto da existência e necessidade de estudos da História como uma História Geral, Integral, que pudesse vislumbrar os grupos humanos sob todos os seus aspectos, adotando como lema e guia a interdisciplinaridade, em uma história com perspectiva temporal diferenciada.

12 Funari, P. P. e Silva, G. J. *Teoria da História.* São Paulo: Brasiliense, 2008, p. 53.

13 E críticas foram iniciadas por François Siminand (1903), cientista social francês, discípulo de Emile Durkheim (1858-1917), que analisou a escola metódica historicizante. Conforme Funari, P. P. e Silva, G. J. obra citada. p. 55.

Em linhas gerais, a Escola de *Annales* tinha como características:

i) a percepção do social em detrimento do individual;

ii) inserção dos estudos em novos e diferentes campos científicos, além do político, econômico, social e cultural;

iii) pressupostos de uma História problematizada em substituição a uma história das narrativas, dos acontecimentos.

Essa corrente compreendia a História não como uma disciplina que apenas visava reconstituir o passado, mas, sobretudo e principalmente, visava encontrar respostas para os problemas observados no passado.[14]

Para Lucien Febvre,[15] a grande questão diz respeito ao começo e ao fim de toda a História. Para ele, se não há problema não há História. Essa perspectiva exigia uma compreensão da História que seria formulada por meio de hipóteses, que fossem cientificamente conduzidas, desenvolvidas de maneira não automática, mas sim problematizada e que, além de não se satisfazer somente com os textos documentais deveria buscar explicações e contribuições nas ciências vizinhas.

Marc Bloch[16] acreditava que, além disso, não se poderia nunca esquecer que a História era a História de homens, ou seja, são fatos que se investigam, mas são fatos humanos. Nesta perspectiva, a grande tarefa dos historiadores seria encontrar – configurar – os homens que viveram aquele momento e os que, mais tarde, ali se instalaram para interpretá-los.

Febvre e Bloch entendem que a especialização, resultado e herança de toda a doutrina positivista e metódica, é o grande "flagelo" das ciências, pois de maneira isolada a História forneceria apenas um conhecimento parcial de seus objetos. O conhecimento do passado é algo em progresso contínuo que, incessantemente, aperfeiçoa-se e se transforma.

Assim, caberia ao historiador analisar as mudanças políticas, sociais e morais que os textos nos revelam em um determinado momento.

Por fim, a inclusão do econômico e do social no rol defintivo da análise histórica é, sem sombra de dúvida, o grande mote temático de uma história que pretendia o rompimento com as narrativas tradicionais.

Estas foram as ideias centrais da chamada primeira Geração dos *Annales* que, mais do que estabelecer marcos epistemológicos limitadores, foi fundamental para possibilitar a abertura do debate acerca dos métodos históricos.

14 Aguiar, R. obra citada. p. 14.

15 Febvre, L. *Combates pela história*. Lisboa: Presença, 1985.

16 Bloch, Marc. *Apologia da história*. Rio de Janeiro: Jorge Zahar, 2001.

Algum tempo depois, devido à incompatibilidade de alguns de seus posicionamentos, a Escola de *Annales* foi reformulada e foram incorporados novos historiadores com novas abordagens e perspectivas que contribuíram para a configuração de um segundo movimento dentro da mesma corrente e são conhecidos como a Segunda Geração dos *Annales*.

Esta geração tem como um de seus principais pensadores Fernand Braudel. Ele continua o pensamento de seus antecessores, mantendo deles, principalmente, a concepção de que qualquer estudo histórico deveria ser interdisciplinar, dando ênfase ao papel da geografia, e de que se deveriam observar sempre os aspectos econômicos da sociedade.

Braudel conseguiu sintetizar a ideia de espaço-temporalidade ao propor que a concepção dos fenômenos humanos deveria ser feita mediante a análise social, realizada com o auxílio da Geografia e da História. Colocando a Geografia como elemento central, ele propõe a análise da História pelo viés da "longa duração". Em sua obra *"O Mediterrâneo e o mundo mediterrâneo na época de Felipe II"*, Braudel analisa os acontecimentos históricos a partir da localização e da influência de uma determinação geográfica dada: no caso, o mar Mediterrâneo.

Por fim, como lembra Burke,[17] a segunda geração estabelece a existência de três dimensões temporais que influenciarão no método de estudo histórico.

A primeira dimensão é a **geográfica**, na qual se analisa a relação do homem com o seu meio ambiente – buscando uma explicação para características de uma coletividade ou a justificativa para determinadas mudanças não estruturais no inter-relacionamento social –, observa-se a explicação de uma história quase imóvel, caracterizada pela repetição, lentidão e permanência, e que se encontraria nos aspectos geográficos.

A segunda dimensão é a **social**, que analisa a dimensão social do tempo, a conjuntura econômica, o progresso científico, as instituições políticas, as mudanças conceituais, de modo a compreender como estas convergem para revelação das estruturas sociais. Visa à compreensão de que tudo parte do homem e dos homens em conjunto, ou seja, é a história dos grupos humanos, dos destinos coletivos e dos movimentos conjuntos e, assim, é uma *"História mutante, das estruturas econômicas, políticas e sociais"*.[18]

17 Burke, P. *A Revolução Francesa da historiografia*: a Escola dos Annales, 1929-1989. São Paulo: Unesp, 1991, p. 45 e s.

18 Funari, P. P. e Silva, G. J. obra citada. p. 66.

E a terceira dimensão é a **individual**, derivada da história tradicional, que prioriza o indivíduo demonstrando que este, também, manifesta a estrutura à qual está subjugado. Esta dimensão se configura como a história dos acontecimentos, dos homens e das políticas marcadas pelos conflitos do tempo presente.

Esse modelo da História de longa duração, incorpora essas dimensões ao lado da abordagem interdisciplinar, pressupõe uma análise afastada do subjetivismo, ou seja, compreende o mundo como algo objetivado pela estrutura à qual os Homens estão, necessariamente, subjugados e, portanto, se portam como prisioneiros.

Essa perspectiva fez com que esses autores compreendessem todos os fenômenos sociais, dentre eles o jurídico, como resultado desse estruturalismo multidimensional. E este seria o elemento justificador da longa duração dos períodos históricos.

O seu estruturalismo justifica a longa duração, pois só é possível se reconhecerem estruturas (organizações mais complexas do que fatos, acontecimentos ou sistemas) em um tempo mínimo histórico, e esse tempo não é o cronológico, mas o tempo dos movimentos históricos.

A Escola de *Annales* viu surgir, ainda, após a metade do século XX, uma terceira geração de historiadores que trouxe novas regras e novos entendimentos para a corrente metodológica. Essa geração passou a privilegiar a História das mentalidades em detrimento da História econômica.

A terceira geração tinha novas preocupações: primeiro, era preciso afirmar a influência das novas ciências (psicologia, filosofia da linguagem) e, depois, era preciso verificar como a História se renovaria e qual seria sua interdisciplinaridade.

Essa geração ampliou os temas de pesquisa. A proposta era de uma História menos econômica e social e mais antropológica, na qual se valorizam as mentalidades, ou seja, o conjunto ideológico de uma determinada sociedade em um determinado tempo.

A tarefa primordial desses historiadores, dentre os quais figuram Ladurie e Peter Burke, é reconhecer as estruturas que existem por "trás da história". Essa concepção contribui para estabelecer uma ponte entre a história das mentalidades, baseada em fontes literárias, e a história social, que negligenciava o estudo de valores e atitudes, uma vez que sua atenção estava voltada à concepção do todo social.

Para esses autores, a mentalidade de uma época seria *"algo comum ao conjunto da sociedade que nela viveu, independentemente das inúmeras variações que possam existir entre seus indivíduos e grupos"*.[19]

Este último movimento da Escola de *Annales* veio repactuar alguns dos princípios primordiais dessa corrente:

i) A necessidade de se ultrapassar o positivismo histórico, inclinado

> [...] para a pura descrição de fatos isolados por meio de um esforço contínuo e concentrado no sentido de surpreender as estruturas mais profundas e mais estáveis (estruturas demográficas, econômicas, culturais, linguísticas etc.) que explicam a verificação e o encadeamento desses fatos[20];

ii) a eliminação das diversas barreiras existentes na própria História que veem o todo de forma compartimentalizada (História Econômica, História Jurídica, História Social, História Cultural, por exemplo) buscando uma perspectiva mais complexa;

iii) constituição de uma História Social, totalmente interdisciplinar, mas não compartimentalizada;

iv) compreensão da História como Ciência do presente, na medida em que esta analisa as estruturas fundantes de uma determinada sociedade que tem reflexo na atualidade.

3.4. TEORIA CRÍTICA E ESCOLA DE FRANKFURT: A CONSTITUIÇÃO DA HISTÓRIA DOS VENCIDOS

Teoria Crítica é o nome dado à escola filosófica desenvolvida no início do século XX, na Escola de Frankfurt na Alemanha, que teve como principias ideólogos os filósofos Theodor Adorno, Horkheimer e Walter Benjamim. Esses filósofos tinham em comum a postura de distanciamento do denominado marxismo ortodoxo, sem, no entanto, desvincular dos ideários utópicos, revolucionários e emancipatórios.

A linha mestra desta escola encontra-se na proposição de uma filosofia histórico-social que possibilite a mudança da sociedade a partir da constituição de um novo tipo de homem. Trata-se da emancipação do homem de sua condição de alienado – que está submetido no processo de separação dos meios de produção com o produto – mas também da sua reconciliação com a natureza não-repressora e com o processo histórico por ele montado.

19 *Ibid*, p.78.

20 Aguiar, R. obra citada. p. 24 e s.; Burke, P. obra citada. p. 48 e s.

O termo "crítica" aparece no pensamento filosófico moderno com Imannuel Kant, representando a maneira de se trabalhar o pensamento, isto é, de como podemos conhecer os fenômenos.

Essa teoria possui uma grande vertente prática na medida em que permite a tomada de consciência dos sujeitos na história e a ruptura de sua condição de opressão, espoliação e marginalidade, ou seja, de todo o estado de "coisificação" no qual se encontra.

Voltando-se para a análise da cultura de massas, do papel da ciência e da tecnologia no mundo moderno, tem-se aqui, também, um interesse pelas questões pertinentes à alienação, à perda da autonomia do sujeito e sobre a sociedade industrializada.

A compreensão é de que o Homem é um ser histórico, mas está submetido aos determinismos biológico e geográfico, portanto está preso às limitações da natureza. Por isso é preciso, na constituição histórica, empreender um "resgate" de sua condição natural.

Nesta escola, o principal autor para a historiografia é Walter Benjamim. Em sua obra *Teses sobre o Conceito de História*, o autor revela o caráter ambivalente da História Tradicional. O filósofo afirma que, da maneira como são expostos, não há *"nenhum documento de cultura que não seja ao mesmo tempo um documento de barbárie"*. Ele tece grandes críticas à concepção tradicional da História ao dizer que esta se vincula à "História dos Vencedores" e gera um esvaziamento da Tradição. Analisa que, ao fazer isto, esta forma de construção da História contribui para a perpetuação das desigualdades sociais e para o aprofundamento do abismo entre os Homens das diferentes classes sociais.

Assim, a tentativa do historiador crítico deve ser de recontar a história, como se fosse a construção de uma anti-história – não contra a história enquanto elemento humano, mas contrária à História Tradicional – que faça referência à "barbárie" ou seja, que se configure como a "História dos Vencidos", do ponto de vista de quem não tem o poder político, jurídico, econômico, militar.

Nessa perspectiva, Benjamim se apresenta como um dos grandes críticos das noções de progresso e desenvolvimento, vez que só podem ser pensados a partir da noção de um referencial ideal e que até então tinha como parâmetro "os vencedores".

A Teoria Crítica atuando especificamente na História do Direito questiona e rompe com o que está disciplinarmente ordenado e oficialmente consagrado, opondo-se tanto em relação ao positivismo jurídico como em relação ao jusnaturalismo.

Essa análise histórica oferece novos paradigmas para a compreensão do fenômeno jurídico, propondo formas diferenciadas, não repressivas, e emancipadoras da prática jurídica.

O instrumental que permite a sujeitos inertes e mitificados uma tomada de consciência, desencadeando processos de emancipação social, é o conhecimento aprofundado da história e das condições sociais reais.

A renovação crítica na historiografia do Direito – no âmbito de suas fontes históricas, suas ideias e de suas instituições – começará a aparecer em fins dos anos 1960 e ao longo da década de 1970. Configurou-se como uma tentativa de substituir os modelos teóricos construídos de forma abstrata e dogmatizada, por investigações históricas, engendradas na dialética da produção e das relações sociais concretas.

3.5. A ARQUEOLOGIA E GENEALOGIA DA HISTÓRIA E O DIREITO: INFLUÊNCIAS DE MICHEL FOUCAULT

Michel Foucault é um filósofo contemporâneo que se preocupou com o presente de modo peculiar. Construiu toda uma teoria voltada para seu próprio tempo, que estabelece como método de trabalho constantes visitas aos "passados", por vezes próximos, por vezes distantes. Faz isso com a intenção de repensar criticamente esta história e de definir o que chama do "homem de desejo".

Em sua perspectiva de análise, o filósofo propõe a compreensão da História por meio de um método com dois momentos: Arqueologia e Genealogia. Este método se apresenta como uma técnica que nos libertaria dos velhos fundos de crenças que partem da ideia de que os homens têm acesso diretamente à essência dos objetos, como o Idealismo alemão, por exemplo.

O primeiro momento, denominado **Arqueologia**, consiste na análise histórico-filosófica do nascimento das ciências do homem, cujo interesse consistiria em dar conta dos saberes científicos criados na modernidade, em referência às formas da problematização. A Arqueologia tem por propósito descrever a constituição do campo, entendendo-o como uma rede, formada na inter-relação dos diversos saberes que estão presentes em uma sociedade.

A arqueologia compreende a verdade como uma configuração histórica e examina seu modo de produção unicamente a partir das normas internas dos saberes de uma determinada época.[21]

21 Machado, Roberto. *Ciência e Saber*: a trajetória da arqueologia de Michel Foucault. Rio de Janeiro: Graal, 1988, p. 85.

O segundo momento, denominado **Genealogia**, consiste na análise genealógica da problematização do mundo de acordo com sua formação constitutiva a partir das práticas e de suas modificações perceptíveis. A Genealogia busca a origem dos saberes, ou seja, da configuração de suas positividades, a partir das condições de possibilidades que são externas aos próprios saberes.

Deste modo, a concepção metodológica de Foucault busca uma dupla dimensão na qual de um lado, reconhece as estruturas de manifestação dos saberes (fatos, acontecimentos, fenômenos) em uma determinada sociedade e, de outro lado, busca os elementos que comprovem e ou justifiquem a existência ou a criação de determinados saberes em uma sociedade.

Destes dois métodos de investigação decorre o objetivo final, que é a preposição de uma história das problematizações éticas, feita a partir das práticas de si.

Foucault compreende que a função do método é realizar uma atividade de investigação que procura os indícios nos fatos apresentados pela História tradicional e revelar que estes já estão desconsiderados, desvalorizados e, até mesmo, apagados pelos próprios procedimentos da historiografia.

No que diz respeito ao Direito, a concepção da genealogia estabelece que deve-se construir a historiografia a partir dos saberes locais, ou seja, dos fenômenos jurídicos considerados em sua particularidade e em determinada sociedade, buscando, na medida do possível, o contato direto com as fontes para que não se corra o risco de trabalhar com algum dado que já tenha sido revalorado por outra concepção histórico-metodológica.

Capítulo 4
Estudo contemporâneo da História do Direito: possibilidades e perspectivas

Até o início do século XX, as correntes metodológicas encontravam uma sociedade na qual o progresso se dava de maneira linear e, muitas vezes, racional. Entretanto, logo após a metade do século XX uma nova forma de pensamento – e talvez uma nova era histórica – foi inaugurada: trata-se da Pós-modernidade.

No início do século passado, o progresso científico e tecnológico que alterava a organização das forças de produção, constituindo a sociedade capitalista-industrial, se tornara visível: locomotivas, cidades com luz elétrica, o avião, o apito das fábricas, tudo caminhava para uma vida de radiosa felicidade. Os homens e o Direito pareciam estar sendo preparados para usufruir desta "grande festa", mas, ao invés, veio a grande guerra. E as guerras se tornaram cada vez mais generalizadas; o conflito entre grupos sociais, entre nações, entre grupos de nações e entre raças se agravou todos os anos. Com o objetivo de se defender, conceitos abstratos foram criados, justificando a luta pela conquista dos bens econômicos, e o deus salvador da modernidade – a Razão – levou os homens ao limiar de sua total destruição. Mas, acima de tudo, toda fé se perdeu, porque a razão não conseguiu dar sentido à existência do mundo. Parecia ser o fim de uma era. E era.

> Simbolicamente o pós-modernismo nasceu às 8 horas e 15 minutos do dia 6 de agosto de 1945, quando a bomba atômica fez *boom* sobre Hiroshima. Ali a modernidade – equivalente à civilização industrial – encerrou seu capítulo no livro da história, ao superar seu poder criador pela sua força destruidora. Desde então, o Apocalipse ficou mais próximo.[1]

A sociedade contemporânea é uma sociedade pós-moderna. Nesta sociedade, o conhecimento histórico não é mais o mesmo. A base não é mais a mesma. As necessidades não são mais as mesmas. Os parâmetros científicos e críticos não são os mesmos. Tudo é novo. Tudo foi transformado.

1 Santos, J. F. *O que é pós-moderno?* São Paulo: Brasiliense, 1998, p. 8.

Nesta sociedade a linguagem e o discurso são os grandes protagonistas. A sociedade contemporânea, pós-moderna, e com enorme acesso a diversas fontes de informação, tornou-se "vítima" do discurso. A linguagem adquiriu, mais do que os fatos, importante papel na elaboração de um determinado acontecimento histórico no qual já não existem verdades absolutas ou grandes discursos totalizantes. Linguagem e discurso tudo valoram, tudo significam, tudo interpretam. O grande problema não é mais o de se encontrarem os fatos, mas o de encontrar fatos que ainda estejam desprovidos de uma avaliação posterior.

A história tradicional foi definitivamente colocada em xeque. Em virtude disto, nega-se a simples relação entre passado e presente, o continuísmo histórico, as origens extremamente determinadas e as significações ideais.

Entretanto, não se pode acreditar, pura e simplesmente, no "Fim da História". Como nos lembra Alan Munslow

> (...) como veículo para a explicação histórica, a adequação de sua estrutura narrativa deve ser julgada dentro de uma crítica mais ampla pós-moderna da natureza dos significados e da linguagem. A consequência mais ampla disto é que a História pode ser, nem mais, nem menos, do que uma representação do passado.[2]

Assim, acredita-se atualmente que o passado não pode ser descoberto ou encontrado, mas, sim, criado e representado pelo historiador. Não se pode pensar em uma História na qual tudo está *pronto e acabado*. Não há uma verdade única e irrefutável. Todos os fatos e acontecimentos estão aí para serem interpretados.

É este o intuito desta obra e, particularmente, desta introdução metodológica: apresentar ao leitor iniciante no estudo da História do Direito as diretrizes gerais das concepções e metodologias da História para que ele saiba o que deve buscar para cada tipo de estudo que quer ou pretende realizar no decorrer de sua vida acadêmica, sabendo que existem críticas, possibilidades e limites a qualquer uma das acepções que se adote.

Assim, a escolha metodológica deve ser pautada pela finalidade do estudo.

Caso o objetivo do estudo seja o de demonstrar o conjunto de ideias de determinado acontecimento/instituto jurídico, buscando compreender as essencialidades de cada etapa, de cada fato, deve-se resgatar a perspectiva do *Idealismo de Hegel*.

2 Munslow, A. *Deconstructing History*. Londres/Nova York: Routledge, 1997, citado por Funari, P. P. e Silva, G. J. obra citada. p. 90.

Caso seja o da compreensão da constituição do próprio homem ao longo de sua história e da relação que este guarda com seu meio, tentando demonstrar que a superação exige, necessariamente, a transformação, o estudo deve resgatar a teoria do *Materialismo Histórico*.

Ainda, caso o que se queira realizar seja uma análise interdisciplinar que busque compreender o fenômeno como um todo, desvinculado dos marcos cronológicos, o estudo deve se pautar na perspectiva da *Escola de Annales*.

De outro modo, caso o interesse seja o da realização de uma História vinculada à crítica política e à análise dos sujeitos e dos papéis destes nos diversos momentos, deve-se resgatar a perspectiva da *Escola Crítica*.

E, por fim, caso o interesse seja o de reconstruir a história por meio da análise das estruturas e dos discursos produzidos sobre a humanidade e os homens, deve-se buscar o embasamento da *Arqueologia e da Genealogia da História*.

De todo o modo, qualquer que seja a análise que se proponha a desenvolver, o investigador deve ter sempre em mente que em se tratando de História e de Direito, duas ciências e dois fenômenos absolutamente complexos, qualquer estudo será apenas "a vista de um determinado ponto" ante a completude, a extensão e a multiplicidade de possibilidades.

Parte II

Direito no Mundo Ocidental

Capítulo 1
Direito na Antiguidade

Diante dos estudos concernentes ao Direito dos povos da Antiguidade, verifica-se que os mais vetustos documentos escritos relativos a este tema são encontrados no Egito e na Mesopotâmia (3000 a. C.). Já no segundo milênio, surgem outros registros de natureza jurídica na Fenícia, Israel, Creta e Grécia. No primeiro milênio, observa-se a preponderância de Grécia e Roma até a reunião de quase todos os países pelo Império Romano.

Apesar da relevância de cinco sistemas jurídicos no mundo antigo: do Egito, da Mesopotâmia, dos Hebreus, da Grécia e de Roma, sendo estes responsáveis pelo desenvolvimento da ciência do direito, dar-se-á neste capítulo destaque aos dois últimos, já que os pensadores gregos lançaram as bases do direito público moderno e os romanos criaram a ciência do direito no sentido próprio da palavra, estruturando os alicerces do direito hodierno.

1.1. DIREITO NA GRÉCIA: FONTES, DIREITO PÚBLICO E PRIVADO

Em decorrência do desenvolvimento e aprofundamento da ciência política e da filosofia, o mundo grego deixou amplo legado no que se refere a modelos de regimes políticos a serem aplicados nas civilizações ocidentais. Além disso, contribuiu para a elaboração do direito público moderno, devido à fundação da *"ciência do governo, da polis ou cidade"*[1]. Por outro lado, não teve grande destaque no que tange à sistematização do direito e na elaboração do direito privado, fato este apenas verificado em Roma, mediante o brilhante trabalho dos jurisconsultos, como se verá mais adiante.

É inadequado o emprego da expressão "direito grego", já que quase em todo o período de sua existência, com exceção de Alexandre, não houve na Grécia uma unidade política e jurídica que viabilizasse essa singularidade. Existia uma dispersão de direitos correspondentes a cada unidade política, que delineava as características do direito público e privado, conforme suas especificidades.

1 Gilissen, J. obra citada. p. 52.

Do ponto de vista jurídico, pode-se traçar a seguinte linha evolutiva com base nos textos deixados pelos gregos, embora não se deva considerar como momentos estanques, mas sim, partes de um processo de desenvolvimento, que manteve alguns aspectos essenciais das etapas anteriores:

i) Período dos clãs: formação de uniões de indivíduos, com base em um parentesco real ou fictício[2], sendo que o chefe do clã preside os cultos familiares, de extrema importância para a comunidade, além de desempenhar o papel de juiz.

ii) Início da formação da *Polis*: a partir do clã, formou-se em período posterior as cidades na Grécia, as quais apresentavam formas de organizações políticas variadas. Geralmente, o território de cada cidade era de pequena proporção, apresentando na maior parte das vezes um porto e certo número de aldeias.

iii) Regime Democrático: surgiu em algumas cidades, notadamente, em Atenas, que apresentou diversos escritos a respeito. Cumpre, também, destacar as leis de Drácon (ano 621 a. C.), que limitavam a utilização da vingança como forma de solucionar conflitos, exigindo o encaminhamento das controvérsias aos tribunais. O Código de Drácon não solucionou a crise políticosocial ateniense, provocando diversas revoltas. Em 594 a. C., os comerciantes conseguiram a nomeação de Sólon, poeta e magistrado, para que efetuasse as reformas necessárias para conter as agitações.

Por meio da *seisachteia* aboliu a escravidão por dívidas e eliminou as hipotecas sobre terra. Além disso, definiu limites às grandes propriedades rurais, forneceu incentivos ao desenvolvimento mercantil e manufatureiro e substituiu o critério de nascimento pelo de riqueza para a participação nas instituições políticas, sendo que esta última medida causou o enfraquecimento da aristocracia eupátrida e fortaleceu a rica classe média, a qual adquiriu maior poder nos organismos políticos.

A sociedade ateniense foi dividida por Sólon em quatro classes: pentacosimedimnas, cavaleiros, zeugitas e tetas. Reservava-se a participação no Arcontado e no Areópago aos membros da primeira classe censitária. Criou-se também, nesse período, o Conselho dos Quatrocentos (a Bulé), que era composta pelas três primeiras classes. Já aos tetas cabia a participação na assembléia do povo (a Eclésia) e no tribunal popular (a Heliéia). Assim, tentou-se conciliar todas as classes, sem todavia se contentar nenhuma, fornecendo abertura para o advento da tirania.

2 *Ibid*, p. 74.

Por fim, constata-se que mesmo a conhecida e celebrada democracia ateniense excluía grande parcela dos indivíduos na integração da vida pública, observando-se não existir um perfeito espírito democrático na *polis* grega.

iv) Período de Unificação: A união entre o Ocidente e o Oriente ocorreu no final do século IV a. C. com Alexandre. Não conseguiu se sustentar o grande Império formado, dando origem, portanto, a inúmeras monarquias, que a partir do século III, são dirigidas por reis absolutos.

Após delinear a trajetória da evolução da Grécia Antiga no que diz respeito ao aspecto jurídico, é importante mencionar as fontes históricas dos direitos gregos, pois são os documentos deixados que viabilizaram o melhor conhecimento dessa civilização que deixou ricas heranças.

Com maior profundidade, conhecem-se apenas as instituições de três cidades: Atenas, Esparta e Gortina. Diferentemente do que se verifica em Roma, não houve uma compilação de textos legislativos ou de comentários de juristas, pois o elemento central do direito grego estava na concepção difundida de justiça presente na coletividade.

Em virtude dos poucos documentos jurídicos deixados, são raras as fontes escritas, podendo-se enumerar as seguintes:

i) Epopéias de Homero que retratam o período arcaico;
ii) Discursos de Demóstenes e Iseu do final do período clássico ateniense;
iii) Pensamentos desenvolvidos por Platão, Aristóteles, Plutarco;
iv) Inscrições Jurídicas;
v) Lei de *Gortina* e Lei de Dura.

Como se verá adiante, a filosofia e os textos literários tiveram grande relevância para a construção do pensamento ocidental e para a organização política. Além disso, a concepção de Justiça preserva sua força no espírito das civilizações ocidentais hodiernas.

A partir da leitura dos documentos deixados, nota-se que, para os pensadores gregos, o *nomos* era a fonte do direito. Esta noção foi pela primeira vez usada por Hesíodo, que tratava em seus escritos da justiça do camponês; contrapondo-se, portanto, a Homero, o qual apresentava em suas epopéias a justiça aristocrática. A ideia de *nomos* permite a limitação do poder, já que os indivíduos devem obedecer tão-somente à lei. Deve-se destacar que o *nomos* compreende as leis no sentido romano e moderno e o costume, sendo o primeiro significado pouco desenvolvido na Grécia.

Por fim, cumpre mencionar o papel do direito privado na Grécia, que não trouxe muita influência ao direito moderno ocidental, pois não se elaboraram muitas regras jurídicas abstratas.

O direito privado mais conhecido foi o de Atenas na época clássica (séculos V e IV a. C.), com traços marcantes de individualismo, possibilitando a livre disposição de bens e da própria pessoa do indivíduo. Conforme bem destaca John Gilissen[3], há muitas regras que favorecem em maior grau a liberdade individual do que em Roma, sendo que três exemplos tornam clara esta afirmação:

i) com a maioridade, o filho não permanece adstrito ao poder paternal, fato este jamais verificado em Roma antiga;

ii) a transferência de propriedade se realizava por meio de um contrato que gerava efeitos às partes. Para produzir efeitos em relação a terceiros, havia um sistema de publicidade semelhante ao atual sistema de transcrição de atos. Em Roma, referida publicidade era inexistente;

iii) os contratos em geral eram consensuais e sem formalismos; enquanto no direito romano a ausência de formalidades era exceção.

Em suma, nota-se que a contribuição para o direito público foi maior do que para o direito privado. O desenvolvimento do pensamento político foi intenso e deixou muitos legados, sendo que se verifica o reflexo de tal fato no direito privado, pois este, além de não possuir papel central na civilização grega em virtude da primazia do direito público, recebeu traços marcantes da liberdade individual e da relevância da manifestação de vontade nos contratos, que só poderiam decorrer de uma sociedade que estimulava a participação política dos cidadãos.

1.2. ORGANIZAÇÃO SOCIOPOLÍTICA EM ESPARTA

Situada na planície da Lacônia, Esparta estava localizada em uma região de difícil acesso para o mar e com altas montanhas que lhe provocavam certo isolamento; determinando, portanto, o seu desenvolvimento histórico. Em virtude de seu relevo, Esparta buscava ampliação territorial e pouco se voltou a questões comerciais. Desse modo, não surgiu uma classe média ao longo de sua existência, sendo uma sociedade essencialmente agrícola e aristocrática.

Resultado da invasão dória, Esparta era militarista, refletindo tal fato na composição de sua estrutura social:

i) os esparciatas: descendentes dos dórios, formavam a aristocracia guerreira de cidadãos-soldados. A terra era dividida pelo Estado em *kleros* e distribuída aos soldados, que detinham o usufruto vitalício, além de receberem certa quantidade de hilotas para se encarregarem do cultivo. A aristocracia esparciata monopolizava as instituições políticas.

3 *Ibid*, p. 78.

ii) Os periecos: ocupavam terras situadas nas regiões periféricas, não possuindo direitos de cidadania, embora fossem livres. Acredita-se que são descendentes dos povos que aceitaram pacificamente a dominação dória quando da invasão do Peloponeso. Apartados da participação política, obrigados a pagar tributos e proibidos de contrair matrimônio com esparciatas, tinham como principais atividades econômicas: agricultura, comércio e artesanato. Sempre subjugados pelos esparciatas, jamais constituíram uma classe média capaz de contestar o poder da aristocracia guerreira.

iii) Os hilotas: eram a maioria da população e eram povos que resistiram por meio da força aos dórios, tendo sido desapropriados de suas terras e feitos servos. Não houve momento em que tenham aceitado a dominação espartana, provocando constantes rebeliões. Eram a maioria trabalhadora e sustentavam o exército espartano, logo, deveriam ser sempre mantidos pelos esparciatas, os quais praticavam a *krypteia* ("caçada") para manter sempre em equilíbrio a quantidade de hilotas, de maneira que as caçadas também serviam para exercitar os jovens esparciatas.

Como se pode reparar, a estrutura social espartana era aristocrática, refletindo tal formato nas instituições políticas, que deveriam ser moldadas para preservarem no poder a aristocracia guerreira. Conforme a lenda, a Constituição de Esparta foi ditada pelo deus Apolo a Licurgo, por intermédio do oráculo de Delfos. Assim, tendo esse caráter divino e atemporal, não poderia jamais ser alterada por qualquer mortal, congelando o *status quo* dos esparciatas.

As instituições políticas eram basicamente quatro: Diarquia, Gerúsia, Apela e Eforato. A *polis* era dirigida por dois reis (Diarquia), os quais pertenciam às duas mais importantes famílias de Esparta, todavia o poder dos diarcas era simbólico. Já a Gerúsia correspondia ao Conselho dos Anciãos, era composta por 28 gerontes com idade superior a sessenta anos; e era responsável pela suprema legislatura.

A Apela era a Assembléia Popular, constituída por cidadãos de idade superior a trinta anos, cuja atribuição era ratificar, aprovando ou recusando sem discussões, as propostas encaminhadas pela Gerúsia. O verdadeiro poder estava efetivamente nas mãos de cinco éforos, que controlavam os reis, os membros da Gerúsia e a vida pública e particular de todos os espartanos. Os cargos das instituições eram preenchidos de acordo com a relação diretamente proporcional do grau de influência das famílias e o grau de relevância da função.

Por derradeiro, cumpre destacar a questão concernente à educação espartana, pois era responsável por formar os guerreiros, logo, deveria ser compatível com os objetivos de Esparta e da aristocracia. Estando a vida dos cidadãos submetida aos interesses do Estado, os recém-nascidos eram examinados pelos éforos e, se fosse detectada alguma deformidade ou debilidade, eram atirados de um penhasco, já que não poderiam servir à cidade. Caso passasse pelo exame, a criança permaneceria com a família até os sete anos; a partir desta idade, tornava-se propriedade do Estado, passando a conviver com um grupo de crianças, as quais eram educadas a ler, escrever e entoar cantos marciais. Com doze anos, eram deslocadas para acampamentos onde obtinham uma formação militar. Aos vinte anos, os jovens eram submetidos ao teste da *krypteia* e, se fossem aprovados, passariam a integrar o exército espartano. Aos trinta anos, o espartano obtinha permissão para contrair matrimônio, integrando também a Apela. Permanecia no Exército até os sessenta anos, quando poderia integrar o Conselho dos Anciãos, caso pertencesse a uma família de notáveis.

O indivíduo, portanto, era propriedade do Estado e servia como instrumento para a manutenção de toda a estrutura político-social. A educação era sempre voltada para a consecução dos objetivos da *polis*, e a vida pública e particular eram controladas pelos verdadeiros detentores do poder: os éforos. Aos hilotas, sempre rebeldes, competia fornecer o sustento do Exército e servir de objeto para o treinamento dos mais jovens, para que a população dos revoltosos não aumentasse a ponto de ultrapassarem a capacidade dos guerreiros para contenção.

1.3. EVOLUÇÃO E DECLÍNIO DA DEMOCRACIA EM ATENAS

Atenas, formada pelos jônios, voltada para o mar e aberta para o recebimento de influências externas, teria uma evolução diversa do que ocorrera em Esparta. O contato com outros povos permitiu maior flexibilidade de suas instituições políticas, como se verá adiante.

A sociedade ateniense era dividida em três classes:

i) os **eupátridas** constituíam a aristocracia ateniense, proprietários de terras que monopolizavam as instituições políticas;

ii) os **georgoi**, pequenos agricultores;

iii) os **demiurgos** eram os comerciantes e artesãos, formavam o *demos* ateniense.

Deve-se também mencionar a presença dos escravos e dos *metecos*, sendo que estes últimos eram estrangeiros, os quais gozavam de liberdade, todavia não possuíam direitos da cidadania. Além disso, com a expansão e concentração de terras pelos eupátridas, muitos pequenos agricultores foram expropriados de suas terras e levados à condição de servos de glebas, com direito a um sexto de toda a produção. Concomitante a este processo, foi a escravização por dívidas, a qual se difundiu por toda a Ática.

A primeira forma de governo de Atenas foi a monarquia, cujo rei levava o título de basileu. No século VIII a. C., com o fortalecimento dos eupátridas, o basileu teve seus poderes reduzidos e, em momento posterior, foi substituído por nove arcontes no exercício da suprema magistratura. Os arcontes eram eleitos pelo Areópago para exercerem o cargo por um ano, de maneira que permanecia o poder nas mãos dos eupátridas, já que o Areópago era formado por um conselho de eupátridas que detinham o poder legislativo em Atenas. A Eclésia era a Assembléia popular, integrada pelos cidadãos e encarregada de votar, aprovando ou rejeitando sem debates as propostas advindas do Areópago. Essa concentração de poderes nas mãos de uma classe fez com que Atenas caminhasse para um regime oligárquico-aristocrático.

No século VIII a. C., a colonização grega causou transformações em Atenas, quer no plano econômico, quer no plano social. Houve uma grande expansão e prosperidade do comércio, aumentando, consequentemente, a quantidade de produtos importados, fato que ocasionou a ruína de inúmeros pequenos agricultores, contribuindo para a concentração fundiária pelos eupátridas. Além disso, uma próspera classe média de comerciantes emergiu e aumentou a quantidade de escravos, em decorrência das dívidas, visto ter ocorrido uma pauperização do *demos*. Este cenário acarretou o surgimento de agudas crises em Atenas, pois a sociedade ficou dividida em dois pólos antagônicos: os eupátridas, que buscavam a preservação de seus privilégios políticos e econômicos; o *demos*, que reivindicava a extinção da escravidão por dívidas, uma distribuição de terras de maneira mais equitativa e maior acesso às instituições políticas para as classes médias.

Neste ambiente de revoltas, apareceram os legisladores, que procuravam efetuar reformas para pacificar a situação. O fracasso dessas reformas provocou um impasse político, que forneceu condições para a instalação de governos tirânicos. Esses demagogos realizaram reformas radicais, instaurando uma democracia escravista em Atenas. No século V a. C., o desenvolvimento econômico, intelectual e a estabilidade social, em virtude da democracia implantada, conduziram Atenas ao apogeu.

Drácon foi o primeiro legislador ateniense, tendo redigido um código para Atenas e dotado o Estado de um poder judiciário. Embora extremamente severas, as leis draconianas foram uma evolução, já que antes dessa codificação o Direito era oral e aplicado conforme o arbítrio dos eupátridas. Apesar da elaboração de leis comuns a todos os cidadãos, os conflitos não desapareceram, sendo que em 594 a. C. os comerciantes conseguiram a nomeação de Sólon para ser o realizador das reformas necessárias para eliminar as agitações do *demos* ateniense.

Sólon aboliu a escravidão por dívidas, impôs limites à extensão das propriedades, incentivou o desenvolvimento da atividade mercantil e estabeleceu como critério para a participação nos organismos de poder a riqueza e não o nascimento, como era até então. A sociedade ateniense, com base na renda dos cidadãos, foi dividida por Sólon em pentacosimedimnas, cavaleiros, zeugitas e tetas. Para participar do Arcontado e do Areópago era necessário pertencer à primeira classe. Já para integrar o Conselho dos Quatrocentos (Bulé) era preciso fazer parte de uma das três primeiras classes. Os tetas apenas podiam participar da Assembléia do povo (Eclésia) e do tribunal popular (Heliéia). Com estas reformas, passou-se de um regime aristocrático-oligárquico a uma timocracia.

Essas reformas tinham como principal escopo a conciliação entre os eupátridas e o *demos*, contudo, ao tentar satisfazer os interesses de todos, descontentou a todos, fornecendo os alicerces para o advento da tirania.

Aprofundando as reformas realizadas por Sólon, Pisístrato exerceu a primeira tirania ateniense até 528 a. C., apoiado pelo *demos*. Seus filhos não deram continuidade às reformas, perdendo o amparo popular; um deles foi assassinado e o outro derrubado pelos espartanos. Iságoras, tirano antipopular, foi conduzido ao poder, mas apenas com a sua deposição, por Clístenes, tornou-se possível resolver o problema relativo ao descontentamento eupátrida.

Finalizando o trabalho de Sólon, Clístenes conduziu reformas que deram ao regime de Atenas um caráter democrático. A população da Ática foi reorganizada, dividindo-se a região em dez tribos, cada uma com três *tritias*, cujos membros eram recrutados entre os habitantes das três circunscrições territoriais da Ática: a cidade, a costa e a montanha. As tritias eram compostas por células de base (os *demos*), as quais formavam unidades administrativas autônomas. Cada uma das tribos enviava cinquenta representantes para a Bulé, cuja composição passou para quinhentos membros. Os representantes de cada tribo revezavam-se em um processo de rodízio. Todos os cidadãos participavam da Assembléia Popular. Aos suspeitos de atentar contra o regime democrático de Atenas Clístenes instituiu a punição denominada ostracismo, que consistia no exílio de dez anos.

No século V a. C., a democracia ateniense chegou ao seu apogeu com Péricles, contudo deve-se ressaltar que se tratava de um regime democrático escravista e não era equivalente ao sentido moderno. Mulheres, estrangeiros e escravos não tinham direitos cívicos, logo, não participavam da vida pública. Assim, verifica-se que grande parcela da população estava excluída deste regime, sendo, portanto, importante salientar que ao se utilizar a expressão democracia ateniense, tais ressalvas devem ser recordadas.

Após as Guerras Médicas, Atenas chegou ao auge de seu poder, possuindo como principais características: a) democrática internamente, porque buscava uma ampliação dos direitos cívicos e políticos que possibilitassem um crescente aumento da participação dos cidadãos na vida pública; b) imperialista externamente, pois buscava a expansão territorial e a obtenção de uma posição hegemônica, destinada a fortalecer os interesses comerciais.

Sob a direção de Péricles, a democracia escravista atingiu a sua plenitude, uma vez que a Eclésia, a Assembléia do Povo, transformou-se no principal organismo decisório de Atenas. Os cargos públicos passaram a ser remunerados, viabilizando a participação das camadas populares nos negócios públicos. A expansão econômica e a estabilidade social propiciaram o aumento da participação política e do desenvolvimento intelectual.

Atenas, nesse período, tornou-se o centro cultural do mundo helênico. Devido ao seu ímpeto imperialista, assumiu posição hegemônica na Confederação de Delos. A política imperialista da democracia ateniense colidiu com os interesses de Esparta, cidade-Estado líder da Liga do Peloponeso. Em decorrência do equilíbrio de forças, este conflito devastou a Grécia, marcando o início de sua decadência. Em 404 a. C., Atenas teve a sua esquadra destruída por Lisandro na batalha naval de Egos Potamos. Com o esfacelamento do Império ateniense, a democracia foi suprimida e instaurou-se um regime oligárquico dos trinta tiranos.

Desse modo, observa-se que a derrota de Atenas causou o término do regime democrático, instalando-se um regime oligárquico aos moldes de Esparta. Em razão das inúmeras batalhas que se sucederam, o fim da hegemonia grega estava próximo, possibilitando a ascensão e a conquista macedônica.

1.4. PERÍODO HELÊNICO

A conquista do Oriente por Alexandre, processo este iniciado dois anos após o assassinato de seu pai Filipe em 336 a.C., alterou profundamente as condições da vida política grega. Os efeitos do helenismo apenas se tornaram claros a partir da segunda metade do século II, período este objeto de nossa análise.

As decisões políticas passaram às mãos dos reis fundadores das novas dinastias da Ásia, Egito e Macedônia a partir das aquisições realizadas por Alexandre. Dessa forma, verificou-se uma distinção entre a velha Grécia continental e as cidades fundadas no Oriente, pois a primeira desejou manter certa independência da monarquia macedônica; já as segundas perderam suas autonomias completamente em troca de vantagens econômicas.

A união entre o Ocidente e o Oriente teve por símbolo o matrimônio de Alexandre com Statira, filha de Dario III. Conforme os dizeres de Plutarco, foi "*o casamento de duas civilizações*". Com isso, iniciou-se o processo de helenização do Oriente. Nos Estados que emergiram da desagregação do Império de Alexandre Magno, a helenização se deu mediante a mescla das culturas ocidentais com as orientais.

A organização política dos Estados Helenísticos seguiu os moldes e cerimoniais do despotismo oriental; contudo sua classe dirigente era constituída pelos conquistadores greco-macedônicos combinados com aristocracias locais helenizadas. Iniciou-se um dinâmico e complexo processo sociocultural de assimilação, de interação e de influências recíprocas, formando algo novo, que se pode designar como cultura helenística. Nas cidades helenísticas, surgiram centros intelectuais de elaboração e difusão dessa nova cultura. Exemplo desse fato é a cidade de Alexandria, no Egito, que se notabilizou pelo museu, pela biblioteca e por seu monumental farol. Na Ásia Menor, Pérgamo tornou-se famosa pelos pergaminhos, os quais receberam seu nome. Rodes, com a Escola de Oratória e o seu Colosso (gigantesca estátua do deus Apolo).

Neste sentido, nota-se que a arte do período helenístico foi apoteótica e monumental. Exemplos marcantes deste estilo, fruto da fusão da cultura dos conquistados com a dos conquistadores, são o farol de Alexandria, o Colosso de Rodes, o Laoconte (retrata a agonia de seres humanos asfixiados por gigantescas serpentes) e o friso do Grande Altar de Zeus, em Pérgamo, com 120 metros de baixos-relevos representando um combate entre os deuses e os titãs. Em relação a esculturas desse período, devem-se mencionar três obras-primas: Vênus de Milo, Vitória Alada da Samotrácia e Apolo de Belvedere.

A busca pelo colossal, monumental e poderoso acabou por esvaziar os debates e discussões filosóficas, até em relação ao belo no sentido platônico. Neste momento da História da Grécia Antiga, a democracia escravista entrou em colapso, sendo também causa da estagnação da filosofia. As duas grandes escolas filosóficas que surgiram foram o Epicurismo e o Estoicismo.

Epicuro de Samos, fundador da primeira, fora influenciado pela teoria atomística de Demócrito, que tinha como consequência lógica de seu pensamento a finitude da alma, a qual desaparecia com a morte do corpo. O resultado da adoção do princípio de que o mundo era constituído de átomos materiais foi a adoção de uma postura de afastamento das paixões, excessos, vida familiar e política, e uma consagração da sabedoria, amizade e prazer moderado. Assim, a vida política, tão exaltada na fase da democracia grega e seu apogeu, tornou-se objeto de repulsa para o desenvolvimento de uma vida imersa na sapiência e equilíbrio.

Já o Estoicismo, fundado por Zenon de Cítion, teve maior margem de aceitação pela civilização helenística, notadamente pela elite dos Estados formados na época da conquista de Alexandre, como pelo Império Romano. Esta filosofia, rígida e severa, tinha como virtudes máximas a serenidade, o dever e o autodomínio, portanto, era preciso obedecer à Natureza para ser sábio.

Deve-se asseverar que além dessas duas correntes filosóficas supracitadas, outras duas foram desenvolvidas, atestando consequentemente a degeneração da filosofia grega, a Escola Cínica de Diógenes e a Escola Cética de Pirro. A decadência do pensamento político-filosófico está diretamente relacionada com a própria situação caótica da administração do Império da Macedônia, que rompeu com o ambiente de debates públicos, propício para o aprimoramento de reflexões de cunho político.

Os problemas sociais e administrativos eram decorrentes das inúmeras tentativas de união das nobrezas macedônica e persas por meio de casamentos. As lutas internas acarretaram a divisão do Império em quatro regiões: a Mesopotâmia, o Egito, a Ásia Menor e a Grécia. Assim, os Estados helênicos eram criações híbridas resultantes da dominação gradativa dos governantes locais de cada cidade anexada. Cada parte do Império tinha graus diferentes de imposição da propriedade real sobre as terras, que eram concedidas a nobres ou a administradores nas províncias.

A divinização dos reis não tinha suas origens no Império Persa, mas foi uma inovação macedônica[4], instituída pela primeira vez por Ptolomeu no Egito,

4 Anderson, Perry. *Passagens da Antiguidade ao feudalismo*. São Paulo: Brasiliense, 2000, p. 60.

que já possuía uma tradição de culto aos faraós. Este fato propagou-se por todo o Império Helênico e teve ampla recepção pelos soberanos.

Cumpre destacar, também, a presença de uma burocracia complexa e poderosa, diversa da Grécia clássica, desprovida deste instrumento, com ambiciosas tarefas e tendo a maior parte de seus cargos transmitidos por sucessão hereditária. Embora tenha sido construída uma burocracia forte e centralizada, não foi elaborado um sistema legal que distribuísse claramente suas funções e isso se deve à própria divinização do governante, que tinha em suas mãos um poder decisório arbitrário e impassível de limitação legal, logo, apenas a ele competia estipular as atribuições de cada cargo da administração. No Oriente Próximo, não há exemplos de codificações legais, constatando-se uma improvisação de acordo com o caso concreto, sendo que geralmente se utilizavam sistemas de origem grega ou local, tendo como última instância o poder do monarca.

Diante do exposto, observa-se que a administração era ocupada pelos indivíduos mais próximos ao rei. A ausência de uma sistematização no período helênico e de uma organização estatal mais abstrata é verificável no caso da inexistência de denominações territoriais, pois cada região era dominada por uma dinastia, logo, recebia o nome desta. Assim, a centralização na figura do monarca gera algumas distorções e fortalece a arbitrariedade e disputas dinásticas.

Esta variedade de culturas, modelos políticos, organizações administrativas e sociais foram elementos determinantes do fim do Império helênico, uma vez que paralisou a expansão, provocou uma contração de cada povo em sua unidade política e o surgimento de diversas disputas sucessórias. O primeiro reinado a ser adquirido por Roma foi Pérgamo, por causa de seu governante, o qual dispôs do território como se este fosse sua propriedade privada.

1.5. A IDEIA DE JUSTIÇA E A IMPORTÂNCIA DA FILOSOFIA

Para Platão e Aristóteles, o Direito e as leis eram elementos essenciais para a organização da *polis*, sendo necessários para se alcançar o ideal de bem. Deve-se mencionar que, para Platão, o emprego da palavra ideia está diretamente relacionado com a ética, logo, a ideia de justiça deve assim ser compreendida. Desse modo, ao desenvolver seu pensamento sobre a ideia de justiça, não se deve compreender como uma construção utópica de como o Estado precisava ser, mas sim, como algo verdadeiro que representava a fonte de onde a *polis* teria de participar, ou seja, a ideia em si existia e era verdadeira, a dificuldade estava em mergulhar o Estado nela.

Como resultado deste raciocínio, os governantes deveriam buscar a sabedoria, tornando-se filósofos, e os filósofos deveriam ser governantes, fato este que permitiria o alcance da ideia de justiça. Ao procurar pôr em prática este pensamento, Platão, convidado por seu amigo, Díon, a trabalhar com Dionísio I e Dionísio II de Siracusa, decepcionou-se em razão do fracasso e modificou o seu entendimento, retornando à doutrina tradicional concernente ao ideal de se elaborar um *nomos*, de caráter geral.

A leitura da obra *As Leis* viabiliza a compreensão do sentido atribuído à lei por Platão, pois a ideia desta deve ser compatível e relacionada com a ideia de justiça. Assim sendo, as injustiças decorrentes da lei são frutos de interpretações distorcidas da verdade, i. e., da ideia. As leis reais e todos os seres presentes no mundo da concretude são apenas objetos que apontam direções ilusórias aos sábios, os quais buscam a verdade.

Este pensamento em relação às leis não significa que Platão as considere como algo negativo, ao contrário, para referido filósofo, o resultado do processo legiferante é um momento fundamental para a formação de uma comunidade. A lei deve participar da ideia de bem, promovendo a felicidade de todos, ou seja, ao direito compete educar os indivíduos. Exatamente por causa deste caráter educativo das leis, ao preâmbulo é dado destaque e mencionada a sua relevância.

Em suma, para Platão, as leis são justas quando visam atingir o bem comum, logo, estarão afastadas da verdade de justiça aquelas leis que tenham o escopo de proteger interesses de um grupo ou uma classe. As leis, elaboradas por sábios, devem participar ao máximo da ideia de justiça, sendo que devem ser seguidas por todos, inclusive pelos governos.

Aristóteles, devido ao desenvolvimento da metafísica de maneira diversa da apresentada por Platão, possuiu algumas diferenças em relação ao direito e à justiça. A obra *Ética a Nicômaco* é de grande importância para a filosofia do direito, já que a lei é determinada pelo justo, logo, deve-se ter plena compreensão do significado de justiça.

Para a filosofia aristotélica, é importante diferenciar igualdade numérica e proporcional. A primeira estabelece uma relação entre os homens tomados como unidade. Já na segunda, é conferido a cada indivíduo aquilo que lhe é de direito com base em suas realizações, habilidades, virtude etc. Além disso, também é distinguida justiça distributiva e corretiva, pois aquela é concernente ao Direito Público, visto que tem como escopo fornecer prêmios iguais a feitos iguais; esta, por outro lado, pretende corrigir a desigualdade provocada por determinados excessos e violações.

Em a *Retórica*, Aristóteles preocupa-se com as argumentações jurídicas notadamente e prática forense. O raciocínio apresentado nessa obra é reflexo da não aceitação das atitudes dos sofistas, os quais usavam os debates jurídicos como um torneio, tentando tornar aceitáveis mesmo as injustiças e as ausências da verdade. A constituição é tida como relevante para o direito, devendo as demais leis se pautar em seus princípios, porque mesmo tendo a lei a sua validade em decorrência do hábito, pouco se realizará se não estiver em acordo com as bases lançadas pela constituição.

Neste sentido, não apenas demonstra a importância do hábito para a validade da lei, embora não se exclua a presença da força, que é tida como um adicional, como desenvolve o raciocínio em relação à equidade, presente no momento da aplicação do direito. A equidade permite certa flexibilidade da norma, possibilitando a sua formatação conforme o caso particular. Desse modo, a intenção do agente, os valores, a presença da paixão no momento da prática de um ilícito etc. podem ser utilizados para moldar a lei a ser aplicada.

Como se pode verificar, o pensamento de Platão e Aristóteles forneceu as bases da Filosofia Moderna, pois permitiu maior compreensão do direito e da função da lei, sendo esta conectada com a ideia de justiça. Ainda hodiernamente utiliza-se a classificação de justiça proposta por Aristóteles, como também os seus argumentos quanto à equidade e a relevância da constituição. Assim, o ideal de justiça e a filosofia grega foram de extrema importância para a ciência do direito moderno, lançando as bases de inúmeros conceitos que são reiteradamente objetos de estudos doutrinários.

1.6. DIREITO EM ROMA: FASES EVOLUTIVAS

O Direito Romano, com seu perfil individualista e amplamente desenvolvido no que diz respeito ao direito privado, surgiu tardiamente se comparado ao egípcio e ao grego. Passou-se durante um longo período histórico em formações grupais (clãs), sendo que devido ao enfoque dado à evolução do Direito, considerou-se a fase da realeza como o momento importante para se iniciar o presente capítulo.

Em cada etapa estudada, será apresentada a organização sócio-política e os institutos jurídicos elaborados. Pretende-se, igualmente, apresentar a evolução das fontes jurídicas que passam por um processo conexo à complexidade da própria sociedade e ao crescimento econômico. Assim, será possível verificar que a rigidez das normas em uma fase inicial era decorrente da própria religiosidade e do primitivismo das unidades organizacionais, todavia, à medida que as estruturas se apresentaram mais complexas, a população aumentou e o comércio cresceu, tornou-se necessário o aprimoramento das instituições político-jurídicas para que acompanhassem a velocidade das relações.

1.6.1. Realeza

O rei[5] era o único magistrado, comandante supremo do exército, do poder de polícia, exercia a função de sacerdote e era irresponsável pelos seus atos e decisões. Seu cargo era vitalício e não era transmitido hereditariamente, sendo na maior parte das vezes indicado pelo antecessor. Como se nota, a figura do rei estava impregnada de religiosidade, sendo esta a razão de seus amplos poderes e a irresponsabilidade por seus atos.

O Senado, subordinado ao rei, era constituído inicialmente por 100 *senatores* e depois passou ao número de 300. Era tido como o conselho do rei e tinha como atribuições: *i*) **consultiva**: em momentos relevantes e de necessidade, o rei solicitava uma consulta, contudo não era obrigado a seguir a posição do Senado; *ii*) **confirmatória**: todas as deliberações resultantes dos comícios deveriam passar pela confirmação do Senado para se tornarem válidas. Os comícios eram assembléias de cúrias convocadas pelo rei para a deliberação da ordem legal da *civitas*, sendo que apenas aceitavam ou negavam as propostas advindas de quem presidia tal Assembléia.

O povo era dividido em tribos e cúrias, sendo que embora seja objeto de debates e controvérsias, a organização social era composta pela *gens*, clientela e plebe. A *gens* era constituída por agrupamentos de famílias com caráter político; com um chefe que conduzia os rituais religiosos e era responsável pela conservação de instituições e costumes próprios, tendo também a função de elaborar regras de conduta. Os membros dessa comunidade chamavam-se *gentiles* e seus laços não eram necessariamente sanguíneos, mas sim de um antepassado comum, que lhes fornecia um nome comum. Foram os *gentiles* que formaram o **patriciado** quando foi edificado o Estado romano, logo, tornaram-se os únicos que gozavam de plenos direitos civis e políticos.

5 Em decorrência das documentações deixadas, John Gilissen assevera: "O *rex* é, parece, sempre um estrangeiro que lhes é imposto; a realeza não é hereditária. O candidato proposto pelo Senado, exercendo o *interregnum*, depois da consulta dos deuses pela tomada de auspícios, não acede ao poder supremo senão com concurso de forças religiosas, políticas e populares." Gilissen, J. obra citada. p. 81.

Já a clientela constituía relação semelhante à vassalagem, e podia ser estabelecida de maneira espontânea. Os clientes recebiam dos *gentiles* assistência e proteção, enquanto deviam a estes: *obsequium, operae* e obediência.

A plebe formava um mundo à parte, pois embora habitasse o território Romano, não tinha direitos cívicos; sendo, portanto, os indivíduos destituídos de pátria. Considera-se que os plebeus eram originários de povos conquistados, de clientes que perderam a *gens* que lhes dava proteção e de estrangeiros.

Nota-se que o período da realeza constitui um momento inicial, com organizações primitivas e essencialmente religiosas. Por consequência, a fonte principal do direito era o costume (*mos maiorum*). Há notícias da existência de leis régias, no entanto, estas se baseavam no costume da comunidade. Papírio é o único nome que chegou aos tempos modernos, atribuindo-se, portanto, a ele o papel de compilador das leis régias.

Por fim, deve-se salientar a característica da jurisprudência (ciência do direito) na fase da realeza. A jurisprudência romana era monopólio dos pontífices, que detinham o domínio das fórmulas, extremamente rígidas e de cunho religioso, e do calendário para a propositura das ações; em outros dizeres, eles determinavam em quais dias era permitido o comparecimento a juízo.

1.6.2. República

Estabelece-se, geralmente, a queda da monarquia como ocorrida em 470 a. C. Instituiu-se um regime constituído por dois cônsules por volta de 367 a. C., contudo de curta duração. Nesse ano, a plebe teve uma de suas maiores conquistas: poderia ser cônsul, conforme estabelecido pela *Licinia de magistratibus*. Para preservar alguns privilégios dos patrícios, com o advento de citada lei, foram criadas outras duas magistraturas que eram exclusivas deles: a *pretura* e a *edilidade curul*. Os pretores tinham como função a administração da justiça, sendo que em 241 a. C., foi criado o cargo de *pretor peregrino*, para solucionar controvérsias entre romanos e estrangeiros. Já os *edis curuis* encarregavam-se da polícia dos mercados e das ações penais. Como se percebe, as questões de ordem jurídica e o controle dos mercados permaneceram nas mãos dos patrícios, que tiveram seu poder reduzido com a lei *Licinia*.

A disputa por poder entre patrícios e plebeus terminou no século III a. C., com a vitória da plebe, que obteve acesso a todas as magistraturas e funções sarcedotais; por outro lado, os patrícios permaneceram impossibilitados de integrar ao tribunato e edilidade da plebe. Com esta conquista da plebe surge uma nova classe social, a *nobilitas*, que corresponde às famílias que possuíram um ou mais antepassados como ocupantes de cargos da magistratura.

Ao se mencionar a relevância dos cargos da magistratura, que conferiam *status* não apenas aos que exerciam a função, como também, aos seus descendentes, deve-se destacar duas modalidades de magistratura: a *cum imperio* e a *sine imperio.* A primeira era relativa aos cargos do consulado, da pretura, da ditadura e do tribunal militar. A segunda compreendia os demais. Cumpre-se ressaltar o significado do termo *imperium,* que representa o poder de supremacia sobre o indivíduo, o qual lhe deve obediência, sendo, no entanto, mantidos os seus direitos cívicos.

O Senado, na República, era um órgão importante e respeitado, pois todos os magistrados o procuravam para obterem consultas antes de deliberarem sobre assuntos relevantes. Assim, o Senado não apenas influenciava as decisões relativas à política externa de Roma, como também as de política interna, especificamente, as concernentes à Administração Pública.

Além da função acima mencionada, competia ao Senado fazer o controle das leis quanto ao respeito tanto das formalidades como dos costumes; em outros dizeres, quer da forma, quer do conteúdo. Com o advento da lei *Publilia,* o Senado passou a analisar e fornecer seu aceite em relação a uma lei antes mesmo da votação comicial.

No que tange à organização político-jurídica de Roma, cumpre asseverar que existiam múltiplas assembléias, além do Senado, sendo elas:

i) *Curiata Comitia*: inicialmente, configurava-se por uma Assembléia de patrícios para votarem as leis propostas pelo rei durante a fase da realeza, denomindando-se *leges curiatae* as decisões tomadas no *comitium.* O rei Sérvio Túlio (578-535 a. C.) viabilizou a participação da plebe na vida política, a qual passou a confeccionar leis nas Assembléias denominadas *centuriata comitia,* reunida no Campo de Marte. Como a *curiata comotia* não deixou de existir mesmo com a introdução dos plebeus, passou a ter um papel secundário. Na República, sendo a *centuriata comitia* a mais importante no cenário político, os comícios por cúrias restringiram-se a deliberarem em derterminadas matérias religiosas até extinguirem-se no século II a. C.;

ii) *Centuriata comitia*: competia-lhes a escolha de pretores, de cônsules e votação das leis, contudo, a ocupação de cargos da magistratura era em um primeiro instante indicada pelo predecessor, cabendo à *comitia* apenas aceitar ou recusar o nome apontado;

iii) *Tribuna Comitia:* eram assembléias tribais, com responsabilidades locais, como intervir nas eleições de magistrados inferiores e, posteriormente, na votação de leis;

iv) *Concilia Plebis:* Assembléias da plebe que elegiam os tribunos e votavam plebiscitos e leis destinadas tão-somente à classe plebéia.

Nesse sentido, torna-se necessário apontar as fontes do direito na República, que eram três: costume, leis e Éditos do magistrado. O primeiro era a principal fonte do direito, notadamente em razão da atividade dos jurisconsultos, os quais moldaram as tradições primitivas às novas relações sociais. Já as leis poderiam ser de duas modalidades:

i) *Lex rogata*: quando proposta por um magistrado e aprovada pelos comícios;
ii) *Lex data:* leis elaboradas por magistrados em virtude de poderes concedidos pelos comícios.

A *lex rogata* mais notória na República foi a lei *Aebutia*, que introduziu o processo formulário, e a *lex data* mais relevante desse momento da história de Roma foi a Lei das XII Tábuas, que representou a base de todo o Direito Romano.

O Édito dos magistrados poderia ser expedido pelos magistrados romanos, de maneira que as maiores contribuições vieram dos que possuíam funções judiciárias. Em sua fase inicial, o Édito era exposto oralmente pelo magistrado que começaria o exercício do cargo, e com o evoluir do instituto, passou-se a escrever o programa do magistrado em uma tábua branca, denominada *album*. Estes Éditos devem ser considerados uma fonte importante do direito pelo fato de permitirem a flexibilização do *ius civile*, ou seja, mediante o poder de negar ou aceitar ações fundadas no *ius civile*, podiam ponderar quanto à justiça da aplicação de tais normas no caso concreto. Deve-se salientar que os magistrados não concediam direitos a ninguém, apenas recusavam ou aceitavam as ações interpostas, as quais tutelavam determinados direitos; sendo que esta característica viabilizava amplas interferências dos magistrados judiciários.

Por derradeiro, cumpre asseverar que a jurisprudência exerceu papel importante no período da República, sendo considerada pelo direito clássico a ciência do justo e do injusto. Os jurisconsultos possuíam as seguintes atribuições: *cauere*, *agere* e *respondere*, que significavam respectivamente: evitar o prejuízo da parte interessada por ausência de alguma formalidade; exercer atividade relativa ao processo e emitir pareceres em questões de difícil solução. Assim, os jurisconsultos eram tidos como indivíduos de vastos conhecimentos, possuindo a capacidade de encontrar a justiça na causa objeto de sua análise.

1.6.3. Principado

Devido à extensão territorial cada vez maior, o exército de Roma passou a ser elemento fundamental para a manutenção do império que se estava construindo. Com diversas reformas na organização militar, os generais ampliaram seus poderes, podendo selecionar soldados que se comprometiam pessoalmente perante o general que os escolhia, i. e., o vínculo não era mais com Roma, mas sim com um indivíduo. Essa forma de recrutar soldados viabilizou o aumento da força dos generais, os quais podiam contar com uma tropa "particular", que lhe devia fidelidade. A consequência lógica deste fato foi o início da tirania, que ocorreu com Sila, o qual abdicou livremente do poder, mas antes efetuou reformas políticas.

Verifica-se, posteriormente, um conflito entre Pompeu e Júlio César, com vitória deste último. Com a morte de Júlio César, instaurou-se um segundo *triunvirato*, constituído por Otaviano, Marco Antônio e Lépido, todavia, este foi afastado do poder e inaugurou-se um *duunvirato*, cabendo a Otaviano o Ocidente e a Marco Antônio o Oriente.

Em 31 a. C., Otaviano vence Marco Antônio na Batalha de Ácio e anexa o Oriente, tornando-se o único detentor do poder no Império. Na condição de *princeps* e recebendo o proconsulado sem limitações, Otaviano tinha o controle do exército romano. Além disso, o principado tinha uma característica muito peculiar, pois quando se tratava do poder do *princeps* em Roma, este tinha a qualidade de primeiro cidadão, devendo respeitar todas as instituições políticas as quais estavam acima dele; todavia, nas demais províncias do Império, o príncipe era um monarca absoluto. Com o decorrer do tempo, os poderes foram se concentrando na figura do príncipe, que passou a ter poderes absolutos também em Roma.

Essa ampliação do poder do príncipe tornou-se perceptível com a redução das atribuições do Senado, que já não tinham a competência de dirigir a política externa. A autonomia do Senado foi reduzida, sofrendo, portanto, forte influência do príncipe, que escolhia dentre os ex-magistrados aqueles que seriam senadores. O príncipe também podia apresentar propostas ao Senado, que, influenciado por ele, passava a deliberar a seu favor.

Com essas modificações na organização política e jurídica, as fontes do direito passaram a ser:

i) Costume: nessa época, o costume não era a principal fonte de direito. Para a sua aplicação, era necessária a prática reiterada, consequentemente, sem interrupções, e pressupunha um consentimento tácito do povo.

ii) Leis Comiciais: a aprovação de leis pelos comícios chegou ao seu apogeu com o Imperador Augusto, sendo que, depois dele, iniciou-se um período de redução de sua importância até o definitivo exaurimento da participação dos comícios na atividade legislativa.

iii) Édito dos Magistrados: nessa fase do direito romano, os pretores não trouxeram maiores inovações em relação aos seus antecessores, i. e., gradativamente foi diminuindo seu poder de efetuar um programa novo que traria alterações e melhorias. Desse modo, acredita-se que com o Imperador Adriano foram sistematizados os Éditos dos magistrados e o resultado dessa organização dos textos foi o *Edictum Perpetuum*, ou seja, não poderiam ser criados novos Éditos, sendo que qualquer nova elaboração deveria ser encaminhada ao Senado ou ao *princeps* para aprovação e incorporação ao trabalho já consolidado.

iv) *Senatusconsultos*: são as deliberações do Senado. Como foi mencionado anteriormente, houve uma evolução em relação ao acúmulo de poder pelo príncipe e, neste sentido, também se alterou a participação do Senado no processo legislativo. No início do principado, quando ainda não fora estabelecido um poder absoluto, o *senatusconsultos* era uma importante fonte do direito, visto que os comícios perderam o poder na elaboração de leis, sendo este (poder) transferido ao Senado. Conforme foi aumentando o poder do príncipe, as propostas por ele apresentadas ao Senado apenas recebiam a aprovação; esvaziando-se, portanto, as funções do Senado.

v) Constituições Imperiais: Expressamente, não se encontra em nenhum documento da época uma delegação ao príncipe da competência de legislar; contudo, este, na prática, interferia na legislação e por meio das constituições imperiais inseria novos preceitos jurídicos, que eram respeitados e seguidos por todos. Assim, embora não fossem decorrentes de nenhum ato formal para a elaboração de normas, as constituições imperiais eram fontes do Direito Romano.

vi) Respostas dos Jurisconsultos: Com Augusto, passou-se a conceder a alguns jurisconsultos o privilégio de terem suas respostas (*responsa prudentium*) às consultas maior autoridade do que as demais. No caso de terem sido expedidas duas respostas com autoridade divergentes, cabia ao juiz decidir qual delas seria seguida.

Por último, importante mencionar as características da jurisprudência clássica, que era dividida em duas escolas: os Proculeianos e os Sabinianos. Os jurisconsultos clássicos deixaram diversas obras (*institutiones, regulae, definitiones, responsa* etc.), tendo destaque os legados deixados por três juristas: Papiniano, Paulo e Ulpiano. Além disso, deve-se destacar o brilhante trabalho realizado por Gaio, as *Insitutas de Gaio*, que tinha destinação educativa, contribuindo em grau elevado para a compreensão do direito romano clássico.

1.6.4. Dominato

O processo gradativo de concentração de poderes no principado culminou na implantação do dominato, em outros termos, uma monarquia absoluta. Em 284 d. C., Diocleciano instaurou uma monarquia absoluta, efetuando reformas que alteraram a organização do Império. Constantino finalizou o trabalho iniciado por Diocleciano. Em 476 d. C., houve a queda do Império Romano do Ocidente, que foi ocupado pelos bárbaros. Já o Império do Oriente sobreviveu por muito mais tempo, até 1453 d. C., data em que Constantinopla foi dominada pelos turcos otomanos liderados por Maomé II.

Devido à extensão do Império durante o dominato, há uma complexa burocracia administrativa para poder controlar Roma. Verifica-se, igualmente, uma organização hierárquica rígida, cujo chefe maior era o imperador. Das magistraturas existentes no período da República, permaneceram apenas três: o consulado, a pretura urbana e o tribunato da plebe. Já o Senado, existente em Roma e em Constantinopla, transformou-se *"em mero conselho municipal"*.[6]

Diante deste cenário, pode-se concluir que as fontes do direito no dominato foram restringidas, tendo preponderância as constituições imperiais (*leges*), as quais eram de grande relevância, devido à monarquia absoluta instituída. O costume passou a ser apenas utilizado para suprir lacunas. Já as fontes advindas do principado e de outros períodos não saíram do sistema, podendo ser evocados; contudo, não houve novas elaborações.

Observa-se que nesse momento do direito romano, não houve estímulo para criações e para o desenvolvimento de novos trabalhos dos juristas; foi, portanto, um período de primazia dos práticos, os quais apenas citavam as obras dos jurisconsultos clássicos (*iura*). Consequentemente, os advogados passaram a citar obras de jurisconsultos, alterando as assertivas para sustentarem sua posição. Devido à insegurança jurídica causada, Teodósio II e Valentiniano III tomaram determinadas medidas para eliminar esse problema, elaborando o que se passou a chamar de lei das citações. Assim, apenas se poderia usar para a argumentação o conteúdo e autores citados nas obras de cinco juristas: Gaio, Papiniano, Ulpiano, Paulo e Modestino.

Percebe-se que no dominato não há criações jurídicas, caracterizando um período de decadência do direito. Não poderia ocorrer fenômeno diverso com a jurisprudência, logo, não se encontram renomados juristas neste momento. Com a ausência de inovações jurídicas, surgem escolas, principalmente em Constantinopla, que visavam ao estudo das obras dos juristas clássicos.

6 Moreira Alves, J. C. *Direito Romano*. v. I. Rio de Janeiro: Forense, 1971, p. 59.

Formou-se, por conseguinte, um ambiente propício à realização do trabalho que marcou o governo de Justiniano: o *Corpus Iuri Civilis*.

Em 527 d. C., Justiniano reuniu uma comissão para uma compilação de todas as constituições imperiais, ficando o trabalho pronto 2 anos depois e denominou-se *Nouus*[7] *Iustinianus Codex*. Após um ano, Justiniano destinou a Triboniano a atribuição de formar uma nova comissão para a compilação dos *iura*. Em três anos, finalizou-se a organização dos *iura* e chamou-se Digesto ou Pandectas. Antes da promulgação do Digesto, Justiniano determinou a elaboração de um manual escolar, sendo intitulado de *Institutiones*. Assim, foram resultados do período de Justiniano: *Institutas, Digesto* e *Código* (compilação de *leges*). Já as *Novelas* são as reuniões das constituições imperiais que em momento posterior foram promulgadas por Justiniano.

Em suma, como se pode verificar, a sistematização do direito romano efetuada por Justiniano marca o período de decadência e de ausência de inovação da ciência jurídica. Com a instauração de um governo absoluto, com a redução do poder do Senado, com a redução da importância dos jurisconsultos e com a compilação dos Éditos pretorianos, observa-se uma fase em que apenas se nota uma estagnação da criação jurídica. Assim, embora o *Digesto* tenha sido largamente estudado em momentos posteriores, deve-se salientar que é fruto do enrijecimento e do declínio do direito romano.

1.7. INSTITUIÇÕES DE DIREITO ROMANO: DIREITO OBJETIVO E DIREITO SUBJETIVO

Neste capítulo, pretende-se destacar as principais características e assuntos relativos à divisão em direito objetivo e subjetivo. Para iniciarmos a exposição concernente a este tema, torna-se necessário delinear brevemente as fases do direito romano, apontando suas características preponderantes:

i) **Direito Antigo** (das origens de Roma à Lei *Aebutia* – aproximadamente 149-126 a. C.): Neste momento pré-clássico, o costume e a Lei das XII Tábuas eram as principais fontes do direito. O formalismo era excessivo, preponderando em relação à vontade dos sujeitos; todavia, isso não impedia a importante atuação dos jurisconsultos (inicialmente, eram os pontífices, após a laicização do direito, passaram a ser juristas leigos), os quais contribuíam para a criação e adaptação do direito à evolução da sociedade romana.

ii) **Direito Clássico** (até o fim do reinado de Diocleciano em 305 d. C.): Intensificam-se as atividades comerciais, com crescente intercâmbio entre

7 O "v" no latim apenas surgiu na época medieval, assim como o "j". Neste trabalho, como foi utilizado *ius* e não *jus*, por questão de uniformidade, escreve-se *Nouus* em lugar de *Novus*.

estrangeiros e romanos. Assim, surgem duas necessidades: um direito que regulasse tais relações e um direito menos formalista e rigoroso que garantisse celeridade em tais interações comerciais. A pretura peregrina, que tinha a competência de resolver conflitos entre estrangeiros ou entre romanos e estrangeiros, foi estabelecida ainda no período pré-clássico, mas intensificou-se sua atuação no período clássico, desenvolvendo amplamente o *ius gentium* (aplicável tanto aos romanos como estrangeiros sem diferenciações de tratamento). Além do aumento da relevância dos Éditos dos pretores peregrinos, cumpre destacar a importância do papel dos pretores urbanos, os quais foram responsáveis pela construção do *ius honorarium*, que convivia com o *ius civile* (composição de princípios costumeiros, legais e as interpretações dos jurisconsultos). O *ius honorarium* ou *ius praetorium* não podia modificar o *ius civile*; contudo, contribuiu para revogar ou preencher lacunas do *ius civile*, já que ao negar um direito estava-se revogando um antigo dispositivo; ao se conceder um direito não previsto no *ius civile*, estavam-se criando novos direitos.

iii) **Direito pós-clássico** (até a data da morte de Justiniano em 565 d. C.): A participação do Estado na elaboração do direito passou a ser crescente por meio das constituições imperiais (*ius extraordinarium*), sendo que, nesse período, desapareceu a diferenciação: *ius civile, ius honorarium* e *ius extraordinarium*, pois a preponderância do Estado na criação do direito tornou-se quase exclusiva. Assim, o direito pós-clássico constituiu-se como um direito decadente, que foi caracterizado, principalmente, pela compilação de todo direito no famoso *Corpus Iuris Civilis*.

Após a exposição dos períodos evolutivos do direito romano, torna-se viável apresentar as principais discussões referentes às acepções de direito: subjetivo e objetivo. Esta classificação viabiliza ao estudante de direito uma melhor compreensão das Instituições de direito romano em seu sentido objetivo e subjetivo; fornecendo, por conseguinte, ferramentas para um aprofundamento do estudo especificamente relativo ao direito romano e seus institutos jurídicos.

A acepção de direito objetivo possui preponderantemente o sentido de conjunto de normas jurídicas, já a de direito subjetivo, conecta-se com o sentido de poder.[8] O termo direito, em latim, *ius*, foi utilizado para diversas situações, que lhe forneciam significados distintos: sentido objetivo, subjetivo, significado de *potestas*, de situação jurídica, de parentesco e de estado.

8 *Ibid*, p. 89.

Primeiro, cumpre mencionar a distinção entre *ius* e *fas*. O *ius* é o direito profano, já o *fas* refere-se ao direito sagrado. O *fas* disciplinava principalmente matérias de direito público, sendo que, no âmbito do direito privado, verifica-se sua presença no que tange ao direito de família em razão dos cultos domésticos. Ao decorrer do tempo, o *fas* passou a regular cada vez menos espaços da vida pública e privada romana.

Em seguida, pode-se apresentar as classificações possíveis do direito em sentido objetivo: *i*) Quanto à forma: *ius scriptum* (direito escrito) e *ius non scriptum* (direito não escrito, correspondente ao costume); *ii*) Quanto à fonte: *ius civile* (costume, lei, *senatusconsulto*, resposta dos jurisconsultos e constituições imperiais sancionadas pelo processo formulário), *ius honorarium* (Éditos dos magistrados com funções judiciárias) e *ius extraordinarium* (constituições imperiais advindas da *cognitio extra ordinem*[9]); *iii*) Quanto à extensão: *ius comune* (direito comum a todas as pessoas, coisas e relações jurídicas) e *ius singulare* (direito singular a determinadas categorias de pessoas, coisas e relações jurídicas); e *iv*) Quanto ao interesse: *ius publicum* (direito público) e *ius privatum* (direito privado).

Tendo em vista a exposição das classificações do direito em sentido objetivo, isto é, como conjunto de normas, cumpre discorrer sobre o direito em sentido subjetivo, ou seja, como poder. Como as normas jurídicas, geralmente, regulam as relações entre partes, fornecendo-lhes a faculdade de exigirem o cumprimento da norma a outra, passou-se a denominar este vínculo estabelecido por uma norma jurídica de relação jurídica. Assim, o direito subjetivo sempre está conectado a um dever jurídico, pois se há a faculdade de se exigir certo comportamento, isto significa que a outra parte possui o dever jurídico de efetuar este comportamento.

Desse modo, conclui-se que *"o direito subjetivo nada mais é do que a relação jurídica focalizada pelo seu aspecto dominante de poder"*.[10] O direito subjetivo é o poder de exigir o comportamento alheio, sendo que este possui o dever jurídico de cumprir o que está sendo exigido em decorrência da força da norma jurídica, previamente, estabelecida.

9 *"O **ius extraordinarium**, integrado por constituições imperiais cujos preceitos são sancionados, não pelo processo formulário, mas por novo processo administrativo – a **cognitio extra ordinem**. Note-se, porém, esta circunstância: as constituições imperiais que dizem respeito a institutos jurídicos disciplinados pelo **ius civile**, e com relação às quais se aplica o processo formulário, estão compreendidas no âmbito do **ius civile**; apenas aquelas que se fazem valer pela **cognitio extra ordinem** é que se enquadram no **ius extraordinarium**"*. *Ibid*, p. 86.

10 *Ibid*, p. 99.

Por fim, adotando-se esta concepção de direito em sentido subjetivo e estudando sob a óptica de quem possui o poder de exigir o comportamento de outrem, pode-se dizer que as Instituições do direito romano (sob o ângulo do direito subjetivo) podem ser divididas em:

i) Parte Geral (elementos do direito subjetivo): i – Pessoas, ii – Coisas, iii – Fatos Jurídicos e iv – Ação Judicial.

ii) Parte Especial (análise das variadas relações jurídicas estabelecidas com base nos elementos da Parte Geral): i – Direito das Coisas, ii – Direito das Obrigações, iii – Direito de Família e iv – Direito das Sucessões.

Em suma, esses são os traços essenciais para o início do estudo das Instituições de direito romano, podendo-se ter uma clara visão dos diversos elementos que as compõem.

1.8. DIREITO BIZANTINO

Marco do início do direito bizantino é o falecimento de Justiniano em 565 d. C. Fundamentado no *Corpus iuris civilis*, perdurou até o século XV. Devido a algumas diferenças para com os orientais, por exemplo, nessa época, o Império Bizantino tinha como idioma utilizado grego; constata-se a presença de alterações para adaptar à realidade oriental. Como as partes do *Corpus iuris civilis* – Institutas, Digesto, Código e Novelas – faziam parte do sistema do direito romano, todavia tratavam de assuntos diversos e possuíam características próprias; foram efetuadas revisões e modificações com o escopo de simplificar o legado jurídico de Roma.

Neste contexto, no fim do século IX, Leão, o Filósofo, promoveu uma reforma ao *Corpus iuris civilis*, denominando-se tal trabalho de *Basílicos*. As leis foram organizadas de maneira mais clara e didática e incorporam-se os comentários de Justiniano feito ao *Digesto*. Não se tratou, pois, de mera reestruturação, mas de acréscimo aos pensamentos em relação aos textos do direito justinianeu.

Desse modo, os imperadores bizantinos elaboraram compilações para viabilizar as aplicações do direito romano de Justiniano, podendo-se citar as seguintes obras: *Basílicos, Ecloga legum compendiaria, Lex Rhodia e Prochiron legum*.

Este direito bizantino adaptado e de bases romanas influenciou outros sistemas jurídicos, como o russo, o búlgaro e o romeno. Assim, o direito romano do período da decadência serviu de fundamento para o direito bizantino, que acabou por propagar suas características a outros povos. O *Basílicos* foi uma importante obra que tinha a finalidade de simplificar o direito justinianeu e facilitar sua aplicação, logo, foram afastadas as leis então em desuso no império bizantino e alterou-se a organização do *Corpus iuris civilis*.

1.9. DIREITO NATURAL ROMANO

No *Corpus iuris civilis* há o emprego das seguintes expressões: *ius gentium, ius naturale e ius civile*. Dessa forma, torna-se necessário estudar o desenvolvimento do Direito Natural em Roma, apontando algumas diferenças para com Platão e Aristóteles. Cícero, inspirado na filosofia estóica, foi o grande expoente do pensamento concernente à lei da natureza. Assim, neste item, procurar-se-á destacar as principais características deste raciocínio apresentado por Cícero e mencionar as consequências de sua aplicação.

Os estóicos pregavam a condução da vida no equilíbrio e na sabedoria, portanto, a *polis,* ao contrário do que se verifica em Platão e Aristóteles, não é pressuposto para o alcance da virtude, pois esta filosofia se desenvolve em uma comunidade universal, em que a verdade prepondera e é ocupada por sábios (não apenas governada por estes, como propõe Platão). Assim, ao tirar a força da ideia de *polis*, os estóicos elaboraram um pensamento com fundamentos universais e esse fato inspirou Cícero no momento da edificação de sua obra filosófica.

Conforme Cícero, a natureza apresenta uma *ratio*, da qual todos os seres vivos participam, todavia, apenas os humanos a compreendem. A lei natural, portanto, é universal e tem origem divina, sendo relevante esta concepção, pois considera todos os indivíduos iguais. A convicção de Cícero era forte o suficiente para lhe permitir aplicar seu raciocínio quando se tornou procônsul da Cilícia, contudo, a sua defesa da necessidade de estarem presentes elementos da monarquia, aristocracia e democracia conduziu o filósofo ao mesmo caminho de Sócrates: à morte em razão do amor pelas ideias e da procura da verdade.

Como os homens procuram a justiça e a verdade, para Cícero, suas leis devem ser harmônicas com a lei natural, porque esta é universal, eterna e constante. Desse modo, o direito positivo deve ser compatível com as leis naturais, sendo o *ius civile* apenas uma reunião de leis que tratam das especificidades de cada cidade, no entanto, também fazem parte da *ratio* da natureza.

A definição de *ius naturale* em Roma permanece obscura, mas tendo em vista as obras deixadas por Cícero e outros pensadores, pode-se concluir que este direito era imutável e fazia parte de toda a ordem da natureza, que cumpria ser organizada didaticamente pelos seres humanos sábios. Os princípios gerais do direito romano – viver honestamente, dar a cada um o que é seu e não lesar o próximo – podem ser tidos como leis naturais, pois se encontram em todas as *civitas*. Assim, o *ius naturale* tinha bases éticas e universais, que inspiravam o direito romano e se colocavam acima do direito positivo.

Por fim, cumpre mencionar a relevância de Cícero para o desenvolvimento do direito natural em Roma, uma vez que seu pensamento não foi apenas uma cópia da filosofia grega, mas teve uma inovação de grande importância: aplicou-se a ideia de lei (razão) natural à jurisprudência romana, adaptando à realidade da comunidade e minando a preponderância da ideia de *polis*. A consequência de tal feito é sentida ainda nos dias atuais, pois viabilizou que em instante posterior se criasse a figura do Estado moderno e serviu de inspiração às constituições americanas, tendo em vista que se dava primazia às leis e colocavam-se os homens como seus servos, a eles competindo respeitá-las.

Capítulo 2
O Direito na Idade Média

A Idade Média[1] tem início em 476 d. C. com a queda do Império Romano do Ocidente, cuja sede era Roma, e dura até 1453, outra vez com a queda do Império Romano, mas agora do Oriente, com sede em Constantinopla, antiga Bizâncio, colônia fundada pelos gregos, e mais tarde rebatizada Istambul. A Idade Média divide-se então em Idade Média Ocidental e Idade Média Oriental, esta do século V ao XV, com o Império Bizantino, e no período do século VII ao XIII com o Império Árabe. A Idade Média Ocidental pode ser divida em Alta Idade Média, do século IV ao século IX, Feudalismo, com apogeu nos séculos IX, X e XI, e a Baixa Idade Média, do século XI ao século XV. Em que pese também ser conhecida como Período das Trevas, da Escuridão, na Idade Média se desenvolvem diversos institutos jurídicos determinantes para o Direito e a sua implicação socioeconômica.

O século III, período do Baixo Império Romano, confirma a desestruturação política, administrativa e econômica do Império com o declínio das conquistas territoriais, a crise no escravismo, a corrupção dos costumes, diversos conflitos internos e externos com as províncias que buscavam sua liberdade e, consequentemente, reduzia a arrecadação de tributos e diminuía a produção agrícola. Verifica-se também a ruralização da economia com a população urbana migrando para grandes latifúndios. Como resultado, o desaparecimento de diversas cidades, o declínio das atividades comerciais e o escoamento da moeda para o Oriente. Diante deste quadro de fragilidade, o Império Romano não resiste às invasões bárbaras e o território acaba fracionado em diversas áreas menores.

1 O recorte temporal foi realizado a partir da utilização de várias fontes. No que diz respeito ao período de influência na constituição jurídica, vale lembrar que a Europa possuía nessa época diversos territórios, e que cada um deles desenvolveu os institutos jurídicos a seu tempo, o que gera uma certa incompatibilidade entre as diversas fontes consultadas na indicação do período histórico que, de fato, em conjunto vigorou entre os séculos VIII e XII.

Na Alta Idade Média, Carlos Magno é coroado Imperador pelo Papa Leão III. Com o apoio da Igreja, Carlos Magno estabelece o Império Carolíngeo com a reconquista de territórios que pertenceram ao Império Romano, unificando parte da Europa sob o domínio dos Francos. Em razão da grande área territorial do seu Império, Carlos Magno o divide em marcas, condados e ducados. Nesse período verifica-se grande desenvolvimento social e o despertar do interesse pela cultura clássica greco-romana. Em 814, morre Carlos Magno e em 843, pelo Tratado de Verdum, o Império Carolíngeo é dividido em três entre os netos de Carlos Magno. A Francia Ocidental com Carlos, o Calvo, a Lotaríngea, com Lotário, e a Francia Oriental, com Luís, o Germânico. Essa divisão contribui fortemente para a concretização do Sistema Feudal.

O Feudalismo é o sistema político, administrativo, econômico e social da Europa Ocidental, sobretudo nos séculos IX, X e XI, alicerçado na propriedade da terra, fonte de poder político, pela nobreza feudal. Período de usos e costumes, direito consuetudinário e contratos orais entre a nobreza (suseranos ou vassalos) e os servos da gleba, desprovidos de terra e, logo, de poder político. Nessa fase, não se fala em nações ou Estados. O rei tem poder político limitado, local, como qualquer outro nobre. O sistema feudal sofre influência de instituições romanas, como o colonato e a clientela, e germânicas, como a *comitatus* e destaca-se a ausência de leis escritas.

O declínio do Feudalismo, especialmente a partir do século XI, com o fim das invasões bárbaras e o aumento populacional sem que a tecnologia agrícola acompanhasse esse crescimento, gera crises de fome. Com isso, servos da gleba e vilões são expulsos dos feudos por motivos banais, propiciando o surgimento de ladrões de viajantes e saqueadores de feudos e propriedades, período de crises de segurança.

Em 1054, em razão de desentendimentos políticos e acerca dos rituais e dogmas da Igreja, ocorre o Cisma do Oriente, dividindo a Igreja em Igreja Ortodoxa ou Cismática Grega, cuja sede era Constantinopla e o Imperador Bizantino seu chefe (patriarca) e a Igreja Católica Apostólica Romana, com sede em Roma e sob a chefia do Papa.

Neste contexto surgem as Cruzadas, movimento militar-religioso, com objetivos também econômicos, políticos e sociais, convocadas pelo Papa Urbano II em 1095, no Concílio de Clermont.

Na Baixa Idade Média se consolida a posição das cidades de Gênova e Veneza como monopolistas das especiarias, produtos especiais até então desconhecidos no continente europeu, como a canela, a noz-moscada e a pimenta do reino, utilizadas como condimentos e na conservação de alimentos, e artigos de luxo do Oriente, jóias, porcelanas, perfumes, sedas e tapetes. Os comerciantes dessas cidades distribuíam com exclusividade as mercadorias vindas do Oriente não só para o sul da península Itálica, como também para as demais regiões da Europa, estabelecendo rotas comerciais terrestres.

Dentre as rotas comerciais terrestres, duas merecem destaque, pois ligavam nessa época toda a Europa: a Rota do Norte e a Rota Mediterrânea, ambas tendo como ponto central o condado de Champagne.

A região de Champagne ficou marcada por ser onde se desenvolveram as mais importantes feiras medievais, locais fixos de comércio, de caráter continental, para onde se dirigiam os mercadores de várias regiões da Europa, com o propósito de vender seus produtos e realizar o câmbio das moedas. Entre elas podemos citar as de Bar, Lagny, Paris, Provins, Reims e Troyes. Para essas feiras convergiam comerciantes e clientes compradores das mais diferentes regiões da Europa. Algumas dessas feiras medievais acabaram se transformando em povoados e aldeias que evoluíram formando cidades e posteriormente importantes centros urbanos, como Paris e Londres.

Foi no contexto das feiras medievais que apareceram e se desenvolveram os elementos do pré-capitalismo comercial, entre eles as primeiras moedas, os primeiros bancos, as notas promissórias, vales, cheques, letras de câmbio, companhias de navegação, transporte, frete e companhias por ações.

As feiras medievais atingiram o seu apogeu nos séculos XII e XIII, e começaram a declinar a partir do século XIV, em razão do declínio do sistema feudal, da sedentarização do comércio e do desenvolvimento das cidades. Por outro lado, na medida em que as cidades evoluíam, organizavam a sua produção e distribuição, ou seja, o comércio. Surgem as corporações de ofício, as guildas e as hansas ou ligas. As corporações de ofício eram associações de indivíduos que possuíam um mesmo ofício, a mesma profissão. As guildas eram associações de mercadores que tinham por objetivo facilitar o intercâmbio comercial dentro das cidades. As hansas ou ligas eram o conjunto de cidades, cujos mercadores se associaram para monopolizar o comércio de uma dada região, como a mais importante delas, a Liga Hanseática, que congregava cerca de 90 cidades, das quais se destacavam Bremem, Frankfurt, Hamburgo e Lubeck.

Em meio ao renascimento do comércio com o surgimento das cidades, os artesãos de interesses comuns se reúnem para proteger suas pretensões por meio das corporações de ofício, cujos objetivos eram evitar a concorrência, a partir do equilíbrio entre oferta e procura; estabelecer o chamado justo preço ou justo lucro, com o controle do preço das mercadorias, uma vez que a Igreja proibia a prática da usura e o ideal cristão é contra a exploração do semelhante; controlar a qualidade dos produtos, visto que esta seria mais importante que a quantidade; prover assistência social aos integrantes das corporações, levantando recursos, por exemplo, por meio de festas ao santo protetor da corporação para prestar auxílio aos companheiros; e estabelecer salários. As corporações de ofício também definiam regras de solidariedade entre seus membros, regras para evitar a concorrência desleal e encaixar-se moralmente nas determinações da Igreja.

A partir da Baixa Idade Média também se observou na Europa Ocidental a utilização dos transportes marítimos para fins comerciais. Inicialmente, os transportes marítimos ocupavam uma posição secundária, mas aos poucos as rotas marítimas do comércio foram adquirindo importância por serem mais econômicas que o transporte terrestre devido à ausência de direito de passagem, pelo qual um nobre podia cobrar pedágio daqueles que passassem ou transitassem por suas terras, algo comum no contexto do Sistema Feudal.

É na Baixa Idade Média que tem início o processo de centralização do poder político, que dará origem à formação das Monarquias Nacionais, também denominadas Estados Modernos, ou Nações Modernas, ou Reinos Modernos, com a aliança entre o rei e a burguesia. A formação das Monarquias Nacionais se constitui na progressiva centralização política nas mãos dos Reis, resultando na aglutinação, conquista e compra das terras da nobreza feudal. Com isso o Rei expande seus domínios territoriais, consequentemente, concentra o poder político, e acaba por formar e delimitar as fronteiras do seu reino.

O Rei teve papel fundamental no processo de centralização do poder político, pois é o Rei que representa o Estado, a Nação; delimita seu território, organizando as fronteiras e estabelecendo os limites geográficos de seu reino; organiza um sistema de pesos e medidas; impõe um sistema monetário; e unifica as leis. Tudo isso contribui para facilitar o comércio e para estabelecer um mercado nacional. O Rei apóia a burguesia e é apoiado por ela; concede-lhe privilégios e monopólios, principalmente no comércio marítimo e colonial; recebe os impostos que a burguesia paga e com esse dinheiro pode se lançar no processo das grandes navegações e organizar um exército; com o exército organizado o Rei oferece paz, segurança e ordem para a burguesia realizar com tranquilidade suas transações comerciais; consequentemente, desenvolve o Regime Absolutista e o Sistema Mercantilista. Na medida em que o exército é organizado, a Cavalaria perde prestígio e a nobreza, que já havia perdido o poder político com a perda das terras, perde também o poder militar. A

Cavalaria medieval, com surgimento e apogeu nos séculos XII e XIV e declínio a partir do século XV, era um código de conduta entre cavaleiros, nobres europeus, com ideais cristãos e militares de bravura, piedade, honra, lealdade e sacrifício, valores empenhados pelas Cruzadas.

As grandes transformações européias, portanto, passam a acontecer nas cidades com a dinamização da atividade econômica (comercial), a sobreposição da vida urbana sinônimo de liberdade à do campo, entendida como servidão, surgimento de novos grupos e valores sociais e culturais, berço do capitalismo e transição da Idade Média para a Moderna.

2.1. PRINCIPAIS LINHAS DO DIREITO MEDIEVAL

A partir do século I, o cristianismo começa a ter destaque dentro do Império Romano. Os ensinamentos de Jesus Cristo e seus discípulos propagam-se por todo o Império, cujo domínio territorial jamais foi igualado na história por qualquer outro Império. Inicialmente os cristãos eram perseguidos pelas autoridades romanas, mas com o passar dos tempos o cristianismo não se restringe às classes mais pobres do Império e, já difundido por todo o Império, deixa de ser perseguido em 313, com a assinatura de Constantino do Édito de Milão, assegurando aos cristãos, que já constituíam parte expressiva da população romana, a liberdade de culto. Em 380, Teodósio oficializa o cristianismo como religião oficial do Império Romano com a assinatura do Édito de Tessalônica. Em 395, Teodósio divide o Império em Império Romano do Ocidente e Império Romano do Oriente. Constantinopla se torna sede do Império Romano do Oriente, ou Império Bizantino.

No final do Império de Teodósio têm início nos domínios romanos do ocidente as incursões bárbaras de ostrogodos, visigodos, francos, anglos, borgúndios, eslavos, saxões, húngaros, búlgaros e hunos. Em 451, Átila, o Huno, derrota as tropas romanas e em 476 o germânico Odoacro vence o Imperador Rômulo Augusto, encerrando o Império Romano do Ocidente e também a Antiguidade.

Mesmo com a queda do Império Romano do Ocidente e início da Idade Média, o cristianismo já é uma realidade na sociedade, e os valores da Igreja Católica acabam influenciando os valores da sociedade laica, constituindo e influenciando na elaboração de leis.

A Idade Média inicia, portanto, com um Direito Canônico a pautar a vida em sociedade. Além desse sistema jurídico, o Direito Romano subsiste como

Direito Bizantino (Império Romano do Oriente), como também permanecem os Direitos Germânicos e, ainda, os Direitos Eslavos e Celtas.

As invasões bárbaras e muçulmanas também transformam aos poucos a sociedade e o Direito. No sudeste europeu, após o período de expansão do Direito Bizantino, o norte acaba sucumbindo perante os povos eslavos, enquanto o sul, como também parte da Ásia e norte da África, cai diante dos muçulmanos. Já o norte e leste do então Império Romano passam a ser reinos de povos germânicos, como visigodos, burgúndios, francos, ostrogodos e mais tarde lombardos. Com o tempo o direito desses povos mistura-se com o Direito Romano.

Por outro lado, o Direito Romano não tem influência neste momento histórico sobre os direitos dos anglos, dos saxões e escandinavos. Os francos, sobretudo com Carlos Magno, buscam a unificação do direito nos territórios conquistados. Os monarcas merovíngios (com as *decrectum, edictum*) e, sobretudo, os carolíngios (com as *edicta, decreta, constitutiones, capitula*), declaram a aplicação de suas ordenações escritas em latim (idioma das autoridades laica e religiosa) para todo o reino e progressivamente adaptam esses direitos à realidade social. As *capitula*, ou capitulares, cujo texto via de regra era elaborado por conselheiros do monarca e avaliado pela assembléia dos reinos, basicamente versavam sobre a administração geral e tradicionalmente se classificam em eclesiásticas e laicas. A força dos senhores locais, entretanto, e o desmembramento dos territórios dominados pelos francos, conduzem ao regime feudal, destacadamente em França, Alemanha e parte da Itália e Inglaterra, fazendo prevalecer um Direito Feudal. Este é o período de transição da Alta Idade Média para o feudalismo.

Com o seu desenvolvimento, sobretudo nos séculos IX a XI, o feudalismo operou em momentos distintos entre os países da Europa, e em alguns, como em grande parte da Alemanha, atinge seu maior desenvolvimento no período dos séculos XII a XIV. De qualquer forma, representa uma grande fragmentação da Europa. Os reis não conseguem sustentar seu poder diante de grandes vassalos, como duques, condes, marqueses. Estes, por seu turno, muitas vezes perdem suas autoridades para pequenos senhores de terra. Os conflitos entre os senhores feudais são solucionados por meio da vingança (*vendetta*), já que inexiste justiça para tal. Economicamente, os feudos são fechados, cada um em torno de si, sobrevivendo da produção agrícola. O comércio praticamente não existe neste período histórico.

Caracterizado por uma série de instituições, destacam-se a vassalagem e o feudo. Na vassalagem, o vassalo é um homem livre, mas comprometido com o seu senhor. Em troca de manutenção e proteção, sobretudo militar prestada pela cavalaria, o vassalo se obrigava por meio de um contrato solene a ser fiel ao seu senhor, ajudando-o e aconselhando-o. A subsistência é garantida geralmente pelo feudo, parcela de terra que o senhor disponibiliza ao seu vassalo, ao mesmo tempo em que este oferece a contrapartida ao seu senhor.

Nesse período de decadência cultural e religiosa a organização Estatal não existe. O Direito Feudal, aplicado cada qual em seu feudo, tem como fonte de direito o costume que obriga as relações humanas, inexistindo leis escritas. Desaparece o Direito Romano, exceto na Itália. Entre os eclesiásticos, o Direito Canônico é mantido, constituindo basicamente a única legislação escrita do período. Para alguns assuntos do cotidiano o Direito Canônico permanece sendo aplicado, como no casamento.

Já na Baixa Idade Média, os Reis começam a implementar a unificação dos territórios, enfraquecendo assim o poder dos senhores feudais e consequentemente do Direito Feudal. Os reis são importantes, pois ao unificarem territórios até então dispersos e com leis próprias (Direito Feudal), instituem, com base nos costumes, em leis já existentes e até pelas vontades reais (poder considerado de direito divino), sistemas jurídicos comuns a todo o reino, algo a pautar a vida em sociedade e que também favorece fortemente a atividade comercial. Destacam-se Portugal e Espanha, que promovem suas unificações antes dos demais reinos europeus, o que contribui para suas descobertas marítimas.

Nesse período o Direito Romano é resgatado, em especial na Itália, como também na Alemanha e Espanha, iniciando-se o Direito Continental, o positivado. Já a Inglaterra tem o seu direito baseado em decisões judiciais e reais, estabelecendo, portanto, o Direito Consuetudinário, a *Common Law*.

A Idade Média perdura até a queda do Império Romano do Oriente, em 1453, quando os turcos conquistam Constantinopla, dando início à Idade Moderna. Porém, durante a sua existência, o período de 527 a 565 do Império Bizantino teve destaque com o imperador Justiniano, incentivador da arte bizantina e sua mistura com elementos romanos, além de atualizar o Direito Romano e compilá-lo, criando desta forma o *Corpus iuris civilis*.

Para o estudo do Direito Continental, duas linhas do Direito Medieval merecem destaque e serão aprofundadas a seguir: o Direito Germânico, ainda que em sua forma arcaica sua contribuição foi reduzida para a formação dos Direito Modernos, e o Direito Canônico.

2.2. O DIREITO GERMÂNICO E SUAS INSTITUIÇÕES

Antes de começar suas imigrações para o sudoeste europeu, algo que se inicia por volta do século V com a invasão do Império Romano, os povos germanos, localizados a leste do Reno e a norte dos Alpes, eram etnias relativamente nômades, cujo sistema jurídico era um direito tribal e pouco desenvolvido.

A sociedade, que vivia da agricultura e da pecuária, organizava-se em torno do clã familiar (*sippe*) sob a autoridade do pai (*mund*), que assegura a paz e a ordem com poder ilimitado. Os clãs muitas vezes travavam guerras privadas (*faida*) entre si, mas também se agrupavam, temporária ou permanentemente, como tribos ou etnias sob a direção de uma assembléia que designava seu chefe, seja em decorrência de sua força ou autoridade moral e religiosa demonstrada em combates.

O Direito Germânico era consuetudinário, baseado em costumes, o que reflete a existência dos direitos das etnias dos povos germânicos, cada etnia com o seu próprio direito e não um único Direito Germânico de aplicação geral. Quatro tipos de documentos históricos buscam conhecer os direitos germânicos anteriores às invasões, conforme observa Gilissen[2] as fontes literais latinas, as fontes literais germânicas, os costumes escandinavos e as *leges barbarorum*.

As fontes literais latinas têm em César, que destaca a atividade militar dos germanos, Tácito, que desponta como a única fonte das instituições germânicas e seu direito do século I, e os autores gregos ou latinos, como Dion Cassius, Herodiano, Amiano Marcelino e Orósio, que pouco contribuem com os costumes germânicos entre os séculos II e V.

Já as fontes literais germânicas tentam resgatar as regras jurídicas baseadas em antigas lendas como a dos Nibelungos, reduzidas tardiamente em documentos escritos, pós-século XI, cujas fontes não são de natureza segura.

Com redação tardia, entre os séculos XII e XIII basicamente, os costumes escandinavos refletem de maneira mais fiel os costumes dos povos germânicos do período anterior às invasões. Por não ter sido romanizada, algo que se inicia com a cristianização apenas no século X, a sociedade escandinava permanece primitiva, com a solidariedade familiar sendo o sistema jurídico ainda nos séculos XII e XIII. Os costumes escandinavos eram reproduzidos nos tribunais pelos anciões da aldeia, que, conhecedores do direito consuetudinário diziam o direito. Dentre os costumes escandinavos que se destacam para o direito germânico temos: a Lei Vestrogótia, a Lei de Uppland, a Lei de

2 Gilissen, J. obra citada. p. 163.

Gulathing, a Lei de Frostathing, a Lei Escânia, a Lei de Jutlândia e o Código de Haflidi, na Islândia. Por volta de 1260 esses textos são compilados sob a denominação de Gragás.

As informações mais completas e precisas dos costumes germânicos estão nas *leges barbarorum*, ou leis dos bárbaros, já que as *leges* referiam-se às legislações romanas do período. Redigidas entre os séculos VI e IX, ou seja, após as invasões, sofrem a influência do direito romano, refletindo muitas vezes o direito do período em que eram escritas, e não o período germânico anterior às invasões. Compilações escritas em latim dos costumes dos povos germânicos com ajuda de pessoas que diziam o direito e por vezes com aprovação da autoridade, as *leges barbarorum* são registros das regras jurídicas consuetudinárias desses povos.

Apesar da predominância da tradição consuetudinária no direito dos povos germânicos, a lei também passa a ser fonte de direito nas monarquias germânicas visigóticas e francas, estabelecidas no antigo Império Romano.

Com a expansão da dominação dos francos entre os séculos V e IX, duas fontes de direito se destacam: a legislação real ou imperial, única para o reino ou império, e os direitos nacionais, direitos e tradições dos povos (*leges barbarorum*), agora submetidos à autoridade dos francos, conforme se passa a destacar.

Dentre os francos, destacam-se: A *Lex Salica* (Lei Sálica), anterior a 511 a. D., contém a exposição do direito dos Francos Sálios (Merovíngios). Alterada e complementada pelo menos seis vezes, é basicamente constituída por disposições de direito penal, e alguma coisa de direito civil e processo. A *Lex Ribuaria* (Lei Ripuária), redigida entre 633 e 639, é o direito aplicado à parte oriental do reino franco, traduzindo-se posteriormente no direito dos carolíngeos. A *Ewa* (ou *Lex*) *Ad Amorem*, também chamada equivocadamente *Lex Francorum Chamavorum*, redigida entre 802 e 803, retrata os costumes dos francos da região da Ilha Batava (Países Baixos).

Nos povos burgúndios e visigodos, merecem destaque: A *Lex Burgundionum*, de aproximadamente 476-516, é uma compilação de regras de processo e direito civil, já romanizada. A *Lex Visigodum*, inicialmente denominado Código de Eurico, é da época da *Lex Burgundionum*, mas o direito visigótico tem forte influência romana, afastando os vestígios dos costumes germânicos, em que pese ter prevalecido próximo à sua origem quando aplicado de forma consuetudinária entre camadas da população.

Em 643 os Lombardos têm seus costumes transcritos por meio do Édito do Rei Rothario. Traduzindo-se na compilação mais completa de um direito de origem germânica, aborda em especial o direito penal, mas também o direito de família, obrigações, direito real e processual. Complementada por outros éditos, destacadamente o do Rei Liutprando, no século VIII, esta compilação significou a entrada do direito germânico na Itália, uma vez que os lombardos, originados do norte da Alemanha, invadem a Itália no fim do século VI.

2.3. O DIREITO CANÔNICO

O Direito Canônico é um direito religioso cristão que tem seus preceitos divinos no Antigo e no Novo Testamento. Constituído a partir de entendimentos havidos nos Concílios (reuniões de prelados católicos) para regular a comunidade católica, busca refletir as Sagradas Escrituras, portanto um direito divino (*ius divinum*). Utilizado desde os primeiros séculos da Igreja, sofre influência dos conceitos do direito romano e ganha destaque na Idade Média, quando em diversos lugares da Europa foi o Direito espiritual e até temporal a regular a sociedade, em que pese a Igreja admitir a dualidade dos sistemas jurídicos. De um lado o direito laico, do poder temporal exercido pelos homens, enquanto o direito religioso é o das almas, do espírito. A Igreja é una, santa, católica, apostólica, romana, única fundada por Cristo, que na região da Cesaréia de Filipe disse a Simão, filho de Jonas, *"tu és Pedro, e sobre esta pedra construirei a minha Igreja, e o poder do inferno nunca poderá vencê-la"* (Mt 16, 18). Desde então, Pedro é sucedido pelos Papas. Outrossim, a Igreja é universal, não se confundindo com os Estados. Neste sentido as passagens bíblicas segundo as quais Jesus afirma que seu Reino não é deste mundo, e que se deve dar a César o que é de César, e a Deus o que é de Deus.

O poder da Igreja, portanto, subsiste com o poder laico dos soberanos, mas o seu desenvolvimento teve contribuição dos órgãos do Estado. Por outro lado, diversos Estados, em especial os imperialistas, como Portugal e Espanha, destacadamente na Idade Moderna, utilizaram-se da Igreja para suas conquistas e dominações, sob o pretexto da cristianização. Os poderes espiritual e temporal muitas vezes entravam em conflito, e cada Estado, fosse com a teocracia ou com a separação dos poderes entre Igreja e Estado, encontrava um acordo.

Em Roma, já reconhecida como religião oficial do Império, a Igreja Católica é uma instituição cuja organização territorial e administração segue o modelo do Estado. Desta forma, cada província romana contava com um arcebispo e em cada *civitas* um bispo, a quem se subordinava o clero das paróquias. Nas *civitas*, que dão origem às dioceses ou episcopado, o bispo é auxiliado em matéria religiosa pelos padres e, no tocante aos assuntos laicos, por arquidiáconos e diáconos. Esse modelo de organização territorial e administração subsistem na Idade Média com a Igreja. Já no Império Bizantino, a acumulação dos poderes temporal e espiritual pelo imperador constitui uma teocracia, com o imperador intervindo em questões da Igreja, reservadas ao domínio religioso.

Apesar do enfraquecimento do poder temporal da Igreja no ocidente medieval, ela continua única e autoridade comum aos fiéis dos diversos Estados, influenciando governantes e relacionando-se com eles. Os carolíngios estabelecem desde o início de suas conquistas uma forte aliança com o papado. Em 751, Pepino, o Breve, é proclamado rei dos francos, com acordo estabelecido pelo Papa Zacarias, que em troca recebe em 756 terras no centro da Itália. Até 1870 essas terras são os Estados temporais do Papa, ou também chamadas Estados Papais, Estados Pontificiais, Estados da Igreja ou Patrimônio de São Pedro. Nessa área em 1929 consolida-se o Estado do Vaticano, resultado do Tratado de Latrão celebrado entre o Papa Pio XI e Benito Mussolini pela República Italiana. Carlos Magno, sagrado imperador no ano 800 pelo Papa Leão III, promulga as *capitularia eclesiastica*, decisões dos concílios que são reconhecidas leis do Império.

Aos poucos, os sucessores de Carlos Magno tornam-se cada vez mais submetidos às autoridades eclesiásticas, até culminar nos conflitos dos séculos XI e XII entre a Igreja e o Santo Império, como o da Querela das Investiduras, referente à autoridade em conferir títulos eclesiásticos. Com a Concordata de Worms em 1122, o papado reconhece o princípio de separação dos poderes espiritual e temporal, mas o poder do rei lhe é sagrado pela Igreja, que pode excomungá-lo. Os papas, cumpre ressaltar, detêm poder temporal em seus Estados. Contudo, o poder real entra em choque com o poder religioso, o que leva ao enfraquecimento da autoridade papal, como ocorrido no Cisma do Ocidente com os papas de Avignon e os papas de Roma.

Já no final da Idade Média, como também na Idade Moderna e até mesmo na Contemporânea, Estados e Igreja muitas vezes convencionavam por meio das concordatas a intervenção dos Estados na nomeação de altos cargos eclesiásticos, permanecendo a investidura canônica ao Papa. Por fim, tem-se a separação definitiva entre Estado e Igreja, um não interferindo mais nos assuntos do outro. De qualquer forma, até hoje a Igreja continua presente nos assuntos da sociedade e do Estado, manifestando-se e fazendo-se ouvir, ainda que não seja seguida em plenitude.

Os séculos III a XI, portanto, representam a ascensão do Direito Canônico que encontra o seu apogeu nos séculos XII e XIII. A partir do século XIV, em especial do século XVI, ocorre a Reforma e a laicização dos Estados. De qualquer modo, a compreensão da importância do Direito Canônico na Idade Média exige destacar quatro pontos, conforme explica John Gilissen[3].

Inicialmente, deve-se atentar ao caráter ecumênico da Igreja e que coloca o cristianismo como a única e verdadeira religião para a humanidade, algo que praticamente se confirma em toda a Europa entre os séculos VIII e XV. Diversos assuntos jurídicos de direito privado foram tratados pelo Direito Canônico, como casamento e divórcio, logo, jurisdição dos Tribunais Eclesiásticos. Enquanto o direito laico em sua essência era consuetudinário, o Direito Canônico é escrito, comentado e analisado desde a Alta Idade Média, e com o tempo é sistematizado e de certa forma codificado. Finalmente, por ser escrito também foi objeto de estudo e trabalho de diversos doutrinadores, constituindo, portanto, uma ciência do direito a influenciar o desenvolvimento de outros direitos, como o próprio direito laico.

2.3.1. A Legislação Canônica

As decisões eclesiásticas são fonte viva do Direito Canônico e constituem a legislação canônica, seja por meio dos decretos, seja pelos decretais, constituições pontifícias, ou ainda costumes e princípios do direito romano.

Os decretos, ou cânones, são as decisões tomadas nos concílios, em especial os concílios ecumênicos episcopais. O primeiro realizou-se no ano de 325 em Nicéia. Desde então, os bispos reuniram-se em outros concílios ecumênicos, perfazendo um total de vinte e um, incluindo o de Nicéia. Merece destaque o Concílio de Trento, de 1545 a 1563, no qual se processou a Contra-Reforma em razão da Reforma protestante, com a confirmação da doutrina acerca dos sete sacramentos e dos dogmas eucarísticos. Destaque-se também ao Concílio Vaticano II, de 1962 a 1965, pelo qual se processou a abertura da Igreja aos tempos atuais com a reforma da liturgia e o estabelecimento da constituição da Igreja, alicerçada na igualdade e dignidade dos fiéis, como ainda a revelação divina e a liberdade religiosa, o ecumenismo e o apostolado dos leigos.

Já as decretais (*litterae decretales*) são os escritos papais em resposta a consultas formuladas por bispos ou personalidades eclesiásticas ou laicas de destaque. Trata-se de uma interpretação ou complementação das decisões proferidas nos concílios, contudo foram poucas.

3 *Ibid*, p.134-135.

Por outro lado, as constituições da Igreja são verdadeiras leis da Igreja que transmitem mais conselhos do que ordenamentos, nas quais os papas se dirigem aos bispos e à comunidade, sobretudo por meio das encíclicas. Podem-se destacar as Encíclicas *Rerum Novarum*, Papa Leão XIII, *Pacem in Terris*, Papa João XXIII, *Centesimus Annus* e *Fides et Ratio*, Papa João Paulo II, *Deo Caritas Est* e *Spe Salvi*, Papa Bento XVI.

O costume é o direito não escrito (*ius non scriptum*), logo, não possui grande destaque no Direito Canônico, que muito se assemelha com o direito romano e a sua tradição escrita. Portanto, como princípios para se reconhecer um costume era necessário que ele fosse seguido há aproximadamente 30 anos, não ofendesse a razão e respeitasse o direito divino. Em que pese não constituir como regra uma fonte no Direito Canônico, os tribunais eclesiásticos observavam os costumes como fonte local de direito.

Por fim, os princípios do direito romano constituem um direito supletivo do Direito Canônico, uma vez que o Direito Canônico se desenvolve no Império Romano e, mesmo com o fim deste no Ocidente, continua sendo utilizado. Conforme observa John Gilissen[4], o Direito Canônico tem no direito romano grande parte de sua teoria das obrigações e ainda os elementos fundamentais do seu processo civil.

2.3.2. A reforma gregoriana

A reforma religiosa medieval foi uma transformação caracterizada pela interligação na mudança institucional e no surgimento de um novo modo de vida e uma nova mentalidade, ocorrida, sobretudo, no pontificado de Gregório VII, de 1073 a 1085. Os pontos principais da reforma eram: (i) confirmar a independência da Igreja, para que não mais sofresse influências temporais para nomeação de bispos e abades e ingerências nas eleições papais; (ii) abolir a venda de serviços religiosos (simonia); e (iii) encerrar a prática sexual de clérigos, que até mesmo constituíam famílias e não deixavam as ordens sacras. Tratava-se, portanto, de uma volta às origens, *ecclesiae primitivae forma*.

No tocante à independência da Igreja, Gregório VII consegue dirimir junto ao Imperador Henrique IV, do Sacro Império Romano Germânico (SIRG), a "querela das investiduras", influências temporais para nomeação de bispos e abades e ingerências nas eleições papais (cesaropapismo), algo defendido pelos Imperadores do SIRG desde Oto I, em 962, na tentativa de reunir os poderes temporal e espiritual, ou seja, deter o poder universal. Henrique IV,

4 *Ibid*, p. 145.

temendo sua excomunhão, encontra-se em 1077 na cidade de Canossa com o Papa e deixa de interferir nos assuntos da Igreja, episódio conhecido como "humilhação de Canossa". Em 1122 o Papa Calixto III e o Imperador Henrique V do SIRG assinam a Concordata de Worms, também estabelecendo que as investiduras espirituais era prerrogativa da Igreja, enquanto as investiduras temporais, conhecida como *Pactum Calixtinum* do Estado.

Em resposta a essa mudança institucional, o setor clerical se depara com o surgimento de novas ordens religiosas, como a de Cluny ou clunyenses que libertou mosteiros e conventos das dominações feudais e restaurou instituições da Igreja, e como a dos cartuxos, em 1084, e dos cistercienses ou de Cister, em 1098, ambas beneditinas que valorizavam o trabalho manual como meio de oração, que transformam a vida na Europa ocidental. Entre os cônegos, um retorno ao espírito original de Santo Agostinho, com maior inserção na vida das comunidades urbanas, a partir do equilíbrio entre as vidas ativa e contemplativa. Entre os leigos a reforma significou uma mudança na mentalidade, com movimentos espalhados por toda a Europa ocidental de pobreza e simplicidade de vida, como os primeiros cristãos.

Junto com a reforma religiosa, a revolução comercial do período, com a retomada das rotas marítimas do Mediterrâneo pelos cristãos, significou a expansão da vida urbana e a confirmação de um novo grupo social, os comerciantes (burguesia), cujo poder econômico começava a sobrepor-se ao poder político da nobreza e do clero. Rapidamente a Igreja percebe a importância de ter ao seu lado os comerciantes, tanto é que a reforma gregoriana também se ocupou de recuperar eticamente a burguesia, algo confirmado pelo 3º Concílio de Latrão, em 1179, que reconhece uma posição mediana aos comerciantes dentro da hierarquia de profissões.

Nesse sentido, a usura começa a ser justificada. O Papa Alexandre III admitiu nas vendas a crédito a cobrança de juros, cujo acréscimo ao preço seria uma indenização pelo dano emergente, como também um lucro cessante e, ainda, eventual compensação ao risco. Os juros adicionados ao preço do bem comercializado significavam a remuneração pelo trabalho do comerciante em sua atividade mercantil.

Da mesma forma que a burguesia manifestava sua posição pela manutenção da ordem e ortodoxia religiosa, que agradava as autoridades eclesiásticas, aos poucos os filhos de burgueses começam a ocupar sedes episcopais. Até que Inocêncio IV, de origem burguesa da família Fieschi de Gênova, assume o pontificado.

Todo esse movimento contribui para o descobrimento de textos clássicos, guardados em mosteiros e nas bibliotecas orientais, como também disponibilizados pelos árabes a partir do reino de Granada, o que significou o ressurgimento intelectual no século XI nas universidades.

As universidades no medievo reuniam os *status studentium* ou o *ordo scholasticus*, homens de diferentes países e classes sociais, onde já não se diferenciavam religiosos e não religiosos. O laicato ganha novo sentido e os clérigos passam a ser os mestres e estudantes, enquanto leigos são aqueles que não possuem relação com as universidades.

Tanto no corpo docente como no discente das universidades, destaca-se a presença das ordens mendicantes, como as formadas por São Domingos e São Francisco, congregações religiosas no estilo dos *pauperes Christis* (leigos que se associavam no voto de pobreza), que atuavam em comunidades urbanas diretamente obedientes à Santa Sé e sem subordinação à jurisdição dos bispos locais.

A passagem da Alta para a Baixa Idade Média é um momento de grandiosa manifestação intelectual que no campo ético aprofunda a doutrina do pecado. Conforme observa Fábio Konder Comparato,

> em uma antecipação aos terrenos modernos, os teólogos cristãos dão sua contribuição decisiva para a afirmação do indivíduo, ao conceberem o pecado não mais como falta coletiva, ou uma transgressão dos antepassados a refletir-se na cadeia dos descendentes, mas sim como um ato consciente da vontade individual e que acarreta, consequentemente, uma responsabilidade pessoal e intransmissível[5].

2.3.3. A formação do *Corpus iuris canonici*

Desde o século III surgem diversas coleções de Direito Canônico, sendo algumas reconhecidas pelas autoridades do clero. Inicialmente redigidas em grego, só em 510 se tem notícia da primeira coleção escrita em latim, a de Dinis, o Pequeno. Após diversas vezes complementada, Carlos Magno a promulgou como lei em seu Império. A de Dinis também foi outra vez compilada e esta nova compilação foi chamada *Collectio Isidoriana*, ou Hispana.

Ainda no século IX, a coleção Pseudo-Isidoriana se destacou, com diversos regramentos para a Igreja e que afetavam a comunidade laica. Entretanto, continha diversas informações falsas que foram aceitas durante a Idade Média, só sendo atestada sua falsidade no século XVI.

5 Comparato, F. K. *Ética: Direito, Moral e Religião no Mundo Moderno*. 2. reimp. São Paulo: Companhia das Letras, 2006, p. 130.

Enquanto o direito escrito desaparecia nos séculos X a XII, o direito canônico persistiu com a compilação de diversos textos.

Umas das coleções de maior relevância data do século XII, quando a de Graciano, na Itália, sobrepôs-se às demais. Graciano, influenciado pela dialética dos escolásticos, redigiu uma *Concordia discordantium canonum* denominada *Decretum*, por meio da qual comparava e classificava os textos observando o respectivo valor jurídico. Mais do que compilar textos, Graciano a cada conjunto de documentos acerca de determinado assunto apresentava um *dictum*, seu comentário, resumindo a questão e propondo uma solução.

Diante do grande número de coleções pós-gracianas, o Papa Gregório IX determinou a compilação desses textos canônicos, o que foi chamado *Decretales extra Decretum Gratiani vagantes*, proibindo, ainda, a organização de outras compilações sem a prévia anuência da Igreja de Roma. O Papa Bonifácio VIII promove nova compilação, chamada *Liber Sextus*. Clemente V responde pela compilação de *Constitutiones Clementinae*, João XXII pelas *Extravagantes*, acrescentadas bem mais tarde pelas *Extravagantes communes*.

Complementado, desta forma, no decorrer dos séculos XIII a XV por outras compilações, este conjunto, qual seja:

i) o Decreto de Graciano, aproximadamente do ano 1140;

ii) as Decretais de Gregório, de 1234;

iii) o Livro Sexto, 1298;

iv) as *Clementinae*, de 1314; e

v) as Extravagantes de João XXII, de 1324, e as Extravagantes Comuns do século XV; é editado em 1582 e oficialmente tido como o Código de Direito Canônico (*Corpus iuris canonici*).

Desde o século XII, portanto, desenvolveu-se um direito canônico clássico, ao qual Roma subordinava os cristãos do Ocidente. O *Corpus iuris canonici* vigorou até 1917 como o Código de Direito Canônico, sendo completado pelos concílios dos séculos XV e XVI e pelas decretais papais, o *jus novissimum*. Tal fato se explica por que em 1904, por determinação do Papa Pio X e sob a responsabilidade do cardeal Gaspari, têm início os trabalhos para um novo código, que é promulgado em 1917, o *Codex iuris canonici*. O *Codex* adaptava à realidade do século XX os textos medievais de Direito Canônico. Após o Concílio Vaticano II, em 1965, o Direito Canônico uma vez mais é repensado diante das transformações mundiais.

No quinto ano de seu pontificado, no dia 25 de janeiro de 1983, o Papa João Paulo II confirmou a publicação do Código de Direito Canônico, em conformidade com a tradição da Igreja do decorrer dos séculos de reformar e renovar as leis religiosas, sempre fiéis ao seu Fundador, para restaurar a vida cristã. Destaca-se que o Código não tem o objetivo de substituir a fé, a graça, os carismas e, sobretudo, a caridade dos fiéis na vida da Igreja. Pelo contrário, o Código busca proporcionar um ordenamento na sociedade eclesial, sinalizando o primado do amor, da graça e do carisma, adaptada contemporaneamente ao desenvolvimento da sociedade eclesial e às pessoas que dela participam.

Para a Igreja, o Código é considerado extremamente necessário, visto que constituída como algo público e com visibilidade, necessita de normas, seja para a sua estrutura administrativa e orgânica, seja para o exercício das suas funções divinas, como o santo poder de ministrar os sacramentos, seja pela relação dos fiéis que pode ser regulada segundo a justiça, baseada na caridade, na garantia dos direitos individuais, seja, ainda, por uma vida cristã cada vez mais perfeita, e pelas leis canônicas sustentada, reforçada e promovida.

O Código de Direito Canônico, portanto, principal documento legislativo da Igreja, fundado na herança jurídico-legislativa da revelação e da tradição, é tido como o instrumento indispensável para assegurar a ordem, quer na vida individual ou no convívio social, quer na própria atividade da Igreja.

2.3.4. As regras de competência e jurisdição

Na Idade Média a competência dos tribunais eclesiásticos não se limitou aos membros do clero, subordinando muitas vezes os leigos. Tal fato também contribui para a influência do Direito Canônico em relação aos Direitos laicos da Europa Ocidental.

Para compreender as regras de competência e jurisdição no Direito Canônico, deve-se retomar a origem da jurisdição dos tribunais eclesiásticos que têm como fundamentos a arbitragem e a autoridade disciplinar. Neste sentido, em observância aos ensinamentos de Jesus Cristo e segundo os apóstolos, os cristãos em desentendimento deveriam buscar a conciliação e em caso de insucesso recorrer à arbitragem junto à comunidade cristã. Aquele que não cumprisse a decisão arbitral da comunidade sujeitava-se a ser punido com a excomunhão, ou seja, a sanção suprema.

Com o reconhecimento do catolicismo como religião oficial de Roma, os cristãos podiam optar pela jurisdição eclesiástica proferida pelo bispo de sua região. Tal fato, denominado *inter volentes*, creditava à decisão episcopal validade equivalente à proferida por um juiz laico, além de contribuir com o crescimento da jurisdição episcopal.

Nos séculos IV e V os imperadores romanos reconhecem a competência episcopal para as matérias que ficaram mais tarde conhecidas como a *clavibus*, ou seja, aquelas religiosas ou espirituais, relacionadas à disciplina na Igreja e à fé, portanto, "às chaves" da Igreja. No século V os clérigos têm reconhecido o foro privilegiado para serem julgados em relação a diversas matérias laicas ou religiosas, civis ou penais. Com o tempo o *privilegium fori* ou "de clerezia" é ampliado e vigora por toda a Idade Média. Com os carolíngios e a interferência do espiritual com o laico, a Igreja se torna competente para diversos assuntos laicos que guardavam alguma relação com o espiritual, em especial os relacionados aos sacramentos, como o casamento.

Com a decadência das jurisdições temporais nos séculos X a XIV, a Igreja, além de sua competência religiosa e em alguns temas leigos, amplia e confirma seu poder jurisdicional em razão de pessoas e em razão de matérias.

Em relação às pessoas, competência *ratione personae*, os tribunais eclesiásticos julgavam:

i) os eclesiásticos, ou seja, clérigos regulares e clérigos seculares em razão do foro privilegiado (*privilegium fori*);

ii) os cruzados, em virtude do privilégio de cruz (*privilegium crucis*);

iii) professores e estudantes universitários, uma vez que as universidades são instituições eclesiásticas; e

iv) viúvas e órfãos, considerados pessoas miseráveis (*miserabiles personae*), desde que solicitassem a proteção da Igreja.

A competência dos tribunais eclesiásticos é absoluta em relação ao foro privilegiado dos clérigos. Nas outras hipóteses, *privilegium crucis*, professores e estudantes universitários e *miserabiles personae*, era admitido que essas partes renunciassem à competência eclesiástica.

No que se refere à matéria, competência *ratione materiae*, os tribunais eclesiásticos julgavam determinadas matérias penais e civis, independentemente de ser a parte leigo ou clérigo. Os casos previstos em matéria penal eram:

i) infração contra a religião, como heresia, sacrilégio e feitiçaria; e

ii) infração contra as regras canônicas, como adultério e usura, sendo que nestes tipos de infração a competência da jurisdição laica é concorrente.

Os casos em matéria civil dizem respeito a:

i) benefícios eclesiásticos, ou seja, rendimentos destinados a um eclesiástico para o exercício de sua missão;

ii) casamento e matérias relacionadas;

iii) testamento, quando prevista destinação à Igreja; e

iv) não cumprimento de promessa jurada a Deus.

Quanto ao aspecto processual, em matéria civil o processo era escrito, iniciando-se com o *libellus*, pedido da parte que dava queixa ao oficial que culminava na convocação do réu. O *libellus* era lido pelo oficial diante das partes. Ao réu era assegurado o direito de se opor, após o que o *litis contestatio* fixava o contrato judiciário. As provas eram então submetidas ao juiz, que na ausência ou insuficiência destas, ordenava o juramento litisdecisório.

Na seara penal, o processo se assemelhava com o civil. Porém, já no final do século XII inicia-se o processo por inquirição. Com este processo, *inquisitio*, o juiz que estivesse ciente de infração poderia estabelecer o procedimento inquisitorial. Tal prática foi utilizada em demasia pelo Tribunal do Santo Ofício, especialmente instituído para julgar os considerados hereges, aqueles que afrontavam os cânones da Igreja e ainda os que praticassem bruxaria ou feitiçaria, admitindo-se, inclusive, a tortura dos acusados.

A partir do século XIV, mas em especial no século XVI, ocorre a Reforma e a laicização dos Estados. Tais acontecimentos contribuem para o enfraquecimento da aplicação do Direito Canônico e, consequentemente, da competência dos tribunais eclesiásticos. Nos séculos XIX e XX os tribunais eclesiásticos perdem suas competências inclusive em relação ao clero, excetuando-se as matérias relacionadas exclusivamente à Igreja. Porém, para os católicos o Direito Canônico continua sendo respeitado e observado, sobretudo em questões relacionadas ao matrimônio, nas quais só um tribunal eclesiástico poderá anular um casamento contraído perante Deus, e permitir, assim, que o católico se espose novamente na Igreja.

2.4. A RECEPÇÃO DO DIREITO ROMANO

A partir do século XII, as universidades desenvolvem um elemento comum aos direitos romanistas em razão do estudo jurídico, analítico-racional, tomando como base o direito romano, notadamente o *Corpus iuris civilis*. Surge assim uma ciência do direito independente dos diversos sistemas jurídicos europeus da época, mas sob influência da filosofia cristã e das instituições da Baixa Idade Média.

Tratava-se de um direito teórico, erudito, que se aproximava do Direito Romano, e em relação aos diversos direitos europeus apresentava vantagens como ser um direito escrito, garantindo maiores certezas, ser comum a todos, daí ser chamado direito comum ou *ius commune,* ser muito mais completo, e assim reunir instituições e também se ocupar do desenvolvimento econômico, como também ser mais evoluído, reflexo da sua origem a partir de textos de uma sociedade desenvolvida. O Direito Romano, diferentemente das instituições tradicionais da Idade Média é, portanto, recepcionado *"como o direito útil ao progresso econômico e social"*[6].

Entretanto, para que o *Corpus iuris civilis* fosse utilizado como base dos estudos jurídicos, foi imperioso o seu minucioso estudo para sanar obscuridades e aproximar suas passagens. Essa tarefa ficou a cargo dos glosadores, denominação advinda pela utilização das glosas romanas, que transformam a Escola de Artes de Bolonha na Itália em um centro de estudo de Direito Romano. Surge assim, no final do século X, a Universidade de Bolonha, que atrai estudantes de diversos países e que acabam atuando como difusores dos ensinamentos lá aprendidos. Inicia-se, com isso, a ciência jurídica do mundo ocidental, com a aplicação prática do *Corpus iuris civilis* no contexto sócio-político-econômico da Baixa Idade Média. Os pós-glosadores ou comentaristas sucedem os glosadores e deixam de interpretar literalmente o *Corpus iuris civilis*, iniciando a doutrina jurídica sistematizada a partir do método da escolástica.

Certamente, em cada país da Europa o Direito Romano foi recepcionado com certa intensidade, mas jamais substituindo por completo cada direito local. Itália, Portugal, Espanha, Alemanha e regiões belgo-holandesas destacam-se como os locais onde a romanização foi mais intensa e o Direito Romano é reconhecido oficialmente desde aproximadamente o século XVI como direito supletivo.

Desde o fim da Idade Média, elementos comuns da romanização são recepcionados e empregados até os dias atuais, como a utilização de uma terminologia comum, o reconhecimento da regra do direito, o princípio da justiça e razoabilidade do direito e o raciocínio jurídico que encontra sobretudo na lei sua fonte de direito.

Os direitos europeus, a partir do século XII, passam do irracional para o racional com o desenvolvimento de um direito justo e razoável de aplicação comum, bem como a preponderância da lei. Neste aspecto, inicia-se no século XIII a noção da soberania e o poder soberano do rei como fonte de justiça.

A recepção do Direito Romano nos séculos XII e XIII promove significativas transformações do sistema jurídico, mas também político, econômico e social. A racionalidade do sistema que se estabelece exige provas já não irracionais, sobrenaturais, mas racionais, testemunhais, ou seja, mais justas. A centralização do poder pelo rei ou senhor, a fim de garantir a ordem, a paz e a justiça em seu território, algo necessário para o desenvolvimento e em-

6 Gilissen, J., p. 203.

brião dos Estados Modernos. O restabelecimento do comércio e a progressiva abertura econômica, com a realização de feiras de comércio, o surgimento de cidades, uma comunidade urbana de artesãos e burgueses, novas instituições, como as corporações de ofício e o desenvolvimento econômico. Por fim, a substituição dos costumes como fonte do direito pela lei, processo legislativo de poder soberano real.

As grandes navegações que se iniciam no final da Idade Média e início da Idade Moderna difundem o Direito Romano para diversos países fora do continente europeu. Foi assim, por exemplo, com as colônias das metrópoles de Espanha, Portugal e França nas Américas. Outrossim, séculos mais tarde, as dominações dos Países Baixos, de Portugal, da França, da Alemanha e da Bélgica no continente africano, bem como a adoção de códigos de modelo europeu por países, ainda que não tenham sido colonizados.

Explica John Gilissen que se podem distinguir dois tipos de direito romanista fora da Europa, *"os tipos puramente romanistas e os tipos mistos, isto é, os dos países que sofreram sucessivamente a influências dum direito romanista e, depois, do 'common law'"*[7], como a África do Sul.

2.5. A ESCOLÁSTICA COMO MÉTODO

A escolástica foi o método de estudo filosófico e teológico de destaque nas universidades medievais, sobretudo nos séculos XII e XIII, este último conhecido como o "Grande Século da Idade Média" ou o "Século de Ouro da Idade Média", que buscava compreender os preceitos cristãos a partir da definição e argumentação sistemática. Neste momento histórico, a cristandade, além das catedrais, ocupa-se da construção de universidades para compreender e conquistar a cultura temporal.

É nesta época que se destaca São Tomás de Aquino, com a sua intelectualidade original de promover a aliança do tradicional com um espírito renovador. Assim como os demais doutrinadores do período, a ciência e a filosofia auxiliavam a especulação teológica, visto que a teologia dominava todo o horizonte especulativo. Sem deixar de lado sua obediência religiosa, Tomás de Aquino participou da grande corrente do pensamento medieval que inovou ao procurar estabelecer e fortalecer a fé, utilizando-se do uso metódico da razão. A salvação ou justificação da alma para São Tomás se efetua pela fé mais obras, boas ações.

7 *Ibid*, p. 207.

Iniciada no século XI com a Escola de Chartres e, destacadamente, com Pedro Abelardo, a valorização da razão para analisar a realidade influencia decisivamente as gerações que seguem. Escreve Comparato que

> a verdade, para Abelardo, não se revelaria nunca diretamente à razão, mas apenas de modo indireto, por meio de um processo, que ele denominou dialética, consistente na sistemática oposição de ideias e argumentos, em perfeita imitação do processo judicial, em que o autor se opõe ao réu, desde o primeiro confronto entre a petição inicial e a contestação[8].

São Tomás de Aquino segue esse método de oposição sistemática de argumentos em seus tratados teológicos, que ordenados chegam a uma conclusão, nos termos de uma sentença judicial. Ou seja, a proposição inicial (tese) aparece como uma opinião argumentada, que é confrontada por uma contestação (antítese) também fundamentada. Chega-se a uma conclusão (síntese), também justificada, que confirma uma das proposições originais, geralmente a segunda. Contudo, a conclusão não descarta os argumentos de autoridade apresentados na tese, em conformidade com a índole tradicionalista e o pensamento concordista dos intelectuais cristãos da Idade Média.

Explicam Lauland e Sproviero que

> a "quaestio disputata", como bem salienta Weisheipl, integra a própria essência da educação escolástica: "Não era suficiente escutar a exposição dos grandes livros do pensamento ocidental por um mestre; era essencial que as grandes ideias se examinassem criticamente na disputa". E a disputatio, na concepção de um filósofo da universidade como Pieper, transcende o âmbito organizacional do studium medieval e chega até a constituir a própria essência da universidade em geral[9]".

Pouco depois da morte de Pedro Abelardo em 1142, inicia-se a difusão das obras de Aristóteles pela Europa. Um dos mais renomados helenistas e tradutores de Aristóteles no século XIII foi Guilherme de Moerbeke, amigo de Tomás de Aquino. As categorias aristotélicas, quais sejam: as quatro causas, ato e potência, substância e acidente, impregnam o pensamento tomista.

Tomás de Aquino, portanto, vivencia a dinâmica espiritual do século XIII, dominada, por um lado, de um evangelismo do *pauperes Christis* que na pobreza renova e aprofunda a piedade e a leitura das Sagradas Escrituras, e, por outro, de um racionalismo temporal aristotélico, ressaltando a razão e a materialidade com importância jamais vista.

8 Comparato, F. K. obra citada. p. 140-141.

9 Aquino, S.T. *Verdade e Conhecimento*: Questões disputadas 'Sobre a verdade' e 'Sobre o verbo' e 'Sobre a diferença entre a palavra divina e humana'. Tradução, estudos introdutórios e notas de Luiz Jean Lauland e Mario Bruno Sproviero. São Paulo: Martins Fontes, 1999, p. 16.

O racionalismo de São Tomás de Aquino, que inicialmente sofre algumas condenações eclesiásticas, em curto espaço de tempo impõe-se entre cristãos e não-cristãos, ao significar a conciliação entre as verdades da fé e as da razão. A obra teológica de São Tomás de Aquino é declarada no Concílio de Trento (1545 a 1563) doutrina oficial da Igreja Católica Apostólica Romana.

A unidade essencial ético-teológica do pensamento tomista, impregnado de aristotelismo e racionalismo, postula que o homem recebe de Deus a razão, e mediante seu uso tem a capacidade de separar a verdade do erro. São Tomás enfrenta a dificuldade de explicar como o Criador do Céu e da Terra, que fez o homem à sua imagem e semelhança, Deus de Verdade e Justiça, tenha introduzido ou permitido a introdução do mal no mundo. Mas seria Deus a causa do pecado?

Deve-se atentar que São Tomás de Aquino, em sua dialética para a elaboração de sua obra, na proposição inicial apresenta uma tese argumentativa, isenta, sem distorções, fiel ao entendimento e ideias do seu adversário, ou seja, que não reflete sua própria opinião, que está na conclusão. Tomada em apartado, sem a leitura da contradição e, obviamente, da conclusão, a proposição inicial equivocadamente muitas vezes é apresentada como o pensamento tomista.

Pois bem.

> A discussão sobre a essência da lei, na Suma Teológica, 1ª parte da 2ª parte, é toda vinculada aos "princípios exteriores dos atos". "O princípio externo, que inclina para o mal, é o diabo", e "o princípio externo, que move para o bem, é Deus, que nos instrui pela lei e nos ajuda pela graça"[10].

Deus cria o homem e o dota de razão. Com o livre-arbítrio o homem tem a capacidade de separar a verdade do erro. Deus, portanto, é a causa do ato do pecado, não, porém, do pecado, por não ser causa da deficiência do ato. Ao analisar a obra de São Tomás, explica Comparato que o pecado *"(...)significa deficiência no ser e no ato; e esta procede de uma causa criada, que é o livre-arbítrio, desviado da ordem do agente primeiro, Deus"*[11].

São Tomás de Aquino apresenta a lei como algo racional, ordenada para o bem comum, como seu fim próprio. A lei, que para São Tomás é eterna ou divina, natural e humana, é um princípio ético que não distingue moral, direito e religião.

A lei eterna (ou divina) significa a razão divina, a governar toda a comunidade universal e fonte das outras leis. A lei natural que não é revelada

10 Comparato, F. K. obra citada. p. 144.
11 *Ibid*, p. 144.

aos homens, mas exercício de sua razão para compreendê-la, observá-la, interpretá-la e até subtraí-la. Já a lei humana visa explicitar os ditames das leis eterna e natural nos casos particulares, e assim promover o bem comum. Certamente, o que for injusto não pode ser considerado legal, é uma violência e não uma lei. O exercício da lei humana não pode ser limitado ao temor da sanção, mas exige o exame no foro da consciência. Assim, São Tomás se apóia em São Paulo para se deparar com o dilema do cumprimento de leis imorais ou injustas.

Neste sentido, apresenta Tomás de Aquino que se ocorrer de cumprir uma lei significar prejuízo ao bem comum, essa lei não deve ser respeitada. O descumprimento da lei, em decorrência da norma legal, é justificado para evitar um perigo súbito.

A contribuição de São Tomás de Aquino com a lucidez de seu raciocínio em dispensar a observância da lei é retratada por Comparato

> (...) pois foi somente na segunda metade do século XX que a doutrina jurídica logrou estabelecer, com razoável clareza, a distinção entre princípios, necessariamente gerais e abstratos, e regras jurídicas, de alcance limitado e concreto, as últimas subordinadas aos primeiros. Só agora, da mesma forma, começa-se a perceber a distinção entre a inconstitucionalidade em tese de uma norma legal – cuja doutrina foi instituída pela Suprema Corte dos Estados Unidos no começo do século XIX – e a inconstitucionalidade "in casu", ou seja, a incompatibilidade da solução legal com a Constituição, no caso concreto[12].

Conforme definem Lauland e Sproviero,

> Tomás de Aquino é, por assim dizer, o último grande clássico; recolhe as grandes contribuições do pensamento filosófico (de Aristóteles aos árabes), harmonizando-as, numa síntese original e profunda, com a revelação cristã. Essa síntese adquire atemporalidade na medida em que são suas características mais marcantes: a abertura e o universalismo[13].

O pensamento de São Tomás de Aquino, juntamente com aquele de São Francisco de Assis, representaram as últimas linhas mestras que defenderam a unidade essencial do mundo ético no Ocidente antes da Idade Moderna, algo que começa a mudar no século XVI com uma nova concepção do bem e do mal, do justo e do injusto.

12 *Ibid*, p. 148-149.

13 Aquino, S. T. obra citada. p. 2.

Capítulo 3
Direito e Estado Moderno

Como se observa, o Direito, como sistema normativo, encontra-se concebido e originado da cultura e da civilização de um povo e, portanto, reflete seus valores, e, sendo uma cultura de um povo ou da civilização de uma época, vale enquanto valem os valores inconfundíveis e irredutíveis daquela cultura e civilização. Assim, mais um período que se revela fundamental para a compreensão do Direito contemporâneo é aquele no qual se constituíram os Estados Modernos.

A Idade Moderna, período histórico entre os séculos XVI e XVIII, caracteriza-se, principalmente, pela existência de uma nova postura diante do mundo e dos homens. Após o fim da Idade Média e do contato com as teorias renascentistas, a Europa sofreu uma grande reviravolta em todas as suas concepções de mundo.

Tal virada é guiada pelo estabelecimento, na teoria do conhecimento, das teorias da Racionalidade e, particularmente, da nova Teoria da Física. Duas grandes revoluções que reordenaram conhecimentos e valores em todas as sociedades.

Foi este um período revolucionário no qual novas e constantes doutrinas econômicas e sociais, como o liberalismo e o contratualismo, se incorporaram à base teórica e prática da sociedade. É este o período das experiências republicanas contemporâneas.

Além disso, no campo jurídico, como lembra Guido Fernando Soares,

> com a formação dos Estados Modernos, onde emerge a figura do legislador leigo e centralizador da função de elaborar o direito, o sistema dos direitos romano-germânicos ganham sua feição atual, com temperamento de considerar-se como legislador não mais o rei, mas o povo[1].

[1] Soares, G. F. S. *Common Law:* introdução ao direito dos EUA. 2. ed. São Paulo: Revista dos Tribunais, 2000, p. 27.

Em linhas gerais, o Judiciário no período foi unificado, tanto no Estado absolutista, como no Estado democrático, suas funções foram personalizadas em figuras leigas como funcionários do Estado.

Por fim, decretou-se que não mais seriam admitidas as jurisdições eclesiásticas, que ficaram restritas ao Direito Canônico, como já se viu, vez que a jurisdição a partir de então seria civil e as jurisdições estamentais passaram a se configurar como jurisdições permitidas, da mesma maneira que se permite a liberdade contratual.

3.1. A RACIONALIDADE, A FORMAÇÃO DOS ESTADOS NACIONAIS MODERNOS E O DIREITO

A teoria da Racionalidade, cujo primeiro grande nome é o de René Descartes, que depois foi acompanhado por grandes filósofos como David Hume e Immanuel Kant, estabelece o predomínio absoluto do intelecto, do entendimento, da razão na governança das ações humanas. Neste período, inaugura-se uma era do racionalismo exacerbado.

O racionalismo se institui como método de composição, de construção e de avaliação de todos os problemas do mundo, da ciência e da vida. As matemáticas foram introduzidas na realidade do mundo. Estabeleceu-se que um conhecimento seria cada vez mais aprofundadamente racional quanto mais estivesse inserido nas regras da Matemática.

A grande tarefa dessa perspectiva moderna era de que o ideal do conhecimento consistia em estruturar todos os seus elementos como Verdades de Razão. Esse ideal era o propósito do Homem, cuja razão se colocava à prova na resolução de problemas científicos apresentados pela realidade. *"O ideal do racionalismo consiste, pois, em que o conhecimento humano chegue a estruturar-se do mesmo modo que está estruturada a matemática, a geometria, a álgebra, a aritmética, o cálculo diferencial e o cálculo integral"*[2]; que figuravam como os seres abstratos, ou seja, os conceitos mais perfeitos.

Esta doutrina, que aspira a que todos os dados do mundo, da vida e da ciência se tornem pura razão, impulsionou todas as grandes revoluções na sociedade.

No que diz respeito ao Direito, é nesse período que se inicia a constituição da Ciência do Direito aos moldes positivistas: os primeiros traços de racionalidade que permitirão a construção de um sistema e de uma estrutura jurídica específica e devidamente vinculadas a critérios objetivos de composição e decomposição, de organização e de manifestação.

2 Morente, M. G. obra citada. p. 217.

Como já observado, o mundo antigo e medieval era organizado em um modo de produção composto por unidades feudais que se constituíam como grandes propriedades agrárias que estavam sob a administração do Senhor Feudal.

A sociedade da época era divida em três níveis hierárquicos: os nobres, a igreja e os servos. O senhor feudal pertencia à nobreza e era ele quem tinha o direito de exploração e administração da propriedade. O camponês, típico ou servo, dedicava-se às atividades agrícolas para o senhor em uma grande parte da semana e durante uma parte menor podia dedicar-se às atividades agrícolas para a sua subsistência; embora livre, esse regime de trabalho muitas vezes se assemelhava à escravidão. A Igreja era responsável pela religião e pela administração espiritual.

Erick Hobsbawn aponta que a organização econômica desse período era voltada para dentro, o que se pode determinar como uma forma de autarquia existente dentro do próprio feudo, e no que diz respeito à estrutura social e política o *status* de como o nobre, ou cavalheiro, estava associado à propriedade. Nesse período,

> (...) para um trabalhador ou camponês, qualquer pessoa que possuísse uma propriedade era um "cavalheiro" e membro da classe dominante, e, vice-versa, o status de nobre ou de gentil-homem (que dava privilégios políticos e sociais e era ainda de fato a única via para os mais altos postos do Estado) era inconcebível sem uma propriedade"[3].

No final da Idade Média, o cenário estava modificado e o processo de formação dos Estados Nacionais se dinamizou com o advento do mercantilismo. A organização econômica, neste momento, apresentava, também, atividades urbanas, o que permitia a liberação do camponês da terra para compor tanto a mão de obra que seria utilizada nas oficinas de produção e no comércio, assim como para compor o mercado consumidor, essencial para essa nova dinâmica econômica.

Para que isso fosse possível, era necessária a extinção do feudalismo. Quando isso ocorreu, significou, também, a extinção da sociedade da forma como estava constituída, ou seja, de sua organização política, jurídica e tradicional. Com essas mudanças na organização estrutural, as sociedades se centralizaram em territórios que tinham como seu representante um monarca. Constituía-se, assim, o denominado Estado Nacional.

A primeira característica do Estado moderno diz respeito à sua nova configuração: uma nova forma de organização das sociedades europeias e do Estado

3 Hobsbawn, E. *A era das Revoluções*. São Paulo: Companhia da Letras, 2001, p. 29-33.

Europeu, que tinham como característica essencial o processo de centralização propiciado nessa nova forma de organização política e social.

Max Weber analisou esse processo de centralização como o "monopólio da força legítima", no qual o poder é concentrado de maneira individual e exclusiva. Norberto Bobbio lembra que

> A história do surgimento do Estado moderno é a história dessa tensão: do sistema policêntrico e complexo do senhorios de origem feudal se chega ao Estado territorial concentrado e unitário através da chamada racionalização da gestão do poder e da própria organização política imposta pela evolução das condições históricas e materiais[4].

A segunda característica marcante desse momento histórico é a mudança na noção de "senhorio territorial" para uma nova concepção de "soberania territorial", que é do reino e não de uma pessoa. Foi justamente essa mudança que possibilitou o domínio pelo príncipe das terras que compunham o território do seu Estado e que despertou nele o desejo de adquirir novas propriedades.

Desse modo, a Idade Moderna foi se caracterizando como um grande período de guerra de todos contra todos em virtude de disputas de propriedade. Esse clima bélico perdurou por quase um século até que, em 1648, os povos decidiram por se reunir e estabeleceram um Pacto.

Essa reunião recebeu o nome de *A Paz de Westfali*a e é conhecida como o marco do final da Guerra dos 80 anos, em que uma série de tratados foram assinados entre os países em guerra. Nessa reunião reconheceu-se a propriedade dos territórios dos Estados. Ao reconhecer a propriedade dos territórios geográficos do Estado, essa reunião também abriu as portas para o entendimento de outra noção jurídica: a de soberania.

No início do século XVI, em sua obra *Os seis livros da República,* Jean Bodin apresenta a ideia de soberania como um poder único de legislar e comandar, pertencente não ao governante, mas ao Estado, sujeito político permanente e duradouro. A Soberania, seguindo os ditames da Racionalidade da época, apresenta-se como um elemento perpétuo. O Estado Soberano passa a ser considerado como uma estrutura articulada na qual se reúnem a ordem jurídica, composta pelo direito e pela legislação, e a autoridade independente, o governo e a legitimidade do uso da força. Esse poder passa a ser exercido sem precisar se submeter às ordens e ao controle do Estado.

Esta nova organização política e a forma como o governante – o Príncipe – tratou questões como a administração financeira e captação de impostos modifi-

4 Bobbio, N. *O direito e a era dos direitos*. São Paulo: Cortez, 2002, p. 426.

caram a sociedade de maneira profunda. Primeiro porque a nova ordem política separava os dois mundos que antes eram unificados: a esfera espiritual ficou a cargo da administração da Igreja e a esfera "mundana", que anteriormente era de responsabilidade do senhorio, agora obedecia ao Estado-nação. Essa divisão, segundo Norberto Bobbio, *"(...) desencadeou as forças na direção do primado e da supremacia política"*[5].

O Estado Moderno, portanto, configurou-se como uma forma de organização estatal em que a esfera política tornou-se mais relevante, e o seu governante tem total soberania nas decisões que afetam a sociedade de maneira geral. Essa nova ordem se apresentava como um projeto baseado na razão e no contrato social que definiam a conduta social aceita dentro da sociedade.

No que diz respeito à organização e estruturação da sociedade, observa-se que em um primeiro momento o Estado Moderno não se desvencilhou da categoria social que existia desde os tempos feudais. Porém, a administração e a formação estatal, intermediada pelo contrato social e pela constituição, aceleraram o processo de mobilidade social e a formação de novas classes sociais como o comerciante, o assalariado, o burguês.

Norberto Bobbio observa que esse processo foi possível conforme se acentuou, graças à progressiva conquista, por parte do príncipe e de seu aparelho administrativo, da esfera financeira, a qual estava intimamente ligada à esfera econômica do país.

> Isto pode acontecer, em primeiro lugar, graças ao apoio que o príncipe facilmente encontrou, na luta contra os privilégios, até fiscais, da mais importante das categorias sociais: a nobreza. Este apoio veio da parte dos estratos mais empenhados da população e particularmente da burguesia urbana, na luta de uma distribuição dos encargos fiscais mais justa entre as várias forças do país (...) A redução das categorias sociais à faixa social, desvinculada da política significou também a superação definitiva daquela organização das relações inter-humanas que era característica da antiga sociedade (...)[6].

Em síntese, a formação do Estado Moderno aumentou a centralização do poder e possibilitou a constituição de um Estado laico. Além disso, permitiu a mobilidade social e formação de uma nova classe econômica, a burguesia.

Por fim, a nova ordem instituída tinha o monopólio legítimo do uso da força, baseando-se nos aspectos acordados no contrato social firmado na sociedade civil, segundo requisito para a determinação, conforme Jean Bodin, da Soberania de um Estado.

5 *Ibid*, p. 428.
6 *Ibid*, p. 229.

3.2. O DIREITO NA EUROPA NÃO-CONTINENTAL: O *COMMON LAW* INGLÊS

Na Idade Moderna, a Europa apresentava diferentes regimes políticos e jurídicos, além de tendências religiosas.

No plano político, essas diferenças apareciam em países como a Inglaterra, que vivenciou por um curto espaço de tempo a instauração de uma República (com Cromwell), e a França, que vivia sob o domínio de uma monarquia absolutista.

No plano religioso, a Igreja Protestante se subdividia em novas correntes. A intolerância religiosa, que antes parecia ser privilégio apenas da Igreja Católica na Inquisição, fazia-se presente em todas as religiões, até na judaica.

Diante desse quadro, alguns Estados Nacionais optaram pela construção de um "novo" Estado *"(...) fundado na liberdade burguesa entendida como a liberdade de empresa e liberdade de consciência, onde se valorizava a atividade econômica e promovia-se a liberdade religiosa."*[7], como foi o caso do Novo Estado Holandês.

Outros Estados apostaram em uma nova forma de constituição de sua ordem jurídica, que lhes garantisse um Estado contemporâneo, mas ao mesmo tempo rígido e no qual pudessem ser construídas novas perspectivas de organização da sociedade.

O que se percebe é que, de alguma forma, todos os movimentos compreendiam um luta pelo poder. Em termos de estruturação jurídica das sociedades pode-se compreender todo esse movimento de luta. O acúmulo de poder exigia que alguém retirasse uma parcela de poder de outro alguém. Todas as lutas na Idade Moderna envolvem esse tipo de disputa (religiosa, econômica, social, cultural, política).

Na Inglaterra, especificamente, um rei para aumentar seu poder deveria retirá-lo dos nobres. Caso o convencimento da outra parte para que cedesse esse poder não se desse por meios pacíficos, baseados na racionalidade, utilizava-se das armas. Quando se estuda o que acontecia com esses povos, nessa perspectiva, recorda-se o *Statute Law*, ou seja, na organização jurídica de uma determinada sociedade que visa a harmonizar esse processo de troca de poder. Para se compreender, efetivamente a utilização e a estruturação jurídica de um determinado Estado é necessário realizar o estudo de seu conceito de justiça e da sua construção de nacionalidade, o que pode ser compreendido pelo estudo do *Common Law* e *Equity*.

7 Spinoza, B. *Textos filosóficos. Introdução.* Coleção "Os pensadores", São Paulo: Abril Cultural, 1970, p. 329.

Desta forma, o Direito Comparado começa a ser estruturado a partir do início do século XVI. As razões que explicam o tardio desenvolvimento do direito comparado como ciência referem-se ao próprio período e aos movimentos históricos. A ciência do direito dedicou-se à descoberta dos princípios e soluções de um direito justo, conforme à vontade de Deus (na Idade Média), à natureza (Renascimento) e à razão humana (Idade Moderna). A Ciência estava dissociada dos direitos positivos, mas ainda não tinha possibilidades de construir por si só seus parâmetros científicos. As investigações sobre os costumes interessavam à jurisprudência e aos profissionais, as ordenanças dos príncipes interessavam aos governos dos diversos países.

Os diferentes direitos comportam, cada um deles, conceitos à sombra dos quais exprimem suas regras, categorias no interior das quais eles as ordenam. A própria regra de direito é concebida por ele de um certo modo. Ainda neste triplo aspecto, existem, entre os direitos, diferenças, e o estudo de um dado direito implica uma tomada de consciência das diferenças de estruturas que podem existir entre este direito e o nosso. O equilíbrio entre interesses opostos e a regulamentação da justiça que o direito se propõe realizar podem, em direitos diferentes, ser obtidos por vias diversas[8].

Uma História da Filosofia do Direito poderia, sem duvida, limitar-se a descrever os aspectos que se conservaram, quanto à natureza e à função do direito, num certo setor da humanidade e num determinado Estado. Entretanto, com o direito comparado o que se percebeu foi um grande movimento entre os Estados em uma nova ordem política e social na qual se faz necessário o conhecimento do outro, tentar compreendê-lo ao máximo e, naquilo que for possível, sua organização e sua sistematização jurídica. Às vezes esse movimento se deu com o intuito de dominar um outro povo, outras vezes, simplesmente para compreender e aprender com um outro Estado que já havia construído uma determinada organização jurídica.

O direito comparado como método histórico mostra as diversas concepções do direito que podem subsistir nas sociedades. Esta perspectiva de análise coloca, por vezes, em presença de sociedades nas quais se ignora a noção de direito; outras vezes dão-se a conhecer sociedades para as quais o direito é sinônimo de opressão e mesmo símbolo de injustiça, outras ainda em que o direito está, pelo contrário, estreitamente ligado à religião e participa do caráter sagrado desta[9].

8 David, R. *Os grandes sistemas do Direito Contemporâneo*. Tradução Hermínio A. Carvalho. 4. ed. São Paulo: Martins Fontes, 2002, p. 16.

9 *Ibid*, p. 14.

René David sustenta que o estabelecimento da verdade, obtida por meio do exercício do direito comparado, progride com as reflexões acerca do direito do outro.

> O direito comparado desvenda todo o exagero de preconceitos e de ficção que esta análise comporta; mostra-nos que outras nações, julgadas democráticas, aderiram às formulas muito diferentes, rejeitaram a codificação e opuseram-se a um alargamento, segundo elas perigoso para a democracia, da função da lei; revela-nos, por outro lado, que em outros Estados se consideram como falsamente democráticas as fórmulas cujos méritos afirmamos[10].

O que se pretende ao lembrar as grandes perspectivas do direito comparado é resgatar o momento e a concepção que era presente na Inglaterra no final da Idade Média e que permitiu que esse país fosse o primeiro a trabalhar com o método comparativo. A partir da observação de todas essas qualidades, os ingleses optaram por construir um sistema jurídico que teria como estruturação mínima o método comparativo. Entretanto, os ingleses não optaram por construir um sistema que teria por referências de suas comparações outros sistemas jurídicos. Eles estabeleceram que o referencial para a comparação seria encontrado no próprio sistema jurídico e o que se preservaria do direito comparado seriam as regras e as estratégias metodológicas. Dessa forma, instaurou-se como sistema jurídico na Inglaterra o *Common Law*.

Percebe-se que o movimento que mais ganhou força como estruturação jurídica na Idade Moderna foi o do *Common Law* que vigorava na Inglaterra, que se estruturava na premissa de que uma sociedade deveria possuir um sistema jurídico que fosse erigido por meio de um método de comparação contínua na qual o referencial mais preciso para a condução e o guia de justiça seria o do Costume Jurídico, antiga fonte formal do Direito.

O *Common Law* foi criado na Inglaterra, pois foi neste país que o direito passou incólume às grandes transformações políticas e econômicas históricas. Ele não foi renovado nem pela retomada do direito romano – no final da Idade Média –, a partir do século XII, nem pela codificação levada a cabo desde o início do século XIX. Aparentemente, e justificadamente, esse direito não sofreu rupturas, inserido em um processo de continuidade histórica muito valorizado pelos juristas ingleses[11].

Lato sensu, Common Law se refere, de um lado, ao sistema da família dos direitos que receberam a influência do direito inglês e, de outro lado, o sistema

10 *Ibid*, p. 6.

11 Por possuir essa característica tão marcante, ainda hoje é possível no direito inglês que juristas invoquem decisões judiciais dos séculos XIII e XIV.

de famílias do direito romano-germânicos, que igualmente se denominam *Civil Law*. Na *Common Law*,

> (...) a ideia que permeia o sistema é de que o direito existe não para ser um edifício lógico e sistemático, mas para resolver questões concretas. Antes de examinar se existe ou não algum geometrismo no sistema, este se preocupa com os remédios (...) o papel secundário das doutrinas abstratas, em favor das soluções pragmáticas[12].

A primeira acepção é de direito comum, originário das sentenças dos Tribunais de Westminster, que suplantou os direitos locais, tribais e costumeiros anglo-saxônicos. *Common Law* nasce como a lei comum a todos os ingleses, em oposição aos direitos locais feudais. Portanto, também se configurou como uma das formas de criação de identidade nacional e superação do feudalismo, características essenciais desse período.

A segunda acepção se refere ao contraponto existente entre o *Common Law*, como direito criado pelo juiz (*judge-made Law*), e aquele criado pelo legislador do povo (*Statute Law)*, participante do Poder Legislativo e não vinculado ao Judiciário, que se manifestava por meio dos Tratados Internacionais, Constituições, leis ordinárias e federais.

O *Common Law* caracteriza-se, portanto, como um direito jurisprudencial, elaborado pelos juízes reais e mantido graças à autoridade reconhecida aos precedentes judiciários, ou seja, é um direito que foi criado *"de precedente em precedente, buscando em cada caso a solução que era 'razoável' consagrar"*[13].

Com exceção do período de sua formação, a lei não desempenha qualquer papel na evolução desse sistema jurídico, visto que se compreendia que respeitar em demasiado uma legislação poderia ocasionar um momento de não evolução do direito, e a legislação poderia tornar-se um caos ou o Estado estaria subjugado às leis.

Nesta perspectiva, o que se altera, precipuamente, é a ordem metodológica da interpretação jurídica. Enquanto no *Statute Law* a primeira interpretação é da lei escrita e, subsidiariamente, da jurisprudência, na *Common Law*, busca-se primeiro os casos, e a partir da constatação de alguma lacuna, busca-se a lei escrita.

O *Common Law* não era baseado em leis e por isso ficou praticamente impossível a utilização do direito romano na sua complementação, ou seja, como fonte subsidiária que poderia vir a suprir uma lacuna.

12 Soares, G. F. obra citada. p. 53.
13 David, R. *O Direito inglês*. São Paulo: Martins Fontes, 2000, p. 12.

René David demonstra como a estrutura do sistema é forte e sobrevive às armadilhas do Costume e da Jurisprudência, por um lado, e das leis, de outro:

> A obrigação de seguir os procedentes pode ser proclamada com vigor, mas, de fato, combina-se com a possibilidade de se estabelecerem distinções. O juiz seguramente levará em conta, em sua decisão, decisões judiciárias anteriormente tomadas, nunca dirá que algumas dessas decisões foram mal proferidas. Mas ser-lhe-á possível, com frequência considerando as circunstâncias dos diversos casos, descobrir, na lide que lhe foi submetida, um elemento particular que não existia, ou que não fora considerado nos casos precedentes e que, se não lhe permite descartar a regra precedente estabelecida, pelo menos lhe possibilita precisá-la, completá-la, reformulá-la, de maneira que dê ao litígio a solução razoável que ele quer[14].

Por fim, para se compreender a extensão do *Common Law* é preciso compará-lo com outro sistema que surge na Idade Moderna, de matriz romana, e que colocará em questão algumas das verdades específicas do sistema inglês, o *Civil Law*.

O *Common Law* é um direito jurisprudencial, que se estrutura na ideia de que o "juiz faz a lei". Ser um sistema jurisprudencial não é o mesmo que dizer que esse sistema é sustentado pela fonte formal Jurisprudência, que se configura como o rol de normas jurídicas retiradas de sentenças proferidas anteriormente, como postularam os romanos. Neste último, a jurisprudência apenas desempenhou papel secundário na formação e evolução dos direitos romanistas enquanto, naquele, ela tem o papel principal.

Além disso, o *Common Law* é um direito judiciário, ou seja, eminentemente processual, enquanto que para o *Civil Law* romano o processo é só acessório nas concepções fundamentais dos seus direitos.

O *Civil Law* romano e os costumes locais tiveram pouca influência no *Common Law*; enquanto na Europa continental, do direito erudito elaborado no fim da Idade Média com base do direito romano, a influência dos dois elementos foi total.

No *Common Law*, a legislação tem aspecto secundário, ao passo que no Direito Continental torna-se progressivamente a principal fonte de direito do continente, e terá como sua principal forma de manifestação os Códigos.

Essa última análise veio demonstrar que *o Common Law,* como sistema, ficou muito localizado na Inglaterra. Na Europa que "está" no Continente, a grande influência mesmo se deu pelo direito romano e todos os seus institutos, procedimentos e formas de compreensão da organização jurídica e judiciária.

14 *Ibid*, p. 14.

3.3. O DIREITO NA EUROPA CONTINENTAL: O PROCESSO DE CODIFICAÇÃO E UNIFICAÇÃO DO DIREITO

A nova organização econômica e política da Europa também se fez presente na Europa Continental. Palco de grandes e contínuas guerras territoriais - devido à concentração de um número grande de países e de interesses diferenciados - fez com que o processo de consolidação dos Estados não se desse por completo e tampouco no mesmo período entre os diversos Estados. Embora as centralizações do poder nos diversos Estados tivessem modificado as estruturas econômicas do estado feudal, no que diz respeito às estruturas jurídicas e culturais, muita coisa ainda precisava ser feita para uma real superação dessa estrutura social estabelecida em tantos séculos.

Essa necessidade de harmonização e homogeneização foi ficando cada vez mais iminente, e as exigências por parte daqueles que agora comandavam o Estado fizeram com que esse processo fosse ainda mais acelerado.

Para o exercício do poder, as sociedades foram percebendo a importância do suprimento de várias necessidades específicas na formação de um Estado. Era necessária uma força social diferenciada, coercitiva, que agisse por meio de palavras ou de armas, se esta fosse a opção. Quem optou pelo uso da força acabou por construir um Estado Absolutista, no qual tudo e todos estavam subjugados a um poder instituído; outros optaram pela ação por meio da organização social e jurídica de um Estado, particularmente por meio do estabelecimento de leis que "faziam as vezes" das armas, pois estabeleciam sanções tão pesadas quanto a destas.

De todo o modo, interessa demonstrar que houve, continuamente, uma necessidade social de constituição de uma uniformização jurídica dos Estados, tendo em vista a necessidade imperiosa da construção de uma identidade.

Foi neste ambiente que surgiu um movimento de estruturação jurídica, dos mais fortes, na Europa Continental e que exerce poder sobre a constituição dos Ordenamentos Jurídicos até hoje: o movimento da Codificação, ou seja, de transformar as regras jurídicas, políticas, econômicas e, contemporaneamente, até sociais, em regras positivadas, reunidas em um Código monotemático.

Entre os diversos elementos de fato que contribuíram para dar impulso ao processo de codificação, cumpre mencionar, antes de mais nada, o ambiente característico dos séculos XVII e XVIII, em parte herdado dos períodos precedentes, ao mesmo tempo que condicionado por fatores históricos e políticos da época.

A codificação constitui-se como um processo de tecnicização da ciência jurídica e das atividades profissionais dos Juristas. "Codificação" em sentido estrito e técnico, entende-se aquele processo cultural e histórico pelo qual se tornou possível o ideário oitocentista de uniformização. Código, por fim, é a compilação sistemática de leis, normas e regulamentos, ou qualquer conjunto de disposições, de regulamentos legais aplicáveis em determinados tipos de atividade.

Fato marcante na infância da família romano-germânica é o da compilação e codificação do Direito Romano, que cristalizou, em textos harmônicos, normas costumeiras, normas escritas esparsas, decisões jurisprudenciais e doutrinárias, juntamente com a obra dos glosadores que, aos poucos, foram, em particular nas universidades medievais, dando uma feição racional às soluções casuísticas e assistemáticas dos jurisconsultos romanos.

Na sua gênese nota-se uma preocupação com uma ordem racional de conceitos, aparecendo o direito como um sistema: um conjunto de preceitos que deveriam estar agrupados, tal como um organismo vivo.

O processo de codificação, como o conhecemos, iniciou-se, de fato, em meados do século XVII; mas, somente no final do século XVIII é que adquiriu um ritmo desenfreado e as codificações se seguiram em acelerada evolução.

A adoção de uma noção de "código", propositalmente ampla, serve justamente para considerar, no âmbito de todo o processo de codificação, também o processo de constitucionalização que se traduz em documentos normativos coerentes e unitários.

Uma das principais características do processo de codificação é aquela que se refere à emergência de limites disciplinares, teoricamente idôneos à organização jurídica estabelecida, que dão sustentação à formulação de um novo tipo de sociedade política na qual devem ser estabelecidos novos parâmetros. Este processo criador resultará na constituição de códigos separados entre os diversos ramos e relações jurídicas assim denominados de direito "civil", "comercial", "penal", "processual" e "constitucional".

Como nos lembra Guido Fernando Soares, na *Civil Law*, o grande

> fantasma a ser evitado era e, de certa forma, continua sendo o casuísmo na lei. A certeza da existência e do conteúdo da norma que o direito escrito apresentava, "bem como a busca de generalidades racionais que o conjunto normativo (códigos) representava, fizeram com que a 'glosa judiciária' (jurisprudência casuística) fosse afastada, em favor da 'glosa erudita' (a doutrina) e que tanto o costume geral como o assim dito 'costume judiciário' (a jurisprudência) fossem desprezados, em benefício da lei escrita (e, sempre que possível reunida em conjuntos harmônicos e racionais: os códigos)"[15].

15 Soares, G. F. obra citada. p. 35.

Os principais exemplos de Codificação referem-se aos textos que tinham por objetivo construir as regras jurídicas para o corpo civil de uma sociedade. Assim, os dois principais códigos desse período são códigos de regras civis, o *Code Civil des Français* e o *Burgerliches Gesetzbuch* (BGB), instituídos, respectivamente, por França e Alemannha.

BGB é o acrônimo para *Burgerliches Gesetzbuch*, ou seja, o Código Civil Alemão de 1900. Após a unificação da Alemanha, em 1871, um grupo de liberais no Reichstag, começou a pressionar o Estado para que promovesse a alteração das leis. Ao contrário do Código Napoleônico, contou com a participação de inúmeros juristas. Seu texto final foi promulgado em 1896, entrando em vigor, apenas, em 1900.

O *Code Civil* foi instituído em 1804, por Napoleão, que deu à França, além deste, um conjunto de códigos durante o período de 6 anos: Código Civil; Código de Processo Civil; Código Comercial; Código Penal; Código de Processo Penal e Código de Instrução Criminal.

Particularmente, o *Code Civil* foi inspirado no Direito Romano, nas Ordenações Reais e no Direito Revolucionário e sua importância é mensurada tendo em vista a vasta influência que teve em todos os países ocidentais.

O Código Napoleônico aborda questões de direito civil, como o registro civil e a propriedade, deixando claro que leis e normas deveriam ser desenvolvidas em uma Constituição.

Analisa-se que a grande intenção de Napoleão era reformar o sistema legal francês de acordo com os princípios da Revolução Francesa. Antes do Código, a França não tinha um único corpo de leis, e dependia de costumes locais, havendo frequentemente isenções e privilégios dados por reis ou senhores feudais. Durante a Revolução os vestígios do feudalismo foram abolidos e os vários sistemas legais tinham de dar lugar a um único código. De todo modo, para além das perspectivas políticas, o fato é que o *Code Civil* de Napoleão estruturou-se como a possibilidade contemporânea de Codificação de um determinado ordenamento jurídico.

O Código Napoleônico estrutura-se da seguinte forma:

i) Título Preliminar: Da publicação, dos efeitos e da aplicação das leis em geral (arts. 1º a 6);

ii) Livro Primeiro: Das pessoas (arts. 7º a 515);

iii) Livro Segundo: Dos bens e das diferentes modificações da propriedade (arts. 516 a 710) e

iv) Livro Terceiro: Dos diferentes modos de adquirir a propriedade (arts. 711 a 2.302).

O conteúdo do *Code Civil* reflete o próprio governo de Napoleão, reunidos em uma mesma perspectiva o liberalismo e o conservadorismo.

Por fim, como lembra René David[16], os países de direito escrito nos quais o Direito se apresenta principalmente sob a forma de direito legislativo, codificado, as regras de direito são formuladas com tal generalidade que o apelo à razão se processa, normalmente, no quadro das fórmulas gerais, sob a forma de aplicação e interpretação dessas regras.

Nesse sistema, a existência de lacunas na ordem legislativa é dificilmente reconhecida e, quando o é, mais do que para completar a ordem jurídica, a razão desempenha uma função primordial na interpretação da lei.

Em países com um sistema jurisprudencial, como é o direito inglês, a situação é diferente. O aspecto casuístico, que então reveste o direito, deixa subsistir, de forma intencional, muitas lacunas e a razão é francamente reconhecida como uma fonte subsidiária do direito, chamada a preencher essas lacunas.

O que a Idade Moderna vem revelar sobre o Direito é que, com essa divisão dos sistemas em *Civil Law* e *Common Law,* definitivamente pautou-se os parâmetros para toda e qualquer interpretação ou formulação teórica posterior. Os sistemas de direito da família romano-germânica configuraram-se como sistemas fechados, enquanto a *Common Law* configurou-se como um sistema aberto, onde novas regras são continuamente reveladas e fundadas na razão, a grande rainha deste período.

16 David, R. *O direito inglês. Idem,* p. 467-468.

Capítulo 4
Perspectivas jurídicas e influências econômicas da Idade Contemporânea

No final do século XVIII, dois acontecimentos transformam definitivamente a compreensão e a perspectiva mundial. Um, a Revolução Industrial, aproximadamente o ano de 1776, que teve como palco a Inglaterra, representou a grande ruptura econômica com a consolidação da produção e busca por mercados. O outro, a Revolução Francesa, iniciada em 1789, foi a grande ruptura social a alçar a classe burguesa ao poder do Estado. Esses dois fatos históricos transformam também o Direito.

A Revolução Industrial, inspirada nos ideais do liberalismo econômico, como os propostos por Adam Smith, consolidam a indústria e a produção ilimitada, com o fim de obter lucros também ilimitados. Para tanto, cada vez mais irrompia a necessidade de mercados consumidores. A busca de novos mercados, as regras para o funcionamento dos mesmos, ainda que se falasse nas leis naturais do mercado, a segurança para o desenvolvimento da atividade econômica, tudo só era possível com a atuação do Estado.

O agente econômico inglês já dispunha da proteção do Estado desde os tempos da Revolução Gloriosa, quando a burguesia escolheu um nobre para reinar sob os limites da lei. Mas é com a Revolução Francesa, com a ascensão ao poder da burguesia em detrimento da nobreza, e, sobretudo, com o Golpe de 18 Brumário que confere o poder máximo do Estado francês a Napoleão, mais tarde Imperador, que a burguesia vê atendidos diversos pontos a assegurar o desenvolvimento da atividade comercial. Os Códigos Napoleônicos, ao tratarem de Direito Civil e Direito Comercial, ocupam-se de interesses privados, ou seja, limitam ao Estado o papel de decidir uma lide sempre privada, na qual ele, Estado, ao ser provocado pelas partes, dirá de quem é o Direito.

O Direito que se destaca no século XIX é um Direito inspirado em interesses econômicos. Tais interesses, portanto, são como uma fonte do Direito, um Direito que se limita a legislar, positivar o que os interesses econômicos, ou a Economia, determina. A própria Economia, cumpre ressaltar, deixa de se pautar pela ética e passa a ser guiada por interesses estritamente econômicos.

O Direito, portanto, perde muito de seus valores, de suas fontes. Não mais princípios morais, não mais costumes sociais, não mais jurisprudências. O Direito tem como fonte auxiliar princípios econômicos estabelecidos por interesses estritamente econômicos preponderantes no momento. Esse Direito acaba por legitimar os interesses econômicos, interesses de uma minoria detentora de poder econômico, ainda que em detrimento do interesse social.

Os ideais do liberalismo se acentuam, e a obra de Smith é reinterpretada, relida, e o liberalismo ampliado ao ponto em que por influência dos capitalistas junto ao poder público, o próprio Estado retira-se quase por completo de sua atuação no mercado, deixando que este seja auto-regulado pelos agentes econômicos.

O resultado é observado em todas as partes. O abuso com a classe operária, já que o Estado, logo o Direito, limitava-se a igualar detentores de poder econômico e trabalhadores e apenas dirimir lides contratuais privadas e estabelecidas pela autonomia da vontade das partes. Diversos movimentos sociais, e até o próprio marxismo, ganham força. Os agentes econômicos sem fiscalização tinham apenas a lei da oferta e da procura como meio a estabelecer a concorrência nos mercados, logo concentrações econômicas por meio de cartéis, fusões ou aquisições reduzem a competitividade nos mercados, obrigando os consumidores a pagarem mais por menos qualidade em produtos e serviços.

Interesses econômicos privados se sobrepunham ao interesse coletivo e o Direito nada fazia, pois o liberalismo econômico determinava o comportamento jurídico do Estado. Exemplo as Cartas Constitucionais brasileiras de 1824 e 1891. Por mais que Mauá tentasse estabelecer indústrias no Brasil, a força das indústrias inglesas esmagava as pretensões do brasileiro, e o Estado (brasileiro) nada fazia, sob a escusa da liberdade dos agentes nos mercados.

A Encíclica *Rerum novarum* do Papa Leão XIII, de 1891, é o primeiro documento de destaque a lançar um reposicionamento da economia na sociedade, pela qual o Estado, pelo Direito, deveria assegurar a propriedade privada, mas que esta cumprisse sua função social, bem como fossem assegurados direitos aos trabalhadores.

Nos Estados Unidos, um exemplo de primeiro movimento do Estado, pelo Direito, a ocupar-se (novamente) de temáticas econômicas e não deixar que apenas o mercado auto-regulasse a relação entre os agentes econômicos, é a Lei Sherman, de 1890, uma lei antitruste. Em 1917, a Constituição do México reconhece aquilo que hoje se denomina hipossuficiência do trabalhador, estabelecendo direitos assegurados pelo Estado à classe operária, que definitivamente não está em patamar de igualdade com os capitalistas, detentores de poder econômico. Por fim, a Constituição, que vem a transformar o Direito ao estabelecer uma nova disciplina jurídica, o Direito Econômico. Está-se diante da Constituição da República de Weimar de 1919, promulgada no pós-Primeira Guerra, por meio da qual o Estado, pela sua Lei maior, deveria se ocupar de questões econômicas e sociais.

Os ideais sócio-jurídico-econômicos da Constituição de Weimar influenciam a quase-totalidade das Cartas Constitucionais em todo o mundo promulgadas ou outorgadas após 1919, como a brasileira de 1934. A atuação do Direito na sociedade começa a ser revista e reformulada, e no decorrer do século XX, apesar dos fortes ideais liberais até hoje presentes, novas disciplinas jurídicas começam a surgir, como a consolidação do Direito do Trabalho, Direito Previdenciário, Direito da Concorrência, Direito do Consumidor, Direito Ambiental, dentre outros, e até a análise econômica do Direito (*Law & Economics*), que se propaga a partir da década de 1940 pela Escola de Chicago, onde a Economia determina qual a maior eficiência, mas o Direito ao analisar os dados econômicos estabelece o justo, a fim de garantir o bem comum.

Parte III

História do Direito Luso-Brasileiro

Capítulo 1
História do Direito Português

Antes de estudar os principais institutos integrantes da História do Direito Português, cumpre-se delimitar o que se entende por Direito Português e quais são suas particularidades que lhe trazem uma essencialidade própria. Pode-se pensar que esta sua característica peculiar se deva em decorrência do território, ou seja, a formação do ordenamento jurídico no Estado de Portugal, mas este critério integrador possui deficiências, já que ao longo do tempo houve substanciais variações quanto à extensão territorial. Além disso, as ocupações coloniais não implicaram uma automática aplicação das normas jurídicas de Portugal, assim como houve a concomitante existência do direito muçulmano, talmúdico e português em determinados períodos da História no mesmo espaço geográfico.

Deve-se observar que o direito possui um caráter cultural, logo, é preciso existir uma identidade entre os indivíduos e o próprio Estado, o qual estabelecerá as normas jurídicas obrigatórias. O arcabouço de valores de uma comunidade manifesta-se no ordenamento de um Estado, havendo um vínculo entre os nacionais que aceitam as regras impostas. Desse modo, mesmo captando sistemas jurídicos de outros povos que habitam o território português, esta incorporação representa uma aceitação também dos nacionais, sendo que se pretende uma total integração de todos os indivíduos, eliminando-se agrupamentos os quais não se identifiquem com a Nação Portuguesa.

Nota-se que o direito português é um dado cultural, o qual foi construído ao longo dos séculos, quer por meio da tolerância, quer por meio da incorporação de outros sistemas jurídicos. Constata-se, portanto, que embora se possa estabelecer o início do direito português com a Independência e formação do Estado de Portugal, a edificação do ordenamento jurídico foi produto de um processo histórico, que recebeu influência de diversas culturas e tradições. Dessa forma, far-se-á um estudo dos antecedentes e origens do direito português, para que se apresentem os fundamentos de seu sistema jurídico.

1.1. ORIGENS DE PORTUGAL E ANTECEDENTES DA FORMAÇÃO DO PENSAMENTO JURÍDICO PORTUGUÊS

Apesar das guerras, invasões e 800 anos de ocupação romana, pode-se destacar que os Lusitanos formaram um núcleo fixo que jamais foi extinto da faixa atlântica da Península. Dessa maneira, houve um processo de alteração de seus hábitos, cultura e costumes, todavia sua essência permaneceu imutável e jamais foram exterminados da região. Assim, ao se estudarem as origens de Portugal e as bases iniciais de seu pensamento jurídico, torna-se necessário o estudo do período pré-romano, notadamente das características principais do povo lusitano.

O substrato principal do extremo ocidental é constituído pelo povo Lusitano, embora a Lusitânia não coincida exatamente com o território hoje conhecido como Portugal. Os costumes, rituais, a língua em muito receberam influência do paganismo lusitano, datando, portanto, de um período pré-romano.

Não havia apenas o povo Lusitano no extremo da península, sendo esse espaço ocupado por outras tribos que estabeleceram um relacionamento entre si. Pode-se mencionar os seguintes povos existentes:

i) *Calaicos*: situados ao norte do Douro;
ii) *Lusitanos*: entre o Douro e o Tejo;
iii) *Celtas*: entre Tejo e Guadiana; e
iv) *Tartéssios*: ao sul de Algarve.

O núcleo da estrutura organizacional destas tribos era a cidade, conforme se verifica nos relatos dos romanos, quando invadiram a região. Cada cidade possuía um centro principal e extremamente protegido e, ao redor, concentravam-se pequenas povoações. Havia famílias patriarcais que formavam a matriz social e seus chefes possuíam poderes políticos, judiciais e religiosos. Assim como a maioria dos agrupamentos antigos, um conjunto de famílias vinculava-se a um ancestral comum, a quem prestavam cultos, denominando-se *gentilidades*. As cidades formavam uma tribo, que ou era regida por um monarca, ou se constituía em uma república aristocrática, participando da vida pública tão-somente os chefes das famílias.

Quanto aos institutos jurídicos desta época, pouco se sabe; todavia é certo que o direito possuía como principal fonte os costumes do povo Lusitano, podendo-se captar alguns elementos da própria estrutura social e a maneira com que se organizava. Além disso, havia um forte vínculo com as entidades religiosas, pois o chefe da família detinha poderes políticos e sacerdotais, logo, a formulação das leis possuía influências da religião. Mediante achados arqueológicos, descobriu-se que os Tartéssios possuíam leis escritas, cuja forma apresentava-se em versos.

Em suma, observa-se que detalhes acerca do direito dos povos pré-romanos são inexistentes; contudo, cumpre-se destacar que sua relevância deve-se principalmente no que tange aos fundamentos culturais pelos quais foram responsáveis e pela organização social que viabilizou a estruturação do direito público do que viria a ser o povo português.

1.2. DOMINAÇÃO ROMANA: CONTEXTO SOCIOPOLÍTICO. O DIREITO ROMANO NA PENÍNSULA IBÉRICA

A conquista romana pode ser dividida em três fases:

1ª) Desde as primeiras lutas, por ocasião da II Guerra Púnica, até 137 a. C. Forma-se a famosa confederação das tribos lusitanas, a qual foi chefiada por Viriato;

2ª) Roma enviou Décimo Júnio Bruto, sendo que com a morte de Viriato (138 a. C.), a força dos Lusitanos diminuiu, viabilizando a ocupação romana no litoral e norte do território português. Houve a construção de fortificações e pretendia-se explorar economicamente a região, ocasionando diversas revoltas e guerrilhas. Com a contenda entre Mário e Sila, surgiu um cenário propício para a reconquista da liberdade dos Lusitanos os quais chamaram Quinto Sertório, afastado de Roma pelo partido de Sila, para lhes fornecer apoio. O escopo de Quinto Sertório era adquirir o poder em Roma, organizando seu exército para marchar em direção ao Império, logo, não coincidiam os interesses do antigo magistrado com os dos Lusitanos. Os oito anos da presença de Quinto Sertório e de seu exército acarretaram maior mudança dos hábitos, dos costumes e da cultura dos Lusitanos do que os 80 anos de ocupação romana no litoral; e

3ª) Com o assassinato de Quinto Sertório em 72 a. C., a conquista da região sul configurou-se como consequência. A segunda vinda de César como governador da província (60 a. C.) foi caracterizada como o início da pacificação da região e da destruição das últimas cidades ainda resistentes a Roma. Já na passagem de Augusto pela Península, no período da guerra cantábrica, inexistia qualquer foco de revoltas.

O processo de romanização, após a ocupação ao sul, acelerou-se, tendo sido a assimilação dos povos da Península facilitada pela vinda das legiões com suas famílias, com o cristianismo, com construções públicas (notadamente, estradas que levavam a Roma), com recrutamento de Lusitanos para ingresso nas tropas romanas e pelo culto ao imperador. Com a *Constituição Antoniana* de 212, estendeu-se a cidadania romana a todos os habitantes do Império, havendo algumas limitações, sendo que esse fato contribuiu para a completa fusão de culturas e romanização dos Lusitanos do Sul. Os povos que viviam na área rural eram mais resistentes às influências romanas, preservando seus cultos pagãos.

Quanto ao aspecto jurídico, cumpre asseverar que na Península, durante o período de ocupação romana, o direito aplicável possuía fontes variadas, já que havia uma convivência de normas advindas dos povos primitivos com as provenientes do povo conquistador. Podem-se apontar os seguintes direitos existentes:

i) Direito indígena: Apesar das conquistas dos povos, Roma não destruía os costumes dos conquistados. Aos latinos e romanos, aplicava-se o direito romano; aos indígenas, o direito próprio com algumas intervenções do magistrado, conforme seus princípios de equidade. Apesar da *Constituição Antoniana*, o *mos provinciale* permaneceu em vigor entre os indígenas, sendo que em diversas regiões o Direito Romano foi influenciado pelos seus costumes, acarretando, portanto, a preservação das normas ibéricas e sua cultura mesmo com o término da dominação de Roma;

ii) *Jus gentium*: Há inúmeros conceitos para a expressão *jus gentium*, todavia existem algumas características comuns que lhe dão uma especificidade notável. O seu desenvolvimento decorre principalmente em virtude do intenso comércio praticado pelos romanos com os demais povos, surgindo, consequentemente, a necessidade de se elaborarem regras mais práticas e menos formais como as do *jus civile*. Além disso, o *jus gentium* sempre esteve conectado com os estrangeiros que mantinham contato com Roma, podendo se referir às normas do que se chamaria hodiernamente de direito internacional público;

iii) *Jus provinciale*: configurava-se como o conjunto de *formula provincie* que tinham como objetivo regular as relações entre a província e Roma, logo, possuíam o caráter de normas de direito público. Estas regras eram elaboradas por uma comissão constituída de 10 Senadores, os quais eram enviados pelo Senado ao local após a conquista da região;

iv) Estatutos locais: possuíam a destinação de organizar internamente quer os municípios romanos, quer os latinos. Assim, tinham conteúdo que visava a regulamentar questões locais. Em relação a estes estatutos na Península, tem-se notícia dos seguintes documentos que foram encontrados: *Lex Coloniae Genetivae Juliae*, lei de Salpensa e lei de Málaga.

Por fim, verifica-se, em razão do que fora exposto acima, que o Direito Romano clássico sofreu diversas interferências do direito local, adaptando-se às circunstâncias específicas. Os costumes também se infiltraram no próprio conteúdo do Direito Romano, formando-se o que se pode denominar de Direito Romano vulgar, o qual correspondia às modificações causadas pelos hábitos e normas de cada província ou até de cada cidade.

1.3. INVASÕES GERMÂNICAS: DIREITO ROMANO-GERMÂNICO, DIREITO VISIGÓTICO E CÓDIGO VISIGÓTICO

Os visigodos foram diversas vezes convocados pelos romanos para enfrentarem os bárbaros que invadiam suas terras conquistadas. Este povo germânico era nômade e não possuía as mesmas características do Império Romano no que tange à organização sociopolítica, pois o vínculo entre seus membros não era decorrente do fato de pertencerem à determinada cidade, mas por respeitarem o mesmo chefe e pela identidade sanguínea. A presença dos visigodos na Península gerou uma fusão de culturas, sendo que estes passaram a assimilar certos pensamentos presentes na sociedade romana, como, por exemplo, a ideia de interesse geral e preponderância da coletividade; havendo, portanto, um choque com a força e liderança da figura do chefe, o qual representava um núcleo centralizador e unificador do povo.

O rei era chefe religioso e militar e considerava-se o sucessor do imperador romano, sendo que deveria respeitar as leis conforme preceituava o Código Visigótico, livro II, título 1, capítulo 2. Em momentos posteriores, verifica-se que os textos do Código Visigótico foram influenciados pela doutrina cristã, principalmente pelos escritos deixados por Santo Isidoro de Sevilha. Consequentemente, são explícitas as ideias concernentes à proteção do bem da coletividade e à reprovação da utilização pelo chefe germânico da coisa pública como se privada o fosse. Além disso, na concepção visigótica o Poder vinha de Deus, e embora não constituísse um regime teocrático, justificava ser o chefe militar também o chefe religioso.

Outro aspecto relativo à organização política dos visigodos que se torna importante mencionar é a maneira de escolha do monarca, que era feita entre os indivíduos de determinadas famílias. Esse modo de indicação do rei gerou grandes conflitos e golpes; devendo-se citar práticas de compra de eleitorado por meio de compromissos e fornecimento de dádivas; descaracterizando não apenas a seleção do monarca como o emprego do patrimônio público para sustentar a aprovação e manutenção do regime.

Devido à coincidência das atribuições militares, religiosas e judiciais na figura do rei, este necessitava de um conselho consultivo, o qual era denominado *Aula Regia*. Em sua origem, era constituída pelos membros advindos de famílias importantes. Essa assembléia era consultada acerca de leis, decisões judiciais relevantes e complexas e questões referentes à administração pública. A partir de 633 (IV Concílio de Toledo), a assembléia plenária passou a ficar encarregada pela eleição do monarca quando houvesse vacância.

Deve-se, também, destacar o papel importante dos Concílios, principalmente após a conversão de Recaredo e toda a nação visigótica, em 587, ao catolicismo. A partir desse fato, os concílios passaram a ser utilizados para a elaboração de legislação civil, além de servir para uniformizar entendimentos relativos à fé, à moral e à disciplina eclesiástica. Os cânones elaborados no concílio eram aprovados pelo monarca; obtendo, por conseguinte, força de lei. Devido ao poder da Igreja, muitas vezes, o concílio era requisitado pelo rei para reforçar a relevância das leis régias. Assim, observa-se que embora fossem uma assembléia de caráter religioso, os concílios tinham notável função legislativa.

Como foi dito anteriormente, havia uma identidade na mesma pessoa das atribuições militares, religiosas e judiciais, cumprindo transcrever os seguintes dizeres proferidos por Marcello Caetano:

> Tal como na época romana, as autoridades administrativas e militares exerciam simultaneamente a função judicial, isto é, julgavam como juízes os pleitos surgidos na vida corrente. O Código Visigótico expressamente diz (II,27) que na lei se consideram juízes todos os que tenham o poder de julgar, sejam *dux, comes, vicarius, pacis adsertor, thiuphadus, millenarius, quingentenarius, centenarius, defensor, numerarius*, árbitros escolhidos pelas partes ou juiz designado para certa causa pelo rei. Destas autoridades umas vinham da antiga ordem romana, tais como o *defensor* e o *numerarius*, outras eram *godas*, representando o tiufado, o milenário, o quingentenário e o centenário antigos comandos militares. O vigário era representante do conde na sua ausência. Quanto ao *pacis adsertor* refere-se-lhe em especial o Código Visigótico, II,1, 17, e só tinha poderes para dirimir as causas para que fosse indicado o rei[1].

Desse modo, ao se falar em Justiça neste período, cumpre analisar as fontes de Direito na época das ocupações dos Visigodos, sendo que no início,

1 Caetano, M. *História do Direito Português (sécs. XII-XVI)*. Lisboa: Verbo, 2000, p. 98.

eles tinham seus costumes e leis próprias e, depois, passaram à unificação jurídica. A existência de disparidades entre leis resultou na necessidade de se solucionarem situações de conflito, sendo a tendência a aplicação das normas do dominador; todavia o dominado poderia ser mais ou menos culto do que este, dificultando na reestruturação do equilíbrio ocasionado pela violação de uma obrigação, logo, muitas vezes, era empregada a equidade para resolver as querelas.

Entre os anos de 469 e 481, o rei Eurico demandou a elaboração de um *Codex* que trouxesse todas as leis e costumes dos Visigodos; denominando-se *Codex Euricianus*, sendo este o primeiro a trazer uma compilação escrita das normas deste povo. Apesar de forte influência das leis de Roma, este *codex* traz normas essencialmente germânicas, acarretando a aplicabilidade do princípio da territorialidade para solucionar o conflito de normas, ou seja, bastava estar em território visigótico para se estar sujeito às normas de referido código.

O rei Alarico II, em 506, ordena a realização da *Lex Romana Wisigothorum*, a qual visava a regular as relações entre romanos, quer de caráter público, quer privado. Houve, portanto, uma reunião de textos, tanto *leges* como *jus*, sendo que dentro da segunda categoria observa-se um verdadeiro resumo das *Institutas* de Gaio, denominando-se *Liber Gaii*. Desse modo, nota-se a forte influência romana e da Igreja no âmbito do reino visigótico, havendo, preponderantemente, a aplicação de um Direito Romano vulgar, que se expandiu à região da Hispânia.

A *Lex Romana Wisigothorum* permaneceu como direito romano da região da Gália, até o retorno e a aquisição de autoridade na aplicação jurídica do *Corpus Juris Civilis*, fato este que ocorreu com o ressurgimento dos estudos científicos. Em relação aos monumentos da legislação portuguesa, pode-se destacar que o *Forum Judicium* foi o primeiro em questão de antiguidade; todavia a durabilidade desta legislação foi maior na região da Espanha, mas influenciou o direito português tanto quanto o espanhol. Na Espanha, vigorou por longo período, o *Fuero Juzgo* e apenas deixou de ter a sua força no território, com a outorga da lei de *Las Siete Partidas* sob a égide do reinado de D. Alonso IX.

Neste sentido, importante mencionar que na compilação de *Las Siete Partidas*, D. Alonso IX explica a denominação e a divisão presente na lei. Verifica-se a consolidação do cristianismo no território espanhol, estruturando-se a administração pública com base em fundamentos religiosos, logo, o Estado é organizado de maneira diretamente conectada à religião. Torna-se, portanto, necessário transcrever o prólogo da vasta compilação de *Las Siete Partidas*, com a seguinte explicação fornecida por D. Alonso IX :

> *Lo dividió en Siete Partidas, atendiendo à la escelencia del numero 7 celebre entre los antigos Sabios; asi por haber servido para la cuenta de muchas cosas, cuales son todas las criaturas divididas en 7 clases, el movimiento en 7 modos, los 7 cielos, planetas, y dias de la semana, los climas, metales, artes y ciencias, y la edad del hombre dividida en 7 partes; como por haber Dios manifestado en él muchos de sus secretos, segun se verificó en los 7 animales puros de cada especie metidos en el arca por Noé, los 7 años que sirvió Jacob e su suegro, los 7 de abundancia y esterelidad en Egipto, los 7 ramos del candelero del Tabernáculo, las 7 partes del Salterio de David, los 7 dones del Espiritu Santo, Gozos de la Virgen, y Sacramentos, las 7 peticiones del padre nuestro, y los 7 principales Ministerios del Apocalipsi. En la* ***primera Partida*** *se trata de lo perteneciente á la Fé Catolica, y al conocimiento de Dios por creencia: en la* ***segunda*** *del modo de proceder los Reyes y Señores para la conservación y aumento de sus Reynos y tierras, y unión de su voletad con la de sus súbditos: en la* ***tercera*** *de la Justicia y demás necesario para mantener á los hombres en paz: en la* ***cuarta*** *de los deposorios,* ***quinta*** *de los contrarios y obligaciones, mercaderes, mercados, ferias y portazgos; en la* ***sesta*** *de los testamentos, codicilios herencias, tutelas y curadurías; en la* ***séptima*** *de los delitos, penas, acusaciones, treguas, aseguranzas y rieptos.*

Esta lei, também, passou a ser empregada em Portugal na sua íntegra, mostrando a receptividade do território portucalense à organização pública de inspiração religiosa.

Já o rei Leovigildo (579-586) tornou-se noto pela sua ação de fomento à fusão dos godos e hispano-romanos. Com o escopo de eliminar as barreiras existentes, revogou leis proibitivas ao casamento entre povos diversos e revisou o *Codex Euricianus*, sendo que esta reformulação chegou até nós por meio dos escritos de Santo Isidoro de Servilha.

Este processo de unificação entre os povos foi se intensificando, sendo facilitado pela ocupação estável dos Visigodos na Península. A primeira reunião de leis entre cristãos e godos ocorreu quando se eliminaram as distinções religiosas, ou seja, as leis eclesiásticas foram as primeiras. Em 654, com Recesvindo, foi publicado o Código Visigótico que terminou definitivamente com a separação das leis conforme a raça. Este importante Código pode ser dividido em três momentos:

i) *Fase recesvindiana*: O Código foi edificado em 654, provavelmente, com auxílio e inspiração do VIII Concílio de Toledo. Determinou-se a aplicação das leis a todos que se encontravam no território visigótico, independentemente do povo de origem. Assim, deixou-se de diferenciar, como ocorria com a *Lex Romana Wisigothorum*, godos de hispano-romanos.

ii) *Fase ervigiana*: Em 681, foi ordenado pelo rei Ervígio a alteração do Código Visigótico de Recesvindo. Nesta fase, foram elaboradas diversas leis contra judeus.

iii) *Fase vulgata:* Não se trata de um texto oficial, isto é, não foi fruto de uma ordem real, sendo feita a revisão ao Código de Ervígio por particulares. Foram inseridas diversas leis extravagantes, doutrinas e o famoso *Primus titulos*, o qual traz os principais aspectos do Direito Público Visigótico.

Constata-se, portanto, que a elaboração do Código Visigótico teve grande colaboração eclesiástica por meio dos Concílios, verificando-se tal fato no próprio latim utilizado nos escritos, os quais eram eruditos e clássicos. As leis que foram instituídas neste Código tinham inspiração nas normas de Roma; todavia não possuíam identidade com os povos germânico e hispano-romano, que viviam em regiões propícias para a prática de violência, soluções por meio da vingança e a pena de talião. Assim, tornou-se um projeto de aprimoramento dos espíritos daquele território, ocasionando, por conseguinte, reiteradas violações das disposições presentes no Código.

Por derradeiro, cumpre mencionar outras fontes de Direito da época que forneceram o conteúdo das leis na região da Península, sendo elas: o Direito Canônico, *Fragmenta Gaudenziana* e Fórmulas Visigóticas. A primeira é resultado do poderio da Igreja no território, de forma que suas normas regulavam as relações dos indivíduos com a hierarquia eclesiástica e as interações entre particulares no âmbito da vida privada. Já a segunda é fruto de uma unificação de textos do século VI de leis visigóticas e romanas, contudo se desconhece o realizador da coletânea, provavelmente, efetuada no século X-XI. A terceira fonte apontada é muito importante pelo fato de trazer a forma como o Direito era aplicado, correspondendo a fórmulas que forneciam diretivas de ação, omissão e permissão.

1.4. DOMINAÇÃO MUÇULMANA: IMPLICAÇÕES NA SITUAÇÃO JURÍDICA

Devido a conflitos concernentes à sucessão ao trono dos Visigodos foi viabilizada a invasão muçulmana no território. Os cristãos e judeus eram tidos como "infiéis do livro", pois conheciam parcela da verdade por meio da aceitação da Bíblia, logo não eram mortos na guerra santa, eram tolerados desde que pagassem tributos. Em decorrência desta tributação, muitos cristãos, por interesse, passaram a se converter ao islamismo. A fusão entre os povos não apenas alterou os hábitos de ambos (dominador e dominados) como modificou o Direito presente no território peninsular.

No período da ocupação árabe, respeitaram-se as instituições, inclusive o direito; viabilizando uma certa manutenção dos costumes, que eram alterados para evitar o pagamento dos tributos instituídos aos conquistados. O direito medieval lusitano recebeu influência do direito muçulmano, principalmente no que diz respeito às relações comerciais, contratuais e sucessões; devendo-se destacar a ligação com os contratos agrícolas, como o de parceria rural. A *vindicta privada*[2], de ampla recepção entre estes povos (como também se salientou no caso dos visigodos) foi fortalecida com a ocupação muçulmana, contribuindo para uma maior rigidez à introdução e desenvolvimento do direito público.

No que tange à organização da administração pública, o território hoje da Espanha sofreu maiores influências decorrentes da dominação árabe, passando por diversas fases. As instituições dos povos cristãos que não se converteram, porém, permaneceram inalteradas, havendo a discussão quanto à preservação dos municípios, os quais são tidos como remanescentes no período da Reconquista por Alexandre Herculano. Embora esta seja a tese do célebre historiador português, deve-se salientar que não há nenhuma prova concreta e incisiva que permita a sustentação de que os municípios não foram eliminados na época da ocupação moura.

Por fim, em relação às fontes do Direito neste momento da História, cumpre asseverar que o Direito Muçulmano abrange todos os setores da vida de um indivíduo e, por consequência, da sociedade, em outros termos, a regra moral, também é jurídica e religiosa. Assim, as decisões no âmbito jurídico dependem muito da interpretação dos textos sagrados, sendo, portanto, muito casuístico o direito. As fontes jurídicas são colocadas em ordem de importância, conforme a escola seguida, de maneira que o *rito malequita* foi o predominante na região da Península e do Marrocos (este país preserva referido rito hodiernamente), havendo a seguinte sequência de fontes materiais: *i) Corão*: livro sagrado, sendo a palavra de Alá e escrito pelo Profeta; *ii) Suna*:

2 *"Hinojosa e outros ilustres historiadores do Direito estudaram o curiosíssimo fenómeno de que no reino dos Recesvindos, Ervígios e Egicas, os costumes do povo governante mantiveram-se muito coibidos e latentes porque a legislação romanizada sob a prepotente influência da Igreja os repudiava como bárbaros. Só após a invasão muçulmana, com o desaparecimento do Estado hispano-godo e a cessação dos concílios toletanos, os usos góticos puderam desenvolver-se e espalhar-se com surpreendente vigor, como se vê nas leis particulares dos séculos X, XI e XII (España y su Historia, I, p. 288). Pertencem ao número desses costumes a vingança de sangue, o duelo judicial, a responsabilidade colectiva da família ou de toda a povoação pelo crime cometido por um dos seus membros ou vizinhos, os conjugadores na compurgação, o penhor tomado pelo credor sem intervenção do juiz e outras instituições que não constam do Código Visigótico". Ibid*, p. 115.

traz as ações realizadas pelo Profeta ao longo de sua existência; *iii*) *Ichma*: consentimento da comunidade, pois a vontade da coletividade é a vontade de Alá; e *iv*) Analogia: compatibilização de normas já existentes a casos não previstos, mas semelhantes aos descritos pela norma jurídica.

1.5. FORMAÇÃO DO ESTADO PORTUGUÊS (SÉCULOS XII-XIII) E REVOLUÇÃO DE AVIS

A formação do Estado Português está diretamente relacionada com a Guerra de Reconquista. Uma parcela dos Visigodos não aceitou a ocupação muçulmana e refugiou-se nas Astúrias, sendo que sob o comando de Pelágio, iniciaram a Guerra da Reconquista. A consequência deste fato foi a sucessiva formação de reinos cristãos na Península. Três destes reinos unificaram-se, tendo como rei Afonso VI: Leão, Castela e Galiza. Com o intuito de expulsar os árabes, o rei solicitou auxílio de fidalgos estrangeiros para realizarem esta tarefa. O chamado foi atendido por dois franceses, Raimundo e Henrique de Borgonha, obtendo como agradecimento pela ajuda militar: o primeiro, o casamento com a filha de Afonso VI, Dona Urraca, e o Condado de Galiza; o segundo, a filha bastarda de Afonso VI, Teresa, e terras ao sul do Minho, denominadas de Condado Portucalense.

Após a morte de Afonso VI, observou-se uma disputa sucessória, sendo Dona Urraca legítima herdeira. Este fato fez com que a filha de Afonso VI exigisse vassalagem por parte do Condado Portucalense, o que não foi aceito por Dona Teresa, viúva nesta época e ligada ao galego Conde Fernando Peres de Trava, sofrendo grande influência deste e acarretando a revolta de seu filho com Henrique de Borgonha, Dom Afonso Henriques. O filho de Teresa liderou a Batalha de Mamede, derrotando todos os que apoiavam sua mãe e o Conde de Trava. Com o escopo de afastar todos os estrangeiros do território portucalense, derrotou Afonso VII e expulsou os mouros que invadiam o território. Consequentemente, obteve a independência de Portugal e intitulou-se rei em 1139.

Em suma, com o reconhecimento da independência de Portugal quatro anos após os conflitos acima mencionados, no âmbito da Conferência de Zamora, foi instituída a primeira dinastia do território: a de Borgonha. Com referidas dificuldades de formação territorial e constantes ameaças, foi rápido o processo de centralização estatal, não passando o território por uma fase propriamente feudal.

Desde o início da formação de Portugal, nota-se o contraste entre os habitantes da faixa litorânea, os quais tinham intensa atividade mercantil, pesqueira, comércio com estrangeiros etc.; e os povos do interior, que possuíam uma base feudal, com dificuldades de mobilidade social e ligada aos interesses castelhanos. Assim, a autonomia do território português deveu-se, principalmente, aos esforços dos indivíduos que ocupavam o litoral, fortalecendo o vínculo entre os nacionais após a expulsão dos árabes para a África.

No século XIV, a Europa passou por brutais crises econômico-sociais, pois havia um esmagamento dos artesãos e pequenos comerciantes pelos grandes mercadores, os quais obtiveram um elevado acúmulo de riquezas no período do aumento do mercado consumidor. Além disso, os camponeses passavam por súbitos empobrecimentos, já que os reis provocavam a inflação, principalmente dos gêneros de necessidade básica para financiarem suas constantes guerras; dificultando, portanto, a subsistência dos pequenos camponeses.

Para Portugal, o reflexo da crise acima mencionada foi a Revolução de Avis (1383-1385). Devido à sua localização privilegiada, Portugal tornou-se um ponto de ampla movimentação marítimo-mercantil, enriquecendo as classes de comerciantes que ocupavam o litoral e recebiam apoio da dinastia de Borgonha. Com o falecimento de D. Fernando, iniciou-se um período de convulsões sociais, pois tinha uma única filha, Dona Beatriz, a qual era casada com João I de Castela.

Em um primeiro momento, Dona Leonor Teles, viúva de D. Fernando I, tornou-se regente, contudo, o fato de ser amante do conde Andeiro (chefe do movimento que desejava a União Ibérica), e sua filha, herdeira do trono, ser casada com um príncipe castelhano causou a manifestação contrária da burguesia mercantil, a qual era defensora da autonomia de Portugal.

Nuno Álvares Pereira, que representava a burguesia lusitana, indicou D. João, Mestre de Avis, meio irmão de D. Fernando I, para ocupar o trono de Portugal. Com a morte de Andeiro, Dona Leonor Teles foi destituída da regência e fugiu para Santarém, onde se encontrou com seu genro castelhano, ávido por recuperar a herança de sua esposa, Dona Beatriz.

Apenas a massa popular, denominada de arraia-miúda, defendia uma causa nacional e de caráter patriótico; todavia, era destituída de recursos financeiros para manter a revolta, logo, a Revolução do Mestre de Avis foi sustentada pela burguesia mercantil; tornando-se, portanto, uma sublevação burguesa e que se apoiava em princípios comerciais. Assim, a Revolução que trouxe ao trono D. João, Mestre de Avis, tinha como escopo central a proteção dos interesses das classes burguesas.

Em 1385, D. João, Mestre de Avis, foi aclamado rei D. João I. Esta revolução representou o término da Idade Média de Portugal e provocou sua maturidade política, formando um Estado centralizado e organizado administrativamente, voltado ao desenvolvimento comercial. Diante deste cenário, despontou a sua tendência para o desbravamento dos "*mares nunca dantes navegados*".

1.6. DIREITO COSTUMEIRO: INFLUÊNCIAS E FORMAÇÃO DOS FOROS

Em meados do século XIII, ainda não existia a institucionalização do ensino jurídico em Portugal. Além disso, os juízes eram escolhidos por meio de eleições, sendo muitos deles analfabetos. Assim, o costume era a principal fonte do direito da época, representando as tradições do povo arraigadas e transmitidas desde tempos remotos.

O Direito Romano fixou-se amplamente no território; no entanto, mesclou-se com o direito dos povos que ali viviam antes da ocupação romana. Com as adaptações aos costumes locais, principalmente, no que tange à execução das penas, surgiu o que se passou a denominar por Direito Romano vulgar. Este direito romano vulgar difundiu-se, notadamente, por meio da presença do povo nos julgamentos, compreendendo parcialmente o que ocorria e captando como direito a ser observado, contudo, não entendido em sua essência.

Como se explicou anteriormente, no período de ocupação visigótica, estes povos germânicos possuíam costumes bárbaros e fundados na vingança, largamente aceitos pelos habitantes do interior da Península. Foram enveredados esforços por reis e pelo clero para contornar essa tendência à violência; contudo as leis do Código Visigótico eram muito avançadas para os indivíduos que lá estavam, sendo pouco compreendido e de pouco acesso. As regras eram captadas, precipuamente, pelo que era ouvido e depois, passavam a se incorporar aos costumes.

Devem-se destacar, também, os costumes advindos dos casos julgados na Corte ou na Casa de El-Rei, pois a interpretação dada a certo caso formava a *façanha*, que era empregada no julgamento de situações similares. Desse modo, nota-se que a corte tinha as suas regras processuais e jurisprudência próprias e aplicadas, independentemente das localidades conectadas ao pleito.

Enquanto existiam costumes gerais, como os da Corte, havia, também, costumes locais não escritos e conectados à tradição de determinada localidade. Com o desenvolvimento destas comunidades, os costumes passaram a atingir um grau de complexidade maior, exigindo uma compilação, que passou a se chamar de *foros* ou *costumes municipais*.

Alguns *foros* eram tão bem elaborados e abrangiam variadas questões de maneira satisfatória que passaram a ser adotados por reis ou senhores no momento de fundação de uma povoação, sendo incorporados à comunidade, juntamente com o foral de constituição. Assim, muitos *foros* regiam as relações dos habitantes de determinadas localidades sem advirem do costume dos indivíduos, mas sim, por imposição da autoridade edificadora da comunidade.

Em suma, percebe-se a relevância do costume, principalmente na fase inicial da história da Península, sendo fruto de muitas fusões de tradições de diversos povos que ocuparam a região. Em relação aos *foros*, constata-se que eles representavam os costumes locais, desempenhando papel de destaque na formação dos municípios e servindo de norma para fundar determinados povoamentos.

1.7. FORAIS

Exatamente por estarem diretamente conectados com o direito local, os forais possuem inúmeras variações conforme as tradições da comunidade. Torna-se difícil, portanto, conceituá-los de maneira exata. Para Alexandre Herculano, dá-se "(...) *a classificação de foral aos actos de que se depreendesse a criação de um município ou a fixação do Direito Público local*"[3]. Há uma tendência, nos dias atuais, a se excluir este conceito, porque nem sempre era dado um foral a um município, existiam diversas localidades que tinham suas regras pressupostas dos costumes da comunidade.

Apesar das divergências acima mencionadas, cumpre asseverar que havia certas características comuns a todos, pois, em geral, os forais estabeleciam regras sobre a povoação, distribuição de terras e tributos a serem pagos. Assim, havia uma estrutura quase invariável, que se destinava a regular a forma de ocupação da localidade, justificando o porquê de serem (os forais) a carta de função de um município. Desse modo, torna-se importante destacar os seguintes dizeres de Marcello Caetano:

> Compreende-se como, sendo a liberdade das pessoas e dos bens a essência do foral, este era desejado nos burgos ou aglomerações urbanas mais importantes, vilas cercadas ou muradas a cujo abrigo decorria o comércio marítimo (Lisboa e Porto) ou aonde acorria a gente dos arredores a fazer mercado ou feira. Os mercados e mesteiras necessitavam de liberdade para os seus negócios e profissões e careciam mesmo de regras jurídicas favoráveis à sua acção – o Direito urbano, onde aflora já o Direito mercantil[4].

3 *Ibid*, p. 235.
4 *Ibid*, p. 239.

Por fim, cumpre destacar que a complementação do foral outorgado, muitas vezes, era feita pelos senhores de cada senhorio, os quais davam os contornos à carta de povoação que atendessem a seus interesses econômicos e políticos. Dessa maneira, embora pudessem participar da elaboração de conteúdo dos forais, complementando-os, os senhorios deviam respeito aos dispositivos presentes na outorga dos titulares do poder.

1.8. UNIVERSIDADE DE LISBOA

Em uma primeira fase, pode-se dizer que havia a Universidade Coimbra-Lisboa, pois permaneceu a instituição de ensino 53 anos na primeira e 36 anos na segunda cidade. Já em uma segunda fase, observa-se uma preponderância quase absoluta em Lisboa, estabelecendo-se durante 160 anos (até 1537).

Devido à aceitação da autoridade do papa Clemente VII, D. Fernando, que restabeleceu a Universidade em Lisboa em 1377, obteve diversos privilégios à instituição, como a possibilidade de ministrar aulas de Estudo Geral (Direito Civil e Canônico), com exceção à Teologia, já que era matéria de competência exclusiva do clero; permitia-se a formação de licenciados, doutores e mestres e os indivíduos que adquiriam estes títulos poderiam lecionar em qualquer parte, uma vez que eram autorizados pela Igreja Católica.

A Revolução de Avis, descrita anteriormente, fez com que Universidade permanecesse em Lisboa e que adquirisse diversos privilégios pelo rei, visto que a cidade apoiou D. João, Mestre de Avis, resistindo firmemente ao cerco de Castela. Desse modo, foi expedido o alvará de 3 de outubro de 1384, que garantia o estabelecimento da Universidade perpetuamente na cidade de Lisboa. O interesse em desenvolver a Universidade fez com que ficasse comprometida a sua própria autonomia, principalmente quando D. João I criou o cargo de *Protector do Estudo*, ocupado pela primeira vez por Dr. João das Regras. Deve-se destacar que na data de 1418 já havia o ensino de Teologia, antes proibido pela Igreja Católica.

A importância da Universidade elevou-se de tal maneira que o reitor participava das assembléias municipais, apresentando capítulos em Cortes com o escopo de receber o despacho real. Assim, verifica-se a participação da instituição de ensino nas assembléias locais, defendendo seus interesses na comunidade.

Por fim, torna-se relevante asseverar que o terceiro Protetor do Estudo foi o infante D. Henrique, indicando a participação do governo no desenvolvimento da Universidade e a preocupação em aprimorar cada vez mais a disciplinas ministradas, sendo que, neste período, havia o estudo das seguintes ciências: Gramática, Aritmética, Retórica, Música, Astrologia, Medicina, Geometria, Teologia, Filosofia Natural e Moral, Leis e Decretais.

1.9. CONSOLIDAÇÃO DO ESTADO PORTUGUÊS (SÉCULOS XIV-XV): ORDENAÇÕES DO REINO E LEGISLAÇÃO EXTRAVAGANTE

Antes de se falar especificamente das Ordenações do Reino, é preciso discorrer acerca da estruturação do ensino jurídico em Portugal, pois esta é a causa direta da elaboração deste trabalho legislativo. Assim, deve-se, primeiro, expedir que no século XII verificou-se o renascimento científico, de caráter humanístico. A Universidade de Bolonha alcançou enorme destaque graças ao trabalho realizado por Warnerius, o qual iniciou o estudo completo do *Corpus Juris Civilis,* afastando a retórica (de influência grega) e introduzindo o método das *glosas*. Resolveu diversos problemas jurídicos e eliminou antinomias presentes nos diversos textos romanos, dando uma nova forma ao ensino jurídico e notabilizando a Universidade de Bolonha, tida como centro de desenvolvimento do pensamento jurídico.

Ao adquirir a separação da Coroa de Leão, Portugal viu-se em uma situação em que necessitava ampla autonomia em diversos campos, inclusive do saber jurídico. Assim, não aceitou o emprego das leis da Coroa de Leão e recorreu ao direito de Justiniano para regular as relações jurídicas. Desse modo, passou a convocar juristas estrangeiros para guiar os assuntos jurídicos do reino e muitos foram estudar na Itália e na França.

Por consequência, não tardou em se ver a relevância de se estruturar o ensino jurídico no território português para formar os indivíduos que cuidariam da administração do Estado. Em um cenário propício, onde reinava D. Diniz, grande intelectual e de vasta cultura, o qual era neto de Afonso, o Sábio; logo constatou as diversas vantagens em se estabelecer um Estudo Geral, que consolidasse e disseminasse o direito romano, que permearia os direitos reais. Em 12 de novembro de 1288, criou-se o Estudo Geral em Lisboa.

Em 1290, em virtude de uma bula de Nicolau IV, criou-se grande insatisfação da população lisboeta em relação à presença da Universidade na cidade, já que referida bula determinava o arrendamento compulsório das terras devolutas dos habitantes para abrigarem os estudantes universitários, assim como a garantia de diversos privilégios a estes. Como a Igreja possuía forte influência na organização do ensino, foi por meio da bula de Clemente V de 26 de fevereiro de 1307 que foi autorizada a transferência do Estudo Geral para a cidade de Coimbra.

Em 16 de agosto de 1338, a Universidade voltou a Lisboa, pois sendo uma fundação real, deveria ficar próxima ao rei. Assim, neste momento, passou a fortalecer a ideia de que cumpria ao Estado regular a questão do ensino, aumentando seu poder de intervenção em pontos sensíveis à sua organização. Em 1354, voltou a Coimbra, e em 1377, retornou a Lisboa onde ficou até 1537.

Por fim, em 1537, estabeleceu-se de maneira definitiva em Coimbra recebendo de D. João III um espaço definitivo: o Paço Real da Alcáçova. Desempenhou papel fundamental para o desenvolvimento jurídico no país, sendo que, em momento posterior, foi símbolo unificador do ideário da elite intelectual do Brasil, que estudava lá e retornava à colônia com o escopo de ocupar os altos cargos públicos.

Neste diapasão, deve-se destacar o papel relevante de D. João das Regras não apenas na consolidação da emancipação portuguesa na Revolução de Avis, como também no desenvolvimento do ensino jurídico, preparando os espíritos para a elaboração de um código nacional. D. João das Regras era tido como discípulo de Bartolo, tendo estudado em Bolonha e alcançado o título de doutor. Embora não se tenham provas de que possuiu contato direto com o referido jurisconsulto, é certo que D. João das Regras seguia a Escola dos Glosadores, fornecendo subsídios científicos para a formação do que viriam a ser as *Ordenações*.

O fato gerador da elaboração das *Ordenações* é a elevada produção de leis pelos reis até D. João I, o que resultou em diversas leis esparsas, as quais geravam confusões e dificuldades de aplicação do direito. Assim, as Cortes solicitaram uma compilação das leis para facilitar não apenas a compreensão, mas também a prática jurídica.

Neste sentido, com D. Duarte iniciaram-se os trabalhos para o desenvolvimento das *Ordenações*, cabendo a João Mendes a condução deste feito; todavia faleceu este durante a elaboração e em seguida, D. Duarte. Devido à idade do filho de D. Duarte (D. Afonso tinha 7 anos), foi instaurada a regência, assumida por D. Pedro, Duque de Bragança, sendo dada continuidade à edificação da grande obra que viriam a ser as *Ordenações*, permanecendo Doutor Rui Fernandes como sucessor nesta atribuição de João Mendes.

Entraram em vigor as Ordenações Afonsinas em 17 de julho de 1776, sendo impressas pela Real Imprensa da Universidade de Coimbra em 1792. As Ordenações Afonsinas são divididas em 5 livros:

i) Livro I: Com 72 títulos: Trata dos regimentos dos oficiais maiores e subalternos à Justiça;

ii) Livro II: Com 123 títulos. Refere-se à jurisdição, pessoas e bens dos eclesiásticos, dos direitos reais, de sua arrecadação, da jurisdição dos donatários e mouros;

iii) Livro III: Com 122 títulos. Concernente à ordem judiciária;

iv) Livro IV: Com 112 títulos. Diz respeito aos contratos, sucessões e tutorias; e,

v) Livro V: Com 121 títulos. Cuida dos delitos e das penas.

As Ordenações Afonsinas representam a compilação das seguintes legislações:

i) A Carta de foro dada por D. Afonso Henriques aos mouros;

ii) Leis promulgadas desde D. Afonso II até D. Afonso V;

iii) Capítulos das Cortes datados da época de D. Afonso IV em diante;

iv) Interpretações dadas ao direito romano pelos glosadores;

v) Concordatas de D. Diniz, D. Pedro I e D. João I com Sumos Pontífices e Eclesiásticos do Reino;

vi) Direito Canônico;

vii) Lei de *Las Siete Partidas;* e

viii) Antigos costumes da Chancelaria, da Câmara de Lisboa em relação ao aluguel de casas e as cartas de fretamento dos navios da Câmara do Porto.

Pela descrição realizada, percebe-se que as Ordenações Afonsinas eram complexas e bem detalhadas, determinando a prevalência da lei geral sobre a local. Apesar da completude de tal trabalho, tinha como fórmula para suprimir omissões:

i) primazia das leis do Reino, mesmo em relação às disposições das leis imperiais;

ii) na ausência de determinação de lei do Reino, empregar-se-iam leis imperiais e cânones;

iii) na antinomia entre cânones e leis imperiais, prevaleceriam os cânones, caso as leis imperiais trouxessem pecado;

iv) na ausência destas últimas, utilizar-se-ia das glosas de Acurcio incorporadas em tais leis e, se não houvesse determinação por elas, seria usada a opinião de Bartolo, demonstrando o papel relevante da escola de glosadores para a elaboração das Ordenações do Reino; e

v) inexistindo também tais glosas e opiniões, recorrer-se-ia à determinação de El-Rei, para que resolvesse a questão, de modo que a solução teria o caráter de lei geral e seria aplicada aos demais casos semelhantes.

Não havendo ainda transcorrido sessenta anos das Ordenações Afonsinas, D. Manoel, querendo notabilizar-se não apenas pelos seus feitos de conquistas e navegação, mas também pelo trabalho legislativo, comissionou por carta régia em 1506 para reformar as Ordenações anteriores: Doutor Rui Broto, licenciado Rui da Grã e o corregedor cível da Corte, João Cotrim.

O trabalho proposto por D. Manuel era revisar, reformar e reduzir as Ordenações Afonsinas, retirando os costumes não mais empregados e as leis derrogadas. Além disso, desejava-se incorporar os textos legislativos posteriores às Ordenações Afonsinas.

Efetivamente, houve uma redução da quantidade de títulos, pois dos 128 presentes nas Afonsinas, passaram a existir 90 nas Manoelinas; contudo, mantiveram-se a quantidade de 5 livros e as matérias tratadas em cada um. Na essência, não houve modificações nas Ordenações Manoelinas, permanecendo o nacionalismo explícito, já que se pretendia fornecer uma autonomia de Portugal na construção de seu ordenamento jurídico. Foi dada melhor sistematização do direito civil, devido à influência doutrinária, que integrou os trabalhos de Triboniano e os seguidores das Pandectas.

Outra alteração ocorrida pelo advento das Ordenações Manoelinas foi referente ao direito subsidiário utilizado para integrar lacunas. As glosas de Acurcio e Bartolo apenas seriam empregadas caso não houvesse posicionamento diverso dos doutores que escreveram após eles. Desse modo, deu-se um grande incentivo ao desenvolvimento doutrinário, já que o pensamento jurídico poderia inovar-se, não estando limitado a opiniões de glosadores antigos.

Como já mencionado, eram inúmeras as leis imperiais, acarretando uma modificação quanto a sua aplicabilidade como direito subsidiário nas Ordenações Manoelinas, que expressavam o seu emprego quando tivessem fundamentos na boa razão, havendo a presença deste requisito da *boa razão* no título 5 do livro 2.

Por fim, outra mudança significativa trazida pelas Ordenações Manoelinas foi concernente ao regime de bens, que variava conforme os costumes da localidade, prevalecendo a partir deste momento o regime de comunhão, caso não houvesse previsão expressa no pacto antenupcial.

Em decorrência da sistematização e revisão das Ordenações Afonsinas, as Ordenações Manoelinas passaram a ser amplamente aplicadas; no entanto, ainda se fez necessária a elaboração de diversas normas. Em 1560, Duarte Nunes de Leão, jurisconsulto e desembargador da Casa de Suplicação, publicou o Repertório das Ordenações Manoelinas, o qual trouxe o acréscimo das leis extravagantes que provocaram mudanças nas Ordenações Manoelinas.

Em 14 de fevereiro de 1569, por alvará, determinou-se a publicação das *Leis Extravagantes coligidas e relatadas pelo Licenciado Duarte Nunes de Leão, por muito alto e muito poderoso Rei D. Sebastião*. Esta compilação foi dividida em 6 partes:

i) Dos ofícios e regimentos dos oficiais;
ii) Das jurisdições e privilégios;
iii) Das coisas judiciais;
iv) Dos delitos e do acessório a eles;
v) Do que pertence à fazenda de El-Rei; e
vi) Das coisas extraordinárias.

Em suma, a coletânea das Leis Extravagantes foi importante para se sistematizarem as variadas leis extravagantes e decisões da Casa de Suplicação, que em razão de sua quantidade causavam dificuldades de aplicação.

Em 1580 houve a unificação da Península Ibérica, acarretando a necessidade de realizar uma reforma no sistema jurídico português em que se inserisse a presença espanhola no território. Embora as Ordenações Filipinas tenham sido amplamente exaltadas, não divergiu na essência das Ordenações Manoelinas, permanecendo a quantidade de livros (5), com aumento na quantidade dos títulos. Além deste fato, a metodologia de sistematização foi a mesma empregada para a realização das Ordenações Manoelinas.

Filipe II incumbiu para a realização das Ordenações Filipinas 4 doutos juristas: Pedro Barbosa, Paulo Afonso, Jorge de Cabedo e Damião de Aguiar. As fontes jurídicas para a elaboração de tais Ordenações foram: leis extraordinárias, decisões das Cortes, leis gerais e municipais (ou forais), costumes, os assentos da Casa de Suplicação de Lisboa e do Porto e, mais remotamente, o *Fuero Juzgo*, *Las Siete Partidas*, direito romano e direito canônico.

Embora as Ordenações filipinas tenham contribuído para a melhor organização da legislação extravagante, que se renovava constantemente, cumpre destacar que um dos principais responsáveis pela sua elaboração foi a necessidade de harmonizar a legislação com os dispositivos do Concílio de Trento. Assim, é inegável a presença mais forte da Igreja Católica neste momento, reduzindo-se a importância dos romanistas, os quais davam maior relevância aos institutos de direito privado. Observa-se esta influência com a leitura do Alvará de 12 de Setembro de 1564, o qual dispõe:

> Eu El-Rey faço saber aos que este meu Alvará virem que, considerando a obrigação, que todos os Fiéis Catholicos devem ter em guardar a observância das cousas, ordenadas pelos Santos Concilios Ecumenicos Geraes, legitimamente approvados por autoridade e ordenança da Santa Sé Apostólica e dos Summos Pontifices que presidem nella, por serem dirigidos e governados pela direcção e assistência do Espirito Santo; e a especial obrigação, que os Reys e Principes tem, de assistir em favor e ajuda de sua jurisdição a todas as cousas, que convem guardar a execução dos Decretos dos ditos Concilios, approvados e confirmados pelos Summos Pontifices, principalmente, quando pelos Concilios lhes he encarregada, e por Letras dos Santos Pontifices encommendada a observância, assistência e ajuda, para effeito das cousas, conteudas nos ditos Decretos delles.

Após o encerramento da Unificação da Península Ibérica, em 1640, Portugal readquiriu sua independência, sendo que D. João, Rei de Portugal e dos Algarves, d'aquém e d'além mar, em África Senhor de Guiné e da Conquista, Navegação, Comércio de Etiópia, Arábia, Pérsia, e da Índia e Brasil, mediante a lei de 29 de janeiro de 1643, confirmou a vigência das Ordenações Filipinas, mesmo tendo sido fruto da dominação espanhola.

Neste sentido, pode-se afirmar que não houve interrupção da vigência das Ordenações Filipinas, que em muito era similar às Ordenações Manoelinas, de maneira que El-Rei apenas confirmou a continuidade de sua força e alterou somente as folhas que continham o nome Felipe IV. As Ordenações Filipinas vigoraram durante 264 anos, demonstrando a capacidade de adaptação ao tempo e ao espaço, preservando caracteres nacionais que viabilizavam a permanência de sua vigência em Portugal.

Por fim, deve-se ressaltar que em 1867, devido às alterações das relações jurídicas de caráter privado, tornou-se necessária a elaboração de um Código Civil, o qual foi aprovado pela lei de 1º de julho de 1867 no Paço da Ajuda de Lisboa, passando a vigorar em todo o continente do Reino e nas ilhas adjacentes após sua publicação no então *Diário de Lisboa*.

Em suma, essa é a breve descrição do desenvolvimento do Direito de Portugal que serviu de base para a formação do ordenamento jurídico do Brasil, devendo-se salientar que as Ordenações Filipinas passaram a reger as relações entre os habitantes da colônia portuguesa na América, desempenhando papel fundamental para a formação do cenário jurídico colonial.

Capítulo 2
História do Direito Brasileiro

Aos 22 de abril de 1500 o Monte Pascal é avistado por Pedro Álvares Cabral, capitão da esquadra portuguesa, e o Brasil, primeiro Terra de Vera Cruz e depois Santa Cruz, é oficialmente descoberto por Portugal, então sob a liderança do Rei D. Manuel, o Venturoso. Os primeiros trinta anos que sucedem o descobrimento é o Período Pré-Colonial, estando o Brasil relegado a um segundo plano, servindo apenas para a exploração comercial do pau-brasil pelos portugueses, que desenvolviam um lucrativo comércio com as Índias.

O território brasileiro quando do descobrimento e durante o período pré-colonial é habitado exclusivamente por indígenas, cada qual pertencente a uma tribo, com costumes e tradições próprias que organizavam a vida em comunidade. Contudo, os costumes e tradições indígenas não são significativos enquanto influências para a História do Direito Brasileiro, em que pesem de suma relevância para a história do país e dos brasileiros.

Por essa razão, a abordagem da História do Direito brasileiro dar-se-á a partir do Período Colonial, de 1530 a 1822, quando Portugal passa a se interessar pelo Brasil, sobretudo em razão do declínio do comércio com as Índias, a descoberta pelos espanhóis de ouro na América e a necessidade de ocupação territorial, perante a ameaça de invasões estrangeiras.

2.1. O DIREITO NO PERÍODO COLONIAL

Ao se analisar o direito no período colonial, deve-se primeiro iniciar o assunto com a descrição das instituições da Administração Colonial a partir do momento da formação do governo geral. O estudo da organização administrativa é relevante por causa da inexistência de uma clara especialização das funções dos órgãos públicos. Assim é que, nesta época, constata-se em diversas circunstâncias a existência de uma só pessoa para exercer funções executivas e judiciárias.

No topo da hierarquia da Administração, encontrava-se o governador geral, que em 1763, após a transferência da capital para o Rio de Janeiro, passou a ser denominado de Vice-Rei e Capitão-General do Mar e Terra do Estado do Brasil. Devido às dificuldades de comunicação, este possuía vastos poderes e representava a figura de El-Rei na Colônia.

A organização administrativa era composta basicamente por três setores: Militar, Justiça e Fazenda. Em relação ao primeiro, em cada capitania havia uma tropa de linha, milícias e corpos de ordenança. A tropa de linha era permanente e composta por portugueses. Já as milícias auxiliavam as tropas de linha, sendo composta por habitantes da Colônia, os quais eram recrutados para serviço obrigatório e não-remunerado. As ordenanças, por outro lado, eram forças locais de trabalhos periódicos e convocadas para agirem quando houvesse motins.

No que tange à Justiça, é possível asseverar que muitas vezes os responsáveis pela Justiça também o eram pelas funções administrativas. Havia uma quantidade substancial de juízes, existindo a figura do ouvidor da comarca, que assumia o cargo por três anos. Já os Tribunais de Relação eram as instâncias recursais, existindo primeiro na Bahia e depois também no Rio de Janeiro, o julgador era normalmente o Vice-Rei ou o Governador da Capitania. A arrecadação dos tributos e a definição das despesas eram realizadas pela Junta da Fazenda, tendo na chefia o governador da Capitania, já que era de interesse deste controlar as finanças da Capitania.

Por derradeiro, deve-se mencionar o papel de destaque exercido pelas Câmaras Municipais, as quais eram constituídas por representantes não-eleitos e eleitos, indiretamente, pelos "homens bons", que constituíam a classe proprietária de terras. Elas exerceram variadas funções, sendo que em algumas localidades, possuíam mais poderes do que o governador da Capitania, como ocorreu em São Luís, Rio de Janeiro e São Paulo. Com o decorrer do tempo, para garantir o poderio sobre a Colônia e poder arrecadar mais tributos, iniciou-se um processo de centralização do poder nas mãos dos representantes diretos da Coroa, logo, foi enfraquecida a Câmara Municipal. Estas Câmaras Municipais, até o final do século XVII, representavam os interesses das classes dominantes, proprietária de terras, servindo muitas vezes de instrumento para a proteção desses interesses, sendo que, em virtude de sua característica local, incorporou-se ao espírito dos habitantes, permanecendo a sua existência até mesmo após a proclamação da Independência.

2.1.1. Tribunal da Relação

A primeira tentativa de instauração do Tribunal de Relação deu-se com o regimento de 25 de setembro de 1587, quando Portugal estava sob o domínio espanhol. Este regimento nomeava o governador geral do Brasil, Francisco Giraldes, e designava desembargadores para comporem o primeiro Tribunal da relação na Colônia. Seria estabelecido referido Tribunal em Salvador; todavia a primeira tentativa falhou, pois devido a problemas durante a viajem para o Brasil, Francisco Giraldes voltou ao reino e não se tornou governador geral. Em relação à determinação do regimento, estabeleceu-se que no que não fosse previsto e passível de aplicação no Tribunal da relação, utilizar-se-iam os regimentos da Casa de Suplicação e as Ordens do Reino.

Após um período no esquecimento, o Tribunal da Relação foi instituído na Bahia por meio do regimento de 7 de março de 1609. Considerou-se a sua relevância devido às alterações que ocorreram na época, pois com a conquista de novas terras, a expansão do comércio e a vinda de estrangeiros fizeram com que a administração da Justiça fosse melhor estruturada para atender às novas exigências. O Tribunal da Relação era constituído por um chanceler; três desembargadores de agravos; um ouvidor geral; um procurador dos Feitos da Fazenda, Coroa e Fisco, um promotor de Justiça, um provedor de Defuntos e Resíduos e dois desembargadores extravagantes.

Cumpre analisar, brevemente, as funções de cada um dos postos do Tribunal da Relação acima mencionados:

i) Chanceler: conforme o regimento, era responsável pela observação de todas as cartas e sentenças dadas pelos desembargadores; conheceria das suspeições apresentadas contra o governador, dos erros dos tabeliães, escrivães e outros oficiais; e seria incumbido também do conhecimento das apelações dos erros destes oficiais e dos agravos dos contadores de custas. Além disso, desempenhava a importante função de ser juiz dos Cavaleiros das Três Ordens Militares.

ii) Desembargadores dos agravos e apelações:

> Os desembargadores dos agravos guardariam o regimento dos desembargadores da Casa de Suplicação no despacho das sentenças finais, interlocutórias e petições; e teriam alçada até a quantia de dois mil cruzados nos bens de raiz, nos móveis até três mil cruzados: e passando dessas quantias poderiam as partes agravar para a Casa da Suplicação[1].

1 Ferreira, W. M. *História do Direito Brasileiro*. Tomo II. Rio de Janeiro: Freitas Barros, 1952, p. 215.

Tinham a atribuição de conhecer os agravos das causas cíveis julgadas pelo ouvidor geral e do provedor dos defuntos e resíduos quando não coubessem em sua alçada; as apelações decorrentes das decisões do ouvidor geral das 3 capitanias do sul, que não coubessem em sua alçada. Além disso,

> (...) pertencia-lhes o conhecimento de todas as apelações crimes vindas de todos os julgadores do Estado do Brasil e das apelações dos casos cíveis saídos do ouvidor geral e dos juízes ordinários e dos órfãos e quaisquer outros julgadores de todo o dito Estado do Brasil, excedentes da alçada dos aludidos julgadores e que a outros juízes especialmente não pertencessem por bem das Ordenações e regimentos. Mais, ainda, lhes cabia conhecer das petições de agravo dos casos cíveis e crimes dos julgadores residentes na cidade do Salvador e em todos os lugares da jurisdição da capitania, nos casos de agravos de petição, tanto quanto dos tirados do governador, nos casos declarados em seu regimento, em que dele se podia agravar para a Casa da Suplicação[2].

iii) Ouvidor Geral: competia-lhe conhecer ações referentes aos delitos praticados na cidade de Salvador; aos casos que podiam ser conhecidos e despachados diretamente pelo corregedor geral do crime da Corte; aos casos de matérias cíveis ocorridos na cidade de Salvador. Além disso, era competente para conhecer todos os instrumentos de agravo e cartas testemunháveis advindos de qualquer parte da Colônia, quando não pertencessem a outro órgão julgador. No mesmo sentido, competia-lhe conhecer todos os agravos de sentenças e despachos emitidos por juízes e ouvidores da cidade de Salvador. Por fim, o ouvidor geral poderia conhecer as ações relativas a bens de raiz até o valor de 15 mil réis e, nos móveis, até 20 mil réis.

iv) Procurador dos Feitos da Coroa, Fazenda e Fisco e Promotor da Justiça: O Procurador dos Feitos da Coroa, Fazenda e Fisco era advogado e fiscal de todas as causas que envolviam matéria fazendária, sendo relevante a seriedade do serviço para que se garantisse a correta arrecadação da Coroa. Devia participar de todas as audiências da vara da Fazenda e das conectadas ao interesse da Coroa no âmbito fiscal. Já o promotor de justiça tinha similar regimento ao deste cargo na Casa de Suplicação; cabendo-lhe, outrossim, as causas concernentes à usurpação da jurisdição real por pessoa eclesiástica ou secular.

v) Provedor dos Defuntos e Resíduos: competia-lhe conhecer todas as ações novas de jurisdição de Salvador, desde que não ultrapassasse vinte mil réis para bens móveis e quinze mil réis para bens de raiz. Não cabia nem

2 *Ibid*, p. 216.

apelação, nem agravo. Dentre as atribuições, havia a referente a enviar para o Reino uma caixa de três chaves (uma estava com o provedor, outra com o escrivão e outra com o tesoureiro) contendo o dinheiro do *de cujus*, ou para a pessoa que tinha direito a receber a quantia. Para evitar doações das fazendas de falecidos que não tinham herdeiros, determinou-se que deveria arrecadar dita fazenda e enviar o dinheiro levantado ao tesoureiro dos defuntos de Guiné, o qual encaminharia a quantia para o El-Rei. Além destas funções, também, cabia-lhe verificar a quantidade de mortos nas naus e navios que chegavam em Salvador ou em outro ponto da Colônia e acompanhar a arrecadação do patrimônio do *de cujus*, garantindo uma *"boa arrecadação"*.

Enfim, estes eram os principais cargos do Tribunal da Relação, devendo-se destacar que havia também o escrivão, o meirinho e os juízes dos Feitos da Fazenda, Coroa e Fisco. Como se pode notar, havia uma divisão de atribuições referente à matéria e ao valor, notadamente, existindo rigorosa estrutura hierárquica, a qual viabilizava melhor organização e funcionamento da Justiça, centralizando de maneira mais eficaz o poder da Coroa.

O Tribunal da Relação foi suprimido em 5 de abril de 1626, sendo que a justificativa da Coroa referia-se às despesas elevadas para a manutenção da Relação; todavia, é mais provável que a verdadeira causa tenha sido a invasão holandesa, que ocorreu em maio de 1624 e acarretou a ocupação da cidade de Salvador e o aprisionamento do governador geral, Diogo de Mendonça Furtado. Diante deste cenário, tornava-se inviável a manutenção do Tribunal da Relação, que passou a constituir um gasto a mais, que deveria ser eliminado, para concentrar o dispêndio com a guerra, já que mesmo após a expulsão holandesa as invasões permaneceram frequentes.

Em 12 de setembro de 1652, restabeleceu-se o Tribunal da Relação, pois uma vez retornando a Colônia às mãos de Portugal, tornou-se relevante amenizar as perdas advindas das invasões holandesas e reestruturar a administração da Justiça. Viu-se a necessidade de criar um novo Tribunal da Relação, desta vez com 8 desembargadores, já que era de extrema importância haver uma outra instância revisora. Outro alvará, de 13 de outubro de 1751, criou outro Tribunal da Relação em São Sebastião do Rio de Janeiro.

A partir de então, permaneceu o Tribunal da Relação no Brasil, mudando de nome, mas com a mesma essência. Como bem pontua Waldemar Martins Ferreira:

> Com óbices e embaraços tais, a Relação do Estado do Brasil, com sede na Baía, seguiu seu fadário acompanhando-o nas suas mutações políticas. Com a mesma ou com outras denominações, que lhe não mudaram o objetivo através dos tempos e da história que adiante se retomará, vem fazendo justiça às partes, aplicando o direito e contribuindo para a dignificação de seu império[3].

2.1.2. Organismo de Administração Ultramar

Com a expansão marítima realizada por Portugal, tornou-se necessária uma organização da administração dos territórios ocupados, para que o poder da Coroa se mantivesse intacto e centralizado. Desta maneira, criaram-se órgãos técnicos, consultivos, executivos e fiscais para controlarem as Colônias portuguesas. Assim, far-se-á uma breve descrição dos principais órgãos criados por Portugal para coordenar a administração ultramar.

A Casa da Guiné e da Índia possuía diversas funções, mas seu papel de destaque era de organizador do comércio, dirigindo a economia de Portugal, já que intervinha nas negociações, estabelecia créditos, movimentava capitais, tinha funções de repartição fiscal, fomentava a atividade mercantil etc. Foi muito relevante seu papel para o desenvolvimento da indústria açucareira no Brasil e para a regulação do comércio de pau-brasil. Seu período de ascensão foi durante o auge do comércio da famosa especiaria das Índias: a pimenta.

Já o Conselho da Fazenda foi o substituto dos vedores da Fazenda, ocorrendo esta alteração quando tomou posse da Coroa portuguesa Felipe II. Este órgão deveria controlar a arrecadação e despesa ultramar, sendo que tinha funções de caráter administrativo e judiciário. Deve-se salientar que a divisão deste órgão era feita da seguinte forma:

> Presidido por um vedor da Fazenda, compunha-se de quatro conselheiros, dois dos quais letrados, todos com direito de voto e assistidos por quatro escrivães da Fazenda; e repartia-se em quatro secções. Tinha a primeira a seu cargo os negócios do Reino. Cuidava a segunda dos das Índias, Minas, Guiné, Brasil, São Tomé e Cabo Verde; a terceira, dos das Ordens Militares e das Ilhas da Madeira e dos Açores; e a quarta dos da África, cabendo-lhe ademais o contencioso[4].

O Conselho da Índia teve seu regulamento aprovado por Filipe II em 25 de junho de 1604 para tratar de assuntos concernentes ao Brasil e à Índia. Este Conselho teve inspiração no *Consejo Real y Supremo de Indias*, que já existia na Espanha havia tempos, seguindo-lhe os moldes. Deste modo, possuía atribuições administrativas e principalmente jurisdicionais, tendo na sua

3 *Ibid*, p. 240.
4 *Ibid*, p. 246.

composição: um presidente, dois conselheiros de capa e espada, dois conselheiros letrados, um dos quais clérigo e dois secretários. Expedia a última palavra nos assuntos do Brasil, e verifica-se seu poder em diversas situações, como a necessidade de haver autorização do Conselho para o despacho de navios para o Brasil. Além disso, não era possível executar nenhum mandado no Brasil sem a intermediação do supracitado Conselho.

Por fim, deve-se falar do Conselho Ultramarino, que sucedeu o Conselho da Índia quando cessou o domínio espanhol em Portugal. Possuía muitas características semelhantes ao seu antecessor. O Conselho Ultramarino tinha funções consultivas, prestando consultas a serviço real, consulta de partes (quando o processo teria a real apreciação) e consulta de mercês (referente à concessão de benefícios). Além disso,

> por ele passavam os negócios fazendários ultramarinos; mas quando a fazenda se remetia para o Reino, administrava-o o Conselho da Fazenda, que cuidava também do emprego e retorno das carregações. Resolvia a consulta das naus e navios destinados às conquistas e o tempo de partida e do seu provisionamento de armas e gente. Nomeava empregados, menos quanto os dos lugares, negócios e serviços eclesiásticos, no que se seguiam as normas correntias. Para que sua atuação não parecesse óbices, aos outros tribunais era vedado entender nos negócios atribuídos regimentalmente ao Conselho Ultramarino, a despeito de que pudessem fazê-lo por costumes, regimentos e provisões até então vigentes[5].

2.1.3. Ordenações Filipinas no Brasil

Após a Independência do Brasil, D. Pedro I, por lei de 20 de outubro de 1823, decretou que Ordenações, leis, regimentos, alvarás, decretos e resoluções promulgados pelos reis anteriores, desde que não tivessem sido revogados posteriormente ao 7 de setembro de 1822, permaneceriam em vigor.

Neste diapasão, cumpre-se asseverar que a mesma lei dispôs a continuidade da vigência dos seguintes decretos publicados pelas Cortes de Portugal: *i*) Decreto de 12 de março de 1821; *ii*) Decreto de 25 de março de 1821; *iii*) Decreto de 10 de maio de 1821; *iv*) Decreto de 11 de maio de 1821; *v*) Decreto de 17 de maio de 1821; *vi*) Decreto de 21 de maio de 1821; *vii*) Decreto de 25 de maio de 1821; *viii*) Decreto de 29 de maio de 1821; *ix*) Decreto de 9 de junho de 1821; *x*) Decreto de 28 de junho de 1821; *xi*) Decreto de 5 de julho de 1821; *xii*) Decreto de 14 de julho de 1821; *xiii*) Decreto de 23 de agosto de 1821; *xiv*) Decreto de 21 de outubro de 1821; *xv*) Decreto de 12 de novembro

5 *Ibid*, p. 251.

de 1821; *xvi*) Decreto de 19 de novembro de 1821; *xvii*) Carta de lei de 28 de dezembro de 1821; *xviii*) Carta de lei de 19 de dezembro de 182; e *xix*) Decreto de 14 de outubro de 1822.

A Carta de 1824, outorgada pelo Imperador, instituiu a monarquia hereditária e constitucional, sendo que permaneceram vigorando as Ordenações Filipinas, revogando-se apenas os aspectos políticos incompatíveis com a Constituição do Império.

Enfim, pretende-se neste capítulo, tão-somente, destacar que não havia uma maturidade nacional e um lapso temporal hábil para organizar novos códigos e leis capazes de estruturar o Brasil independente. Assim, as Ordenações Filipinas permaneceram em vigor até a sua gradativa substituição por uma legislação nacional.

2.1.4. Direito Penal e Civil na Colônia

O primeiro forte sinal do enfraquecimento das Ordenações Filipinas foi a entrada em vigor do Código Criminal de 1830, o qual era extremamente direto e conciso, com linguagem simples e clara. Este código substituiu o livro V das Ordenações Filipinas. Além disto, serviu de fonte inspiradora do Código Penal da Espanha, de 1848.

Outro fato importante foi a aprovação da lei de 1º de outubro de 1828, que retirou a jurisdição contenciosa das Câmaras Municipais. Para efetuar referida ação, foi necessário criar um órgão julgador: o Supremo Tribunal de Justiça. Outra figura importante no âmbito da Justiça da época eram os juízes de paz, os quais possuíam funções de jurisdição cível e de polícia administrativa.

Outra inovação da época foi a promulgação do Código de Processo Penal em 29 de novembro de 1832, extinguindo as funções de corregedores e ouvidores. Assim, novamente, as Ordenações Filipinas sofreram uma perda de força, não disciplinando mais a matéria de ordem processual penal.

Em 25 de junho de 1850, houve a promulgação do Código Comercial do Império do Brasil, podendo-se transcrever os seguintes dizeres de Waldemar Martins Ferreira:

> promulgou-se, pela lei nº 556, de 25 de junho de 1850, o código comercial do Império do Brasil, que promulgou vários diplomas regulamentários, entre os quais o decr. nº 737, de 25 de novembro de 1850, que determinou a ordem do juízo no processo comercial, que foi o mais notável código de processo da América, vigorando até 1930, e que se aplicou também como código de processo civil; e o decr. nº 738, de 25 de novembro de 1850, que deu regulamento para os Tribunais do Comércio e para o processo das quebras.

As matérias que continuaram a ser disciplinadas pelas Ordenações foram as de caráter civil, existindo grande dificuldade em se aprovar um Código Civil no Brasil. Conseguiu-se este feito apenas em 1916, estabelecendo-se que seriam revogados os dispositivos das Ordenações até então em vigor; contudo, apenas foi possível a perda de vigência das Ordenações Filipinas em 1º de janeiro de 1917, quando entrou em vigor o citado Código Civil. Desse modo, nota-se que as Ordenações tiveram uma duração de mais de 3 séculos no Brasil, ou seja, a sua vigência foi muito maior do que em Portugal.

2.2. DIREITO NO BRASIL IMPÉRIO

A consolidação da independência no Brasil aconteceu em um período curto de tempo. É certo que diante dos tortuosos conflitos pela Independência na América espanhola, que resultou na fragmentação em diversos Estados, o processo brasileiro foi mais uniforme e, de certa medida, mais fácil. Entretanto, engana-se quem pensa que este se deu de maneira pacífica ou tranquila.

Em um período de menos de 80 anos, o Brasil teve dois períodos regenciais, alguns conflitos militares e inúmeros conflitos políticos e econômicos, estes últimos, inclusive, em âmbito internacional. A Inglaterra, por exemplo, garantiu e apressou o reconhecimento da Independência do Brasil; em contrapartida, o *"Brasil não fez restrições ao comércio inglês, estabeleceu relações de dependências com o mundo financeiro britânico e, contrariando "as tendências republicanas e desagregadoras do resto do continente, adotou o regime monárquico*[6].

O período regencial instaurado após a Independência foi um dos mais conturbados da história política do Brasil, uma vez que foi fundamental para a discussão sobre a unidade territorial do Brasil e da centralização e descentralização do poder, além da discussão sobre o papel das Forças Armadas e das diversas províncias brasileiras.

Houve intensa dificuldade na adoção de novas políticas, principalmente das políticas liberais. Rupturas surgiram entre as diversas regiões do Brasil e, principalmente, entre as classes sociais e os grupos dominantes, pois cada qual lutava solitariamente por seus interesses, uma vez que não se sabia, durante todo o período, quais eram os interesses que o Estado defendia.

Em outra medida, as rebeliões agitavam o país e as diversas tendências políticas foram se configurando e se moldando. Dois partidos se constituíram no período: o Conservador e o Liberal. E, contrariando as expectativas, o grande partido que apoiou a formação do período regencial brasileiro foi o Liberal, inclusive conseguindo antecipar no Congresso a maioridade do Rei.

6 Fausto, Boris. *História do Brasil*. 9. ed. São Paulo: Edusp: FDE, 2001, p. 147.

A política do período não se reduzia somente ao interesse pessoal, uma vez que foi destinado à elite política promover o debate no Brasil sobre os grandes temas da organização do Estado, das liberdades públicas, da representação, da escravatura, o que explicará ao final deste período a intensa participação desta elite no processo republicano.

Durante o período imperial uma das grandes questões foi a permanência da unidade territorial. Esta unidade foi produto da resolução dos diversos conflitos pela força e pela habilidade e, também, do esforço de diversos governantes em todo o território de construir um Estado centralizado. Contribui para essa unidade, significativamente, o fato de o país e a elite terem uma homogeneidade ideológica. Essa identidade ideológica é resultado, em grande medida, do fato de que só existiam duas Faculdades para a formação da Elite: a Faculdade de Direito de São Paulo e a Faculdade de Direito de Recife. Desta forma, por mais que estivesse distante territorialmente, a elite toda era formada nos mesmos lugares e mantinha entre si relações de cordialidade e de auxílio mútuo, o que contribuiu para que houvesse uma mesma linha de pensamento e de ação em todo o território nacional.

A grande novidade na economia brasileira nas primeiras décadas do século XIX foi o surgimento e a ampliação da produção cafeeira, que intensificou sobremaneira a economia das províncias de São Paulo e Minas Gerais e intensificou a necessidade da mão-de-obra escrava na região sudeste do país.

No que diz respeito às propriedades, o Brasil viu neste período uma grande intensificação de ocupação de terras.

> Havia uma total indefinição dos limites das propriedades e muitas terras não eram exploradas. Os títulos de propriedade, quando existentes, podiam ser contestados porque, entre outras coisas, uns se sobrepunham aos outros. (...) Em um quadro deste tipo, prevaleceu a lei do mais forte. O mais forte era quem reunia condições para manter-se na terra, desalojar posseiros destituídos de recursos, contratar bons advogados, influenciar juízes e legalizar assim a posse de terras[7].

Esses conflitos e essa prática foram muito comuns nas regiões Norte e Centro-Oeste do Brasil, gerando situações que até os dias atuais são questionadas juridicamente.

O Brasil conseguiu adiar por muitas décadas as medidas efetivas para acabar com a escravidão. Mesmo com a constante pressão internacional, o país foi, paulatinamente, se desvencilhando da escravidão. Primeiro, aboliu o tráfico de escravos, depois alforriou os sexagenários, depois aqueles que eram filhos de escravos e, somente no fim do período, aboliu a escravidão.

7 *Ibid*, p. 187.

Esse impasse e essa demora desgastaram severamente o país em suas relações internacionais e, principalmente, em suas relações internas gerando um grande desconforto e uma grande decepção da elite agrária em relação ao governo monárquico e culminando no apoio desta à República nos anos de 1880.

2.2.1. Constitucionalismo e Liberalismo: necessidades de uma nova ordem

O Brasil independente deveria ter uma Constituição. Essa máxima reinava antes mesmo do movimento e do episódio da Proclamação da Independência.

No plano interno, essa "solicitação" da sociedade dizia respeito ao desejo de que *"deliberar sobre as justas condições com que o Brasil deve permanecer unido a Portugal e examinar a Constituição que se fizer nas Cortes Gerais de Lisboa se é no seu todo aplicável ao Brasil ou não"*[8].

No plano internacional, a necessidade da Constituição para um Estado contemporâneo advinha de influências como a difusão da teoria do constitucionalismo, a expansão da filosofia liberal e os movimentos de independência da América, particularmente da América do Norte e Central.

O constitucionalismo, como já apresentado, foi uma das principais correntes jurídicas, ao lado da Codificação, que influenciou a formação e consolidação dos Estados modernos europeus. O constitucionalismo moderno se caracterizava como uma exigência da elaboração de um texto constitucional, que atendesse a necessidade de combater o poder dos governantes, que estabelecesse normas jurídicas superiores no concernente à organização, divisa, controle e limitação do poder político. No início do século XIX, esta fase é marcada pela ideia de que era preciso, também, uma maior segurança nas relações com o Estado, bem como uma clareza nos limites de atuação destes, e por isso mesmo as Constituições deveriam ser escritas.

J. J. Gomes Canotilho ressalta, sobre este movimento, que esta concepção tem

> (...) efeito racionalizador, efeito estabilizante, efeito de segurança jurídica e de calculabilidade, efeito de publicidade são, em maior ou menor medida, os efeitos que se desejavam obter através da fixação do conteúdo constitucional num ou vários documentos escritos[9].

Além da influência forte deste movimento, a filosofia liberal ganhou adeptos e repercutiu sobre todo o mundo ocidental, promovendo verdadeiras viradas e revoluções econômicas, sociais e políticas.

8 Costa, E. V. Introdução ao estudo da emancipação política do Brasil. In *Brasil em perspectiva*. Carlos Guilherme da Mota (Org). 4. ed. São Paulo: Difusão Européia do Livro, 1973, p. 103.
9 Canotilho, J. J. G. *Direito Constitucional*. 7. ed. Coimbra: Almedina, 1994, p. 66-67.

O liberalismo é a corrente de pensamento que tem por fundamento central a ideia de que o homem, individualmente considerado, deve ser o alicerce de todo o sistema social e político.

A corrente encontra suas matrizes filosóficas no século XVIII, particularmente com autores como Rousseau, Locke e Montesquieu, e propunha que os homens inicialmente vivem em estado de natureza no qual são livres e, para sua maior conveniência, pactuam um contrato social no qual transfere algumas das suas faculdades fundamentais para tornar possível a formação do Estado e do poder social. Esta corrente compreende que:

i) Todo o poder emana do povo, e

ii) O Estado só deve exercer aquelas funções que a sociedade, individual ou coletivamente, não consegue desenvolver.

Assim, para esta corrente, *"A ação do Estado é, portanto, excepcional e restrita, enquanto a da sociedade é ampla e limitada"*[10].

Nesse sentido, a base da filosofia liberal é *"El ejercicio de la libertad de todos, en un pacto entre hombres, en el reconocimiento de derechos y deberes"*[11]. São características jurídicas específicas do liberalismo defender e promover:

i) a liberdade pessoal, o individualismo e a tolerância;

ii) direitos econômicos e individuais, como direito à propriedade, à herança e à plena liberdade de produzir, de comprar, de vender *(pacta sunt servanda*, isto é, os pactos devem ser cumpridos) e;

iii) representação política, divisão dos poderes, descentralização administrativa, soberania popular dentre outras formas de participação do maior número possível de cidadãos nas estruturas administrativas do Estado.

Essas doutrinas impulsionavam a busca de liberdade política e democracia, em todo o mundo, mesmo que sem, no início, representatividade popular. Assim, já no início do governo de D. Pedro I, dois grandes problemas se instauraram na sociedade: a luta contra o absolutismo – não contra a monarquia – e a luta a favor da descentralização político-administrativa – que mais tarde seria o rumo ao federalismo.

Essas reivindicações não foram vitoriosas no primeiro momento, mas trouxeram à luz a necessidade de construção de um novo arcabouço jurídico do recente país independente. Essa reconstrução deveria ser feita em duas frentes: primeiro, por meio da reestruturação do Ordenamento Jurídico e elaboração

10 Bastos, C. R. *Curso de Direito Constitucional*. São Paulo: Celso Bastos Éditora, 2002, p. 158.
11 Iglesia, F. *História Política de Brasil (1500-1964)*. Madri/Espanha: Éditorial Mapfre, 1992. p. 162.

de uma Constituição do Império e, depois, por meio da implantação de cursos jurídicos no país que fossem capazes de formar o jovem para a atuação jurídica e política na sociedade.

Desta forma, antes mesmo da Proclamação da Independência, iniciaram-se:

i) estudos e projetos para a instalação de cursos de Ciências Sociais e Jurídicas no país[12]; e

ii) preparação para a construção de um novo Ordenamento Jurídico com a revisão das Ordenações Filipinas e a convocação da Assembléia Constituinte.

2.2.2. A Constituinte de 1823 e a Carta Constitucional de 1824

A convocação da Constituinte, em 3 de junho de 1822, foi uma das primeiras medidas contra os movimentos internos e o processo de recolonização das Cortes portuguesas que, cada vez mais, afligia à sociedade brasileira. Para esta Constituinte foram eleitos 100 deputados (Minas Gerais tinha a maior representação, 20 deputados, seguido por Bahia e Pernambuco, com 13; reflexo imediato dos movimentos sociais que existiram nestes Estados). Até o início efetivo dos trabalhos, a Constituinte dedicou-se, somente, à sua preparação.

Estava incluída nessa preparação

> (...) o extermínio de possibilidades de oposição primeiro fazendo com que as eleições fossem restritas a um grupo pequeno visto que teria direito de voto para Constituinte todo cidadão, casado ou solteiro, sendo emancipado e tendo mais de 20 anos. Estavam excluídos os religiosos regulares, os estrangeiros não naturalizados, os criminosos e os que viviam de salários ou soldadas de qualquer modo à exceção dos caixeiros de casas comerciais, os criados da Casa Real que não fossem de galão branco e os administradores de fazendas e fábricas."[13]

Além, é claro, dos escravos, que à época não eram considerados nem sequer indivíduos e, portanto, não brasileiros.

Deste modo, a Constituinte, após essa preparação, começou seus trabalhos em 3 de maio de 1823, com o primeiro "Discurso do Trono" ou Fala do Trono, mensagem do Imperador à Assembléia Geral Constituinte e Legislativa. Neste discurso, o Imperador se comprometeu, novamente, a "*(...) com minha espada defender a pátria, a nação e a Constituição, se forem dignas do Brasil e de mim*" e continuou afirmando que esperava que a Assembléia preparasse uma "*(...) Constituição sábia, justa, adequada e executável, ditada pela razão não pelo*

12 Almeida, J. R. P. *Instrução Pública no Brasil (1500-1889)*: História e Legislação. Tradução de Antonio Chizzotti. São Paulo: Educ/PUCSP, 2000.

13 Castro, F. L. *História do Direito Geral e Brasil*. 6. ed. Rio de Janeiro: Lumen Juris, 2008, p. 347.

capricho. (...) Uma Constituição que, pondo barreiras inacessíveis ao despotismo quer real, quer aristocrático, quer democrático afugente toda a anarquia, e plante a árvore daquela liberdade (...)"[14].

Desse modo, foram iniciados os trabalhos da Constituinte. Os constituintes, em sua maioria, não tinham experiência legislativa, apesar de, à época, serem figuras de alta qualidade, por sua cultura jurídica e política ou por sua combatividade nas questões do país[15].

Foram designados seis deputados que formariam a Comissão para redação do anteprojeto que deveria ser apresentado em setembro de 1823. O principal redator foi Antonio Carlos Ribeiro de Andrada Machado, que havia participado decisivamente do movimento pernambucano de 1817 e era ex-deputado nas Cortes de Lisboa.

Providenciou-se um documento inteligente e moderno, inspirado nos Iluministas, não no tocante aos aspectos democráticos e no que diz respeito às liberdades burguesas, mas, sobretudo, no que dizia respeito à soberania Nacional e ao liberalismo econômico. Em sua estrutura formal, entretanto, o documento aparecia muito extenso aos olhos de um país recentemente independente, já que possuía 272 artigos.

Entre as propostas do projeto de Constituição, ganhavam destaque aquelas que propunham:

i) a restrição na participação de estrangeiros na vida política nacional, que visava fundamentalmente aos portugueses;

ii) tendência classista imoderada na discriminação dos poderes políticos;

14 Na "Fala do Trono" encontram-se, também, as diretrizes que eram imaginadas por Dom Pedro para a Constituição. *"Como Imperador Constitucional, e muito especialmente como defensor perpétuo deste Império, disse ao povo no dia 1º de dezembro do ano próximo passado, em que fui coroado e sagrado, que com a minha espada defenderia a Pátria, a Nação e a Constituição, se fosse digna do Brasil e de mim. Retifico hoje muito solenemente perante vós esta promessa, e espero que me ajudeis a desempenhá-la, fazendo uma Constituição sábia, justa adequada e executável, ditada pela razão e não pelo capricho, que tenha em vista somente a felicidade geral, que nunca pode ser grande, sem que esta Constituição tenha bases sólidas, bases que a sabedoria dos séculos tenha mostrado, que são as verdadeiras para darem uma justa liberdade aos povos, e toda a força necessária ao poder executivo. Uma Constituição, em que os três poderes sejam bem divididos de forma que não possam arrogar direitos, que lhes não compitam, mas que sejam de tal modo organizados e, harmonizados, que se lhes torne impossível, ainda pelo decurso do tempo, fazerem-se inimigos e cada vez mais concorram de mão dadas para a felicidade geral do Estado. Afinal uma Constituição que, pondo barreiras inacessíveis ao despotismo quer real, quer aristocrático, quer democrático afugente toda a anarquia, e plante a árvore daquela liberdade, a cuja sombra deve crescer a união, tranquilidade e independência deste Império, que será o assombro do mundo novo e velho"*.

15 Iglesias, F. obra citada. p. 163.

iii) condicionantes para o direito ao voto atrelado à renda, não medida em dinheiro mas com base em mercadoria de consumo corrente: a farinha de mandioca;

iv) valorização da representação nacional estabelecendo a indissociabilidade da Câmara e o caráter somente suspensivo do veto do Imperador aos projetos da Câmara;

v) sujeição das forças armadas ao Parlamento e não ao Imperador.

Nas sessões plenárias, os debates se prolongaram pelo choque de opiniões. A imprensa carioca da época exaltava, ainda mais, os ânimos ao publicar críticas ao chefe de Estado e aos ministros. A falta de entendimento da Assembléia e a discordância do Imperador com estas propostas específicas que esvaziavam, em demasia, o poder do Imperador e o transferiam para o Parlamento foram fundamentais para que, em 13 de novembro de 1823, Dom Pedro cometesse *"su primer gran error, la disolución de la Asamblea Contituyente"*[16], com a justificativa de que aquela era uma medida para salvar a pátria dos

> (...) desatinos dos homens alucinados pela soberba e ambição (que) nos iam precipitando no mais horroroso abismo (...) Se a Assembléia não fosse dissolvida, seria destruída a nossa santa religião e nossas vestes seriam tintas em sangue. (...) Ficai certos que o vosso Imperador a única ambição que tem é de adquirir cada vez mais glória, não só para si, mas para vós[17].

Entretanto, o momento histórico exigia que o novo Império tivesse uma Constituição e, assim, após o episódio da dissolução da Assembléia, Dom Pedro I prometeu ao povo uma "Constituição duplamente liberal" e para sua redação nomeou um conselho composto por seis ministros e quatro personalidades políticas. Entre estas personalidades, encontrava-se José Joaquim Carneiro de Campos, que seria nomeado posteriormente Marquês de Caravelas, que foi o principal redator da Constituição. Deste processo, Dom Pedro participou ativamente dos trabalhos, pautando-se sob as ideias de Gaetano Filangier, autor de *Ciência da Legislação* e de Benjamim Constant, autor de obras como *Esboço de Constituição* e *Curso de Política Constitucional*, com quem Dom Pedro manteve constante correspondência.

A Comissão trabalhou muito rapidamente e em quarenta dias apresentou o novo projeto. Como o documento era do próprio governo, a Comissão adotou uma forma "despistada" para disfarçar o outorgamento. A Comissão enviou cópias aos municípios com o pedido de que encaminhassem suges-

16 *Ibid.* p. 168.

17 Proclamação de Dom Pedro justificando a convocação de uma nova Assembléia.

tões. Pouquíssimos municípios puderam fazê-las, pois a matéria era muito complexa e nas Câmaras, em sua quase totalidade, não existia quem pudesse ler, estudar e sugerir algo em tão pouco tempo. Esta estratégia dissimulou o "caráter autoritário" do outorgamento[18].

Em 25 de março de 1824, o governo apresentou à Nação uma Constituição, que à luz das teorias liberais e do Constitucionalismo, poderia ser considerada como uma Carta Outorgada, vez que não teve nenhuma participação popular.

Fato é que foi outorgada a primeira Constituição do Brasil em 1824, e que esta vigorou por 65 anos e trazia as seguintes inovações jurídicas:

i) Institucionalização de monarquia parlamentar, ou monarquia constitucional, como previsto em seu art. 3º, que regia que no Brasil *"O seu governo é monárquico, hereditário, constitucional e representativo"*;

ii) exacerbado individualismo econômico, com base nas teorias do liberalismo, que garantia entre outros elementos a participação desta elite no governo;

iii) centralização do governo, com acentuado centralismo político, que se refletiu na instituição de um quarto poder, denominado Poder Moderador[19], que dava amplos poderes ao detentor do cargo máximo. Desta forma, o Imperador que não estava sujeito a responsabilidade alguma (art. 99), intervinha nos outros poderes para assegurar o adequado funcionamento destes. Por exemplo, no que diz respeito ao Poder Legislativo (art. 101, 1 a 5), competia ao Imperador nomear Senadores, convocar extraordinariamente sessão da Assembléia Geral, dissolver a Câmara dos Deputados, dentre outros. Quanto ao Poder Executivo (art. 101, 6), podia nomear e destituir, livremente e a qualquer tempo, os Ministros de Estado. E, no Poder Judicial (art. 101, 7 a 9), podia suspender os magistrados precedendo processo e audiência do Conselho de Estado, além de poder moderar ou perdoar as penas e conceder anistias em casos urgentes[20];

iv) participação popular restrita, uma vez que o voto era censitário, limitado aos homens livres, com renda superior a cem mil réis, derivada de bens de raiz, indústria, comércio ou emprego, excluídos os menores de 25 anos, os filhos que vivessem na companhia dos pais, os criados de servir e os religiosos. As mulheres, portanto, como em todo o resto do

18 Iglesias, F. obra citada. p. 164.

19 *"Art. 10. Os poderes políticos reconhecidos pela Constituição são quatro: o Poder Legislativo, o Poder Moderador, o Poder Executivo e o Poder Judicial."*

20 Caetano, M. *Direito Constitucional.* v. 1. São Paulo: Forense, 2000, p. 504.

mundo, na época, não votavam (arts. 90 a 97). Além disso, estabeleceu-se um sistema de voto indireto para as eleições de deputados;

v) constituição de um judiciário dependente, no orçamento ao Poder Legislativo e no exercício de suas atividades ao Poder Moderador, e estruturado em duas categorias: os juízes, aos quais caberia a função de aplicação da lei, e os jurados, aos quais caberia o pronunciamento acerca dos fatos (art. 152). Já existia a figura do Tribunal de Júri, que teve sua origem na Lei de 18 de junho de 1822, sobre crimes de imprensa. Mais tarde, ainda no Império esta figura foi estendida para o Processo Criminal. Os ideais liberais foram fundamentais para que houvesse a previsão de publicidade e da possibilidade da arbitragem como tentativas de reconciliação antes do processo, que seriam tentadas pelos próprios juízes (art. 160);

vi) no que diz respeito aos direitos e garantias individuais, realizou-se uma "cópia" da Declaração Universal dos Direitos do Homem e do Cidadão de 1789. Entretanto, como não houve efetiva mudança na estrutura e no sistema econômico e social brasileiros, esses direitos figuraram de maneira tangencial na Constituição. Por exemplo, garantia-se uma "certa liberdade de religião", mas a religião oficial, aquela que possibilita que o indivíduo tivesse registros civis como nascimento, casamento, batismo e óbito era somente a Religião Católica.

Como não houve alteração de estrutura social com a Constituição de 1824, o Brasil continuou seguindo a temática de um Estado escravocrata e latifundiário, e portanto não há menção aos escravos na Constituição. Somente os cidadãos passivos, isto é, aqueles que não gozavam do direito de votar ou de serem votados, esses tiveram seus direitos básicos garantidos no texto constitucional, como os direitos civis de liberdade, propriedade e segurança de suas vidas e de seus bens, exigências da doutrina liberal.

Assim, o que se percebe é que, em linhas gerais, a Constituição de 1824 e toda a estruturação jurídica da sociedade que dela decorreu, embora sem deixar de trazer consigo características que contemporaneamente não seriam aceitáveis como democráticas, foi marcada

> por um grande liberalismo que se retratava, sobretudo, no rol de direitos individuais que era praticamente o que havia de mais moderno na época, como também na adoção da separação de poderes que, além dos três clássicos, acrescentava um quarto: o Poder Moderador[21].

21 Bastos, C. R. obra citada. p. 159.

Entretanto, não bastava apenas a instituição de uma Constituição para que se alterasse o Ordenamento Jurídico brasileiro. Era preciso que outras fontes jurídicas se adequassem a esse novo momento histórico e político da sociedade. Dessa forma, à luz da Constituição, foram instituídos os Códigos Criminal, Comercial e um projeto de Código Civil neste período.

2.2.3. Principais codificações: Código Criminal, Código Comercial e projetos de Código Civil

Desde a proclamação da Independência em 1822, entendia-se como necessária a regulação dos vários aspectos da vida nacional. Como se viu, a primeira providência foi a de manter as leis portuguesas, para que não houvesse uma brecha legislativa temporal, e se gerasse um hiato no cumprimento das leis.

O primeiro Código que foi promulgado neste período foi o **Código Criminal**, em 1830, considerada uma obra avançada para a época, pois foi, após a Constituição, um marco importantíssimo para a estruturação jurídica do Império[22].

O Código Criminal de 1830 foi o primeiro Código Penal da América Latina e vigorou até 1890. A Constituição de 1824 previa em seu art. 179 as diretrizes e regras gerais para as regras criminais no Brasil. Dentre suas principais regras estavam a da inviolabilidade dos direitos civis e políticos dos cidadãos brasileiros, que tem por base o princípio da legalidade que rege que nenhum cidadão pode ser obrigado a fazer ou deixar de fazer alguma coisa, senão em virtude da lei, e recrutamento do exército e o estabelecimento da prioridade do uso de punição que estabelecia que ninguém será sentenciado senão pela autoridade competente, por virtude de lei anterior, e na forma por ela prescrita.

Com a intenção de assegurar a ordem social do País, o Código Criminal tratava dos crimes e dos delitos e, consequentemente, das penas a serem aplicadas. Era dividido em duas partes principais:

i) Título I: definia de forma abstrata o crime, "os crimes justificáveis", o criminoso, as circunstâncias agravantes e atenuantes; e

ii) Título II: definia as penas que seriam imputadas aos criminosos de acordo com cada crime.

Oriundo do projeto de Bernardo Pereira de Vasconcelos, o Código Criminal apresentava vertente liberal e trouxe sensível modificação ao rígido sistema que imperava. Entretanto, assim como a Constituição, não foi suficiente para

22 Iglesias, F. obra citada. p. 158.

promover a igualdade, uma vez que não tratava dos direitos criminais de negros e, muito menos, de índios. Tinha como principais pontos:

i) estabelecimento de que não há crime ou delito sem lei que o qualifique (art. 1º);

ii) maioridade penal estabelecida para os 14 anos (art. 10, § 1º);

iii) criação do "crime justificável" quando for cometido para se evitar um mal maior que afastava a possibilidade de punição (art. 14), e, inclusive, concedia a possibilidade de não ser considerado como mal o castigo moderado dos pais sobre os filhos, dos senhores sobre seus escravos, dos mestres a seus discípulos (art. 14, § 6º);

iv) o criminoso responderia na justa medida pelo dano ocasionado, que era calculado, em caso de dúvidas, em favor do ofendido (arts. 21 e 22);

v) manutenção da pena de morte para as infrações de maior gravidade, que deveria ser executada publicamente na forca (arts. 38 e 40) e previa que se fosse concedida a "graça" pelo Poder Moderador a pena de morte poderia ser convertida em prisão perpétua; e estabelecimento das outras penas como galés (trabalhar em obras públicas), prisão com trabalhos, prisão simples, banimento (envio para fora do Império, sem poder voltar), degredo (residência em local determinado), desterro (não entrar nos termos do local do delito), privação de direitos políticos, perda de emprego público, multas (arts. 44 ao 60);

vi) imprescritibilidade das penas, o que seria pontualmente modificado pelo Código de Processo Penal dois anos depois;

vii) crimes específicos contra o Império ou Sociedade como os de: tomar armas sob bandeira inimiga (art. 70); praticar a pirataria nos mares (art. 82); tentar destruir a Constituição ou a forma de governo (art. 85); destronizar o Imperador (art. 87), falsificar lista de votos dos cidadãos ou eleitores (art. 102), rebelião (art. 110); sedição (art. 111); insurreição (art. 113), tirada ou fugida de presos do poder da justiça e arrombamentos de cadeias (arts. 120 a 127), dentre outros.

Por fim, apesar da tendência mais liberal do Código, sua aplicação era competência do Conselho de Jurados (Tribunal do Júri), e como este era constituído somente por membros das oligarquias, o que estava, realmente, sendo preservado era a moralidade e as atitudes conservadoras, deixando-se de lado o ideal de certa forma liberal que constava no texto da lei.

Dois anos após a promulgação do Código Criminal, em 1832, foi promulgado o **Código de Processo Criminal**, de 29 de novembro de 1832. Entre as principais características do Código pode-se destacar:

i) estabelecimento de novos papéis para os municípios que foram habilitados a exercer, por si mesmos, atribuições judiciárias e policiais; reativando o papel do juiz de paz com poderes de amplitude maior do que os da Constituição, reconhecendo-o, inclusive, como agente conciliador de litígios e pré-instância judicial (arts. 161 e 162);

ii) distinção entre os crimes públicos, que dariam causa à ação penal promovida pelo promotor público ou por qualquer cidadão, e os crimes particulares, que permitiam ao ofendido a possibilidade de promover a ação penal;

iii) disposição sobre o processo em geral, como prescrição, audiências, suspeições, queixa, denúncia, citação, prova, acareação, interrogatório e fiança, além da previsão de dois tipos de processo: o sumário e o ordinário;

iv) previsão do Conselho de Jurados, dividido em duas etapas distintas: o primeiro, júri da acusação ou da pronúncia, compunha-se de 23 membros e o segundo, o júri de sentença, que tinha 12 jurados;

v) inclusão no rol de direitos do *habeas corpus*, previsto no art. 340, estabelecido na forma de que *"Todo cidadão que entender que elle ou outrem sofre uma prisão ou constrangimento em sua liberdade, tem o direito de pedir uma ordem de habeas corpus em seu favor"*.

Esses dois Códigos foram balizas de todo o sistema jurídico brasileiro. Mas como a Constituição também alterou consideravelmente a organização da sociedade e dos particulares entre si, foi inevitável o surgimento de regras e códigos dedicados à questão cível.

Neste ensejo, em 1832 foi promulgada a **Disposição provisória acerca de administração da justiça civil**, que apresentava inovações que proporcionavam maior agilidade ao processo cível, como a dispensa da conciliação quando não fosse possível às partes transigir (art. 6º), e dava ao juiz uma atitude menos fechada e estática no decurso do processo, pois poderia reperguntar as testemunhas ou proceder a qualquer outra diligência oportuna ou conveniente (art. 9º).

Assim, foram estabelecidos princípios como o da imediatidade e ampliação dos poderes dos juízes na condução da apuração dos fatos, irrecorribilidade dos atos interlocutórios - prenúncio do princípio da oralidade - e outros postulados que mais tarde seriam retomados.

Outro aspecto, além do processual, mereceu importante consideração nesse período, particularmente ante a necessidade de que o país se inserisse definitivamente entre as grandes nações no aspecto comercial.

Em 1850, foi promulgado o **Código Comercial**, também vinculado aos ideais liberais, que teve entre seus redatores um dos maiores empreendedores brasileiros, Irineu Evangelista de Souza, o Barão de Mauá, que esteve pessoalmente envolvido no projeto e o compreendia como uma etapa da modernização da civilização brasileira.

O Código estava dividido em três partes: a primeira parte cuidava das questões do comércio em geral; a segunda parte do comércio marítimo e a terceira parte, que fora totalmente revogada, referia-se às quebras (contemporaneamente denominada de falência).

Entre as principais questões tratadas pelo código estava o estabelecimento do conceito de comerciante; suas qualidades e requisitos, suas obrigações e prerrogativas; sobre as praças de comércio, dos auxiliares do comércio (corretores, agentes de leilões) dos banqueiros, dos contratos e obrigações mercantis, mandatos, comissões, contrato de compra e venda, escambo ou troca, locação, mútuo e juros mercantis - na primeira parte - e de embarcações, capitães e mestres dos navios, pilotos e contramestres, fretamentos, do contrato de dinheiro a risco, seguros marítimos, avarias grossas, simples e particulares - na segunda parte - e das causas e consequências das quebras - na terceira parte.

A sociedade e a burguesia da época, vinculada aos latifundiários, deu prioridade à regulamentação da vida econômica sobre a vida civil, o que fez com que *"as disposições do Código Comercial muitas vezes fossem utilizadas também no direito privado comum enquanto não surgissem leis específicas. Isso se dá até o advento do Código Civil em 1916"*[23].

2.2.4. Os cursos jurídicos no Brasil

Além das inovações jurídicas, esse período, notadamente marcado pela referência à ideologia liberal, deu-se conta da completa ausência de profissionais para o exercício da Justiça nessa nova sociedade. Esse já era um projeto que vigorava antes mesmo da Proclamação da Independência, mas somente em 1827 é que foi concretizado, atendendo-se ao Decreto de 1825.

23 Aguiar, R. obra citada. p. 106.

Assim, ainda na terceira década do século, três anos após a promulgação da Constituição, em 11 de agosto de 1827, em São Paulo e em Olinda, foram iniciados os Cursos de Ciências Jurídicas e Sociais, que em 1859 foram modificados para Faculdade de Direito, nome mais conhecido e comum.

Este foi um dos marcos principais e dignos de referência, uma vez que estas Faculdades se tornaram as de maior prestígio em todo o século. *"Por seus cursos passaram os jovens da classe dominante, em busca de um título que lhes habilitassem para exercer a profissão e ingressar na política. Se associava o bacharelado em Direito com as atividades oficiais, ministros, governadores de províncias e de Estados, deputados e senadores"*[24].

Assim, a criação dos cursos de Direito, mais do que atender às demandas da sociedade por justiça, visava prover o País de pessoas capacitadas tecnicamente para operar a sua burocracia.

Para ingressar na Faculdade de Direito era requisito que os alunos tivessem no mínimo 15 anos de idade, sendo submetidos a exames de francês, latim, retórica, filosofia e geometria.

O currículo mínimo englobava disciplinas de direito natural e direito público, análise da Constituição do Império, além dos estudos específicos de

> "(...) direito das gentes e diplomacia, no primeiro ano do curso; direito público escolástico, no segundo ano, direito pátrio civil e criminal, teoria e prática do processo criminal, no terceiro ano, direito civil, direito mercantil e marítimo, no quarto ano, economia política e teoria e prática do processo adotado pelas leis do Império, no quinto e último ano"[25].

Com este currículo e sob a proteção do Imperador, os cursos de direito tornaram-se peça fundamental para todo o debate crítico no país. O fato de as faculdades se localizarem, geograficamente, distantes da sede do governo no Rio de Janeiro, permitiu que o livre desenvolvimento e questionamentos sobre a situação e organização do país, embasados, sobretudo, no pensamento Iluminista.

É neste meio que os primeiros bacharéis em Direito tornaram-se os grandes abolicionistas do final do Império. Até o início do século XIX, muitos consideravam que a escravidão consistia em uma "forma de retirar as pessoas da barbárie", mas depois das ideias iluministas, percebeu-se que estava na escravidão a fonte de muitos males e que ela mesma era a barbárie.

24 Iglesias, F. obra citada. p. 165.
25 Castro, F. L. obra citada. p. 386.

Por outro lado, a escravidão representava a limitação da atividade comercial, pois um país com tantos escravos, como era o Brasil, interferia nos interesses da Inglaterra, que tinha o Brasil como um potencial mercado consumidor, sobretudo de seus produtos industrializados.

2.2.5. A Escravatura e o Direito no Império

A questão da escravidão, fenômeno que aconteceu de 1500 a 1888, permaneceu intacta na discussão e na legislação brasileira. Ora foi tratada como um grande trunfo, como na consideração dos escravos como propriedade, ora se mascarou a situação, como na Constituição de 1824, tentando não se ferir ou atrapalhar os interesses específicos em jogo.

Fato é que as mudanças na organização mundial como a proibição do tráfico negreiro e o desenvolvimento de um novo tipo de organização econômica, impulsionadas pela indústria e pelo capitalismo, exigiam uma nova sociedade e novos trabalhadores, e consideravam a escravidão como um "atraso" ao desenvolvimento econômico de uma nação.

Assim, em 1865, após um grande período de instabilidade social e política na qual os interesses de particulares foram todos contrapostos, para atender, principalmente aos interesses internacionais, foi promulgada a Lei nº 2.040, em 28 de setembro, denominada de Lei do Ventre Livre, que estabelecia que "*Art. 1º Os filhos da mulher escrava que nascerem no Império desde a data desta lei, serão considerados de condição livre*".

A ideia original foi permitir que os latifundiários se reorganizassem, como em um período de transição, para uma nova forma de mão-de-obra que não fosse a escravocrata. Com a proibição da entrada de novos escravos – tráfico negreiro – e com o estabelecimento de que todos os nascidos no Brasil não seriam mais escravos, a ideia que se tinha é que até que todos os que já se encontravam na situação de escravos morressem estaria garantida a manutenção do sistema.

Entretanto, internamente, em decorrência do movimento abolicionista que congregava jovens, novos políticos, profissionais liberais, artistas, moças casadoiras e que difundia que ser abolicionista era moderno, favorável ao progresso e à civilização, e externamente, com as nações capitalistas, o país continuou a sofrer uma séria pressão pela integralidade da Abolição.

E assim, logo após a edição da Lei do Ventre Livre, tentando aplacar os ânimos, foi promulgada a Lei dos Sexagenários (Lei nº 3.270), que em seu art. 3º, § 10º preconizava que "*São libertos os escravos de 60 anos de idade, completos antes ou depois desta data em que entrar em execução esta lei, ficando, porém, obrigados a título de indenização pela sua alforria, a prestar serviços a seus senhores pelo espaço de três anos".*

Ou seja, mais uma vez, a Lei "deu com uma mão e tirou com a outra", mas não conseguiu minar o movimento Abolicionista, ao contrário, só o insuflou ao tratar, mais uma vez, os escravos como propriedades ou mercadorias ao estabelecer o período indenizatório.

Após essas tentativas, o golpe de misericórdia foi dado pelos próprios escravos que *"com o auxílio dos abolicionistas, começaram a abandonar as fazendas, causando o caos no trabalho e tornando a situação insustentável"*[26].

Assim, no final do período Imperial, sem mais conseguir segurar as manifestações sociais internas, foi promulgada, em 13 de maio de 1888, pela Princesa Isabel, a Lei Áurea, que continha dois únicos artigos: *"Art. 1º É declarada extinta desde a data desta Lei a escravidão no Brasil. Art. 2º Revogam-se as disposições em contrário"*. E, assim, com dois artigos e quatro linhas teve-se a sensação de que fora resolvido um problema de, no mínimo, 300 anos.

É de notar que os problemas ocasionados pelos séculos de escravidão não foram resolvidos com a Abolição. De todo o modo, esta lei, oficialmente, instaurou uma nova sociedade no país, na qual, em tese, todos os homens eram, ao menos, livres. Essa nova sociedade exigia uma nova forma de organização e um novo tipo de governo. Aliado ao completo enfraquecimento político da Monarquia e ao desejo da classe burguesa e latifundiária de ascender ao poder, em 1889 foi proclamada a República Brasileira, instaurando-se um novo momento histórico para o país e criando as circunstâncias necessárias para o surgimento de um novo Estado.

2.3. BRASIL REPUBLICANO

A República, que se constitui com a forma de governo oposta à Monarquia, aproxima-se em sentido da democracia, apesar de que com ela não se confunde, uma vez que prevê como característica essencial a possibilidade de participação do povo no governo. A afirmação da República é resultado da luta histórica contra a Monarquia e da necessidade contemporânea de afirmação da soberania nacional e popular.

Lembra Dalmo Dallari[27] que as características essenciais da República são: *i)* a Temporalidade, na qual o Chefe do Governo recebe um mandato, com o

26 *Ibid*, p. 378.

27 Dallari, Dalmo. *Elementos de Teoria Geral do Estado*. 23. ed. São Paulo: Saraiva, 2002, p. 229.

prazo de duração predeterminado; *ii*) a Eletividade, que rege que o Chefe de Governo deve ser eleito pelo povo; e *iii*) a Responsabilidade, política e jurídica do Chefe de Governo que responde por todos os seus atos perante o povo ou a algum órgão de representação.

Foi esta a forma de governo instituída no Brasil em 15 de novembro de 1889 e, mesmo com algumas vozes dissonantes, entende-se que vigora até os dias atuais.

Herança, talvez, da unidade territorial, fato é que o Brasil constituído como Nação e proclamado como Federação apresentava uma desigualdade entre seus membros que ultrapassa as questões econômicas e políticas e se aloja nos elementos sociais e culturais. Desta forma, o que se percebe e que, talvez, seja a grande marca da República brasileira nos últimos 120 anos é a tentativa de, a cada tempo, satisfazer os interesses de determinadas parcelas da sociedade, como em uma espécie de jogo de pesos e contrapesos.

Se esta característica faz da República Brasileira um grande momento de diversidade política e econômica, esta mesma trajetória é sempre marcada por grandes conflitos sociais: elite agrária geral *versus* elite cafeeira; elite industrial *versus* trabalhadores; elite política industrial e urbana *versus* Forças Armadas; Forças Armadas *versus* sociedade liberal. Esses conflitos de interesses de classes se tornaram, por vezes, conflitos políticos e econômicos e houve momentos nos quais foram resolvidos com a utilização da força e da subjugação de direitos.

Em sua consolidação, diversas foram as concepções teóricas sobre o papel e a função do Estado e de seus poderes. Existiram aqueles que defendiam que o grande elemento da República seria o Poder Executivo forte (caso do Estado Novo e do Regime Militar), outros que viam no Poder Legislativo o pilar da República (como na República Velha e na Redemocratização) e ainda aqueles que defendiam que o Poder Judiciário seria o grande coordenador de todas as atividades republicanas (República Velha, início dos anos 1930, e década de 1950).

O que vale ressaltar é que uma Federação instituída por Decreto e um Estado com Poderes que tinham conflitos de interesses entre si e buscavam uma gestão autônoma gerou uma História republicana das mais inusitadas no mundo ocidental, na qual se observa, dentre outras coisas, um revezamento institucionalizado de chefia de governo (Política do café-com-leite), um golpe de Estado no próprio Estado (Estado Novo de 1937) e o revezamento de chefes de governo em períodos pré-estabelecidos em uma Ditadura (Regime Militar).

E esses períodos políticos aliados ao grande processo de industrialização e urbanização, potencializados pelas diversas alterações na estrutura social brasileira, altamente influenciada pelos constantes movimentos imigratórios, geraram grandes e constantes mudanças jurídicas e organizativas no Estado brasileiro, tendo-se como saldo um período no qual vigeram, cada uma a seu tempo, seis Constituições e um Ato Institucional, concepções de Estado Intervencionista e de Bem-Estar Social, de políticas protecionistas, liberais e neoliberais, de fechamento e de abertura de mercados.

Um período dos mais ricos e mais interessantes na História brasileira, que será apresentado em cinco momentos: *i)* República Velha; *ii)* Era Vargas; *iii)* Estado Pós-guerra; *iv)* Regime Militar e, *v)* o Brasil Hodierno.

2.3.1. República Velha: ideologias e sujeitos

Após o período de grandes atribulações no fim do Império e, particularmente, após a Abolição da Escravatura em 1888, o país viveu uma nova reviravolta em suas formas de organização política, social e jurídica. Em 15 de novembro de 1889, deu-se no Brasil um golpe de Estado, pelo qual se colocou fim à Monarquia, destituindo-se o Imperador e proclamando-se uma República Federativa.

Sabe-se que a ideia de República não era o objetivo ideológico da maioria da população brasileira e os adeptos do golpe assim o fizeram por não vislumbrarem outra possibilidade para a nação. Diversos movimentos proclamaram que a inspiração republicana advinha das ideias do liberalismo e do positivismo, embora seja forçoso reconhecer que o ideário republicano federalista estivesse muito incipiente, sem contornos claramente definidos. O que havia era um ideal predominante de emancipação política.

Já fazia algum tempo que muitos políticos trabalhavam em favor de um novo regime. O Partido Republicano atuava por meio de periódicos e clubes de associados, mas não despertava interesse na campanha abolicionista em apoiar sua causa. Somente após a abolição da escravatura, quando encontrou apoio na oligarquia, descontente com o que chamaram de "traição" da monarquia, e com o fortalecimento do exército, que fora convocado para participar de guerras durante o período monárquico, e que se constituía como uma força política influente, em substituição aos partidos em declínio, é que o movimento republicano encontrará ecos na sociedade e se fortalecerá.

Além disso, neste período específico observamos uma transformação da economia agrária determinando ou concorrendo para acontecimentos importantes, vez que estava fragilizada, do ponto de vista da estrutura econômica, com a abolição dos escravos, mas que, ao mesmo tempo, estava cada vez mais fortalecida pelas trocas econômicas internacionais que realizava.

A aspiração federalista, perceptível desde a constituinte de 1823, foi se desenvolvendo gradativamente durante o Império, impulsionada sobretudo por movimentos e ideologias com grande influência cultural, como o positivismo e o bacharelismo. Denominava-se de bacharelismo, o período que foi marcado por uma cultura jurídica formalista, retórica, individualista e jurisdicista. O bacharelismo não podia ser considerado uma instituição, mas com certeza pode ser associado a uma postura muito específica diante da sociedade que unia o individualismo político e o formalismo legalista,

Já o positivismo foi a teoria postulada por Augusto Comte e muito difundida no Brasil. Comte, em sua obra *Curso de Filosofia Positiva*, estabelecia que na linha da história do desenvolvimento a humanidade encontrava-se na terceira etapa: a etapa positiva. Nesta etapa, no que diz respeito à questão pública, a ação deveria convergir para a integração ordeira dos indivíduos no regime republicano e, assim, *"as classes sociais, harmonizadas no sistema superorgânico, praticariam a solidariedade, versão leiga do amor fraterno cristão"*[28]. No campo ético-político preconizava um regime no qual os ricos, conhecidos como os chefes industriais, zelassem, por meio da atuação na administração pública, pelo bem-estar dos pobres, ditos proletários.

Os lemas propostos pelo positivismo vinham estabelecidos nesta sequência: *o Amor por princípio, a Ordem por base, o Progresso por fim.* A frase que se encontra na bandeira republicana, que fora sugestão de Benjamim Constant, *"Ordem e Progresso"*, reproduz a teoria positivista proposta por Comte aos republicanos franceses em 1848 e, com certeza, pode ser considerada como a vitória *simbólica* mais fundamental de todos os tempos.

Alfredo Bosi lembra que

> No Brasil, a aliança dos positivistas com os republicanos se fez inicialmente nas salas de aula da Escola Politécnica e da Escola Militar. A figura de proa foi Benjamin Constant, professor de Matemática e verdadeiro guru dos jovens engenheiros e oficiais desde os anos 1870 até a sua morte, quando já era celebrado como o fundador da República[29].

Como se sabe, tanto o renomado professor de matemática como seus alunos constituíram, mais tarde, as classes que comandariam o movimento republicano.

28 Bosi, A. *O positivismo no Brasil:* Uma ideologia de longa duração. Disponível em <http://www.academia.org.br/abl/media/prosa43c.pdf>. Aceso em abril de 2008.
29 *Ibid.*

As principais propostas positivistas que foram incorporadas mais tarde à nova ordem republicana foram:

i) a separação da Igreja do Estado,

ii) a implantação do casamento e do registro civil; e

iii) a secularização dos cemitérios.

Não obstante isso, havia um grande isolamento do Brasil em relação ao restante do continente, vez que ainda era a única Monarquia continental e, graças ao mais estreito intercâmbio internacional, uma natural tendência ao enquadramento no sistema americano predominante, que era o da República presidencialista.

Uma parte da elite latifundiária que entendia que o governo monárquico já não atendia aos seus interesses e outros latifundiários que anteriormente morreriam para defender a monarquia mostravam-se apáticos e decepcionados porque a Abolição, sem nenhum ressarcimento, havia sido, para eles, um golpe de morte e falência e, acima de tudo, uma traição do governo.

Neste cenário, a proclamação da república era um golpe de militares contra a monarquia. Como ressalta José Murilo de Carvalho, *"a Proclamação, afinal, resultou de um motim de soldados com o apoio de grupos políticos da capital"*[30].

A República se instaurou no Brasil por meio de um Decreto – Decreto nº 1 – que fora redigido por um dos mais importantes juristas da época, Rui Barbosa.

Por este diploma legal ficou provisoriamente decretada a forma de governo da nação brasileira: a República Federativa. O governo provisório, montado na noite de 15 de novembro, decretou o regime republicano federalista e, em sua primeira manifestação pública, assegurou a continuidade da Administração Pública, tanto civil quanto militar, bem como da justiça. Afirmava, também, que respeitaria os direitos individuais e continuaria respeitando os acordos e compromissos firmados pelo regime anterior. Marechal Deodoro da Fonseca, primeiro presidente proclamado, proferiu as seguintes palavras: *"Concidadãos! (...) O governo provisório, simples agente temporário da soberania nacional, é governo da paz, da liberdade, da fraternidade e da ordem"*[31].

No mesmo dia, foi baixado um Decreto que mudava o nome do país para *Estados Unidos do Brasil*, instalando o sistema federativo e autorizando os Estados a elegerem seus constituintes. Assim, este decreto apresentava como principais elementos da República:

30 Carvalho, J. M. *Os bestializados*: o Rio de Janeiro e a República que não foi. São Paulo: Cia da Letras, 1987, p. 13.

31 Discurso proferido em 15/11/1889. Conforme Castro, F. L. obra citada. p. 409.

i) a caracterização das províncias como Estados, para poderem usufruir daquela autonomia própria dos Estados-membros de uma Federação, e

ii) a autorização para os Estados editarem, oportunamente, suas próprias Constituições.

Entretanto, o mesmo Decreto informava que enquanto essas providências não fossem tomadas caberia ao Governo Provisório indicar os governadores de cada Estado.

No mesmo sentido centralizador, o decreto afirmava que o governo provisório teria a tarefa de legislar enquanto não se reunisse uma Assembléia Constituinte, da mesma forma que caberia ao governo provisório o comando das forças armadas para a defesa do novo regime.

Nos anos pós-Constituição instaurou-se como ideal e se executou a "política dos Estados", mais conhecida como "política dos governadores". De acordo com esta política, realizou-se um acordo entre o governo federal e o dos Estados. O presidente da República estabelecia acordos com os presidentes dos Estados com o fim de obter um apoio total em todos os seus atos. Os presidentes passaram a se chamar interventores ou governadores depois dos anos 1930, para distingui-los do título supremo.

Os presidentes dos Estados teriam de apoiar tudo da República, assim como encarregar-se de que os senadores e deputados obedeceriam a suas ordens. Desse modo, haveria quase uma unanimidade entre o Executivo e a representação parlamentar de cada unidade da federação, pois praticamente havia um só partido. Em troca desse apoio, que garantia ao governo liberdade de ação, recebiam auxílio e patrocínio no nomeamento de funcionários realizado a partir das indicações de chefes regionais. Deste modo, pessoas de total confiança do presidente do Estado eram eleitas para a justiça, polícia e demais atividades públicas. O presidente do Estado, por sua vez, se colocava em acordo com os chefes municipais utilizando o mesmo método: apoio sem restrições em troca de favores.

Todo o sistema se baseava no intercâmbio de favores: o cidadão comum apoiava ao coronel e este o protegia. Como as autoridades públicas (agentes de justiça, delegados de polícia, arrecadadores de impostos, professores e sacerdotes da Igreja) se viam na proximidade desse coronel, convertiam-se em executores de suas ordens e desejos. Não havia, de fato, *"una abdicación de lo publico en favor de lo privado. Había compromisso entre lo uno y lo otro"*[32].

32 Iglesias, F. obra citada. p. 244.

O fundamento central da política dos governantes era o *coronelismo*. Este movimento originou-se no próprio conceito de Federação. Com a descentralização que esta provocou, as unidades político-administrativas (municípios, estados e federação) adquiriram novo vigor e mais poder.

O coronelismo era a máxima expressão do privado e conduzia a excessos de mando, confundindo poder político com econômico. O presidente da República se apoiava nos presidentes dos estados e estes nos chefes das diversas unidades que os compunham, o que fortalecia a importância desses coronéis. Pode-se dizer, de forma simples, que o coronelismo era o poder exercitado por alguém a quem se lhe reconhecia a autoridade.

Os governos dos estados estabeleciam acordos com os municípios, e o chefe da política local acabava por adquirir junto à comunidade grande prestígio. Assim se produziu o auge do coronelismo e, posteriormente, seu declínio, vez que o mando não era absoluto, pois sempre pressupunha um acordo tácito com alguma autoridade superior.

A figura do coronel era a expressão de uma *"(...) sociedade pobre, industrial, de uma ampla massa de despossuídos que não mereciam o nome de cidadãos"*[33]. O que existiam eram oligarquias fortes e duradouras, em diferentes pontos do país, nas quais o poder se transmitia de pai para filho, de geração em geração, dentro de um sistema de grande eficácia. Promulgavam as leis e às vezes dominavam o poder público.

Essa questão do Coronelismo era tão forte que um dos artigos que mais ficaram em desuso durante todo o período republicano foi o art. 66 do Código Penal de 1890, que previa como crime *"Solicitar, usando promessas ou ameaças, votos para certa e determinada pessoa, ou para esse fim comprar votos, qualquer que seja a eleição que se proceda"*, ou seja, era considerada como ato ilícito a prática do "voto de cabresto". Mais do que desuso, tal artigo anos mais tarde foi utilizado pelos movimentos contrários à República de maneira irônica.

Esta política dos governantes representava uma distorção do Federalismo, que colocava manifesto vício na República Antiga. Contra esses vícios e extorsões se manifestaram alguns políticos, jornalistas e escritores, com palavras candentes, que denunciavam a degeneração e as insanas práticas da vida pública. Acumulavam-se a essas críticas as queixas da representação executiva, que culminaram com a revolução de 1922.

33 *Ibid*, p. 242.

2.3.1.1. A Constituição de 1891 e o Código Civil de 1916

Nos primeiros anos dessa nova estrutura social, particularmente em 3 de dezembro de 1889, o Governo Provisório criou uma comissão de cinco juristas que tinham por tarefa elaborar o anteprojeto de Constituição. Essa Comissão ficou conhecida como "Comissão dos Cinco" e era constituída por Republicanos tradicionais, como Rui Barbosa. O texto preparado por essa Comissão foi discutido pelo governo provisório, e tinha em sua grande estrutura a forma federal e presidencialista.

Entretanto, observava-se que desde a instauração do governo provisório houve um período muito longo no qual este não manifestou nenhuma intenção em constituir a base jurídica do novo Estado. Isso gerou uma grave e contundente crítica ao governo que foi acusado de, na verdade, estar se aproveitando de um movimento que era de característica eminentemente social, com todas as suas restrições, para inserir uma ditadura republicana militar.

O apelo por uma Constituinte foi ficando cada vez maior. E, assim, no dia 22 de junho de 1890, depois de muitas pressões, Marechal Deodoro decidiu convocar eleições para a Assembléia Constituinte, a fim de legitimar o governo republicano.

Assim, foi eleita a Assembléia Constituinte, mais ligada aos interesses dos grandes latifundiários que aos interesses militares ou ditatoriais de Deodoro, embora sabe-se que este último fez tudo para que a Constituinte não acontecesse. As eleições para a Constituinte não foram de todo representativas, pois *"(...) foram considerados eleitores, todos os cidadãos brasileiros, no uso dos seus direitos civis e políticos, que soubessem ler e escrever. Desta forma manteve-se a proibição quanto aos analfabetos"*[34]. Além disso, às mulheres era vedado, desde a Constituição de 1824, o direito de voto. Mulheres e analfabetos, que juntos constituíam a maior parte da população brasileira, nessa conta incluídos os negros, não puderam eleger seus Constituintes.

Foram eleitos para a Assembléia 205 deputados e 63 Senadores. Deste total, Minas Gerais tinha 37 autoridades representantes enquanto, por exemplo, São Paulo e Bahia, que estavam com a segunda maior representação, possuíam 22 representantes cada. A grande maioria dos membros da Assembléia eram advogados – o que reflete, realmente, a influência do bacharelismo na vida política da República – seguidos por médicos e engenheiros, ou seja, todos os doutores contemporâneos. Ainda, compunham a Assembléia 40 militares, garantia dada pela participação do grupo na deposição da monarquia.

34 Monteiro, H. *Brasil República*. 3. ed. São Paulo: Ática, 1994, p. 27.

Essa diferenciação de participação e de representação já anunciava a estrutura de poder que se manteria e se estabeleceria nas próximas décadas da República: uma grande diferenciação entre os Estados de Minas Gerais (café) e São Paulo (leite) contra o restante dos Estados da Federação.

A Constituinte, envolvida nessa disputa, tornou-se muito mais um foco de oposição ao governo de Deodoro do que uma Instituição Política que deveria cuidar, pontualmente, dos interesses constitucionais. Houve muitas discussões entre liberais e conservadores, radicais e positivistas, fato que os fez se distanciarem do projeto original de construir uma Constituinte adequada ao regime republicano federativo.

A Comissão dos Cinco elaborou o projeto definitivo e entregou-o ao Governo Provisório em 30 de maio de 1890. O governo provisório encaminhou o projeto à Assembléia Constituinte, que deveria votá-lo até 15 de novembro daquele mesmo ano.

Com a Constituição de 1891, o Brasil implantou, de forma definitiva, tanto a Federação como a República.

No que diz respeito à noção de República, permaneciam as desigualdades advindas da hereditariedade, as distinções jurídicas quanto ao *status* das pessoas; as autoridades tornaram-se representantes do povo e investidas de mandato por um certo prazo.

A Constituição de 1891 tinha como principais características:

i) instauração da República Federativa. Estabeleceu-se o princípio da União indissolúvel e perpétua entre os Estados membros da Federação, para que se conseguisse alcançar este ideal. O art. 1º da Constituição assim previa: *"Art. 1º A Nação brasileira adota como forma de Governo, sob o regime representativo, a República Federativa, proclamada a 15 de novembro de 1889, e constitui-se, por união perpétua e indissolúvel das suas antigas Províncias, em Estados Unidos do Brasil".*

Foi denominada de República porque se considerava que o povo estaria exercendo o poder, por meio de seus representantes, uma vez que os governantes seriam eleitos de forma a representar o interesse do "povo", e Federativa porque os Estados teriam autonomia em seu gerenciamento interno.

ii) Retorno à estrutura clássica de separação de poderes de Montesquieu, deixando de existir e de legitimar o Poder Moderador e com a outorga de poderes políticos às antigas Províncias, que assim passaram a governar os seus assuntos com autonomia e finanças próprias.

iii) Sistema Presidencialista. Estabelecimento de um Executivo, do tipo presidencialista, com mandato de quatro anos, sendo o Vice-presidente indicado pela própria Constituição, no que diz respeito ao poder executivo, que atuava como mero substituto, sem competências específicas durante o período de governo e somente vindo a atuar em caso de deposição ou de morte do Presidente eleito.

iv) Reestruturação do poder legislativo no modo bicameral: O Poder Legislativo foi, por esta Constituição, composto por duas casas: O Senado, composto por representantes dos Estados, em número de três, com mandato de 9 anos, e a Câmara dos Deputados, que eram recrutados em cada uma das unidades Federação, procurando manter uma proporcionalidade com a população de cada Estado.

A Constituição assim estabelecia que

> *Art. 16. O Poder Legislativo é exercido pelo Congresso Nacional, com a sanção do Presidente da República. § 1º O Congresso Nacional compõe-se de dois ramos: a Câmara dos Deputados e o Senado Federal. 2º A eleição para Senadores e Deputados far-se-á simultaneamente em todo o País. § 3º Ninguém pode ser, ao mesmo tempo, Deputado e Senador.*

Além destas regras basilares sobre o poder legislativo, estabeleceu-se que:

a) os membros deste poder teriam imunidade parlamentar ampla, não restrita aos atos que cometessem no exercício de suas funções, incluídos aí os crimes comuns (art. 20);

b) os processos deveriam passar pela aprovação prévia na casa legislativa de origem;

c) requisitos mínimos como tempo de cidadania brasileira e idade mínima (arts. 26 e 30); e

d) as funções de legislar sobre as matérias de direito civil, comercial e processual na justiça federal (art. 34).

v) Novas funções e estrutura para o Poder Judiciário: O Judiciário com funções que antes não estavam estabelecidas, como as de controle dos atos legislativos e administrativos, mas também com as prerrogativas, para seus membros, de vitaliciedade e irredutibilidade de vencimentos, por exemplo. O Judiciário foi montado nesse início de República baseado em um sistema dual, ou seja, de duas instâncias decisórias, o que parecia mais compatível com a forma federativa. Assim, separou-se a Justiça Estadual, cuja administração era dos Tribunais Estaduais (arts. 61 e 62), da Justiça Federal, cuja administração ficou a cargo do Supremo Tribunal Federal (art. 55).

O Supremo Tribunal Federal nessa época tinha jurisdição ordinária em razão da competência exclusiva para conhecer de certos assuntos (Arts. 56 a 60) e recursal, como grau de apelação, podendo confirmar ou reformar as sentenças proferidas pelas instâncias primárias.

Mais importante que isso, em substituição ao Poder Moderador do Império e sob forte influência das doutrinas de Rui Barbosa, estabeleceu-se a ideia de um Supremo Tribunal Federal que seria o "guardião" da Constituição, como estabelecido no art. 59:

> *Ao Supremo Tribunal Federal compete: I – processar e julgar originária e privativamente: (...) c) as causas e conflitos entre a União e os Estados, ou entre estes uns com os outros; d) os litígios e as reclamações entre nações estrangeiras e a União ou os Estados; e) os conflitos dos Juízes ou Tribunais Federais entre si, ou entre estes e os dos Estados, assim como os dos Juízes e Tribunais de um Estado com Juízes e Tribunais de outro Estado (...) § 1º Das sentenças das Justiças dos Estados, em última instância, haverá recurso para o Supremo Tribunal Federal: a) quando se questionar sobre a validade, ou a aplicação de tratados e leis federais, e a decisão do Tribunal do Estado for contra ela; b) quando se contestar a validade de leis ou de atos dos Governos dos Estados em face da Constituição, ou das leis federais, e a decisão do Tribunal do Estado considerar válidos esses atos, ou essas leis impugnadas (...).*

Ainda, neste mesmo artigo encontra-se disposta no texto constitucional a consagração da Jurisprudência, tanto federal como estadual, indicando explicitamente a necessidade de uso destas:

> *Art. 59. (...) § 2º Nos casos em que houver de aplicar leis dos Estados, a Justiça Federal consultará a jurisprudência dos Tribunais locais, e vice-versa, as Justiças dos Estados consultarão a jurisprudência dos Tribunais Federais, quando houverem de interpretar leis da União.*

vi) Estabelecimento de um Sistema Eleitoral. Foi instaurado um Sistema eleitoral em que existia a possibilidade de participação voluntária, doutrina notadamente de influência norte-americana, no qual a entrada no processo eleitoral dar-se-ia por solicitação do eleitor, o que significava que não era mais obrigatório o alistamento, tampouco era necessária renda mínima. Entretanto, continuava a vedação aos analfabetos, mendigos, religiosos (art. 70), além de se estabelecer idade mínima para ser eleitor: 21 anos.

vii) Revisão das penas criminais. A Constituição instaurou um abrandamento das penas criminais, bem como o estabelecimento de parâmetros objetivos sobre a legalidade da prisão e do princípio da ampla defesa (art. 72) suprimindo as penas de galés, de banimento judicial e, principalmente, a de morte. Essas diretrizes foram observadas quando da formulação do Código Penal.

viii) Preservação e implementação dos direitos e garantias fundamentais. Algumas grandes conquistas de garantias constitucionais foram impulsionadas pela teoria do *Habeas Corpus* que, no início do século XX no Brasil, teve um contorno muito maior do que simplesmente penal, pois, por meio de uma interpretação extensiva, passou a ser instrumento utilizável até mesmo em hipóteses que não seriam propriamente de preservação da liberdade física, o que seria o objetivo primário deste direito, mas também como direito a ser solicitado nos casos de inviolabilidade de domicílio, situação de direitos dos funcionários, liberdade do exercício de profissão, dentre outras.

Além disso, existia a previsão de outros direitos fundamentais, como o da liberdade religiosa e desvinculação, definitiva, dos atos civis dos atos promovidos pela Igreja Católica. Assim, a partir da Constituição de 1891, passou-se a reconhecer como válido o registro civil de nascimento, de casamento e de óbito que fosse emitido pelo Estado e, de forma subsidiária, os registros da Igreja.

Além da nova Constituição, neste mesmo período de reestruturação jurídica, já se havia iniciado um processo de reforma do Código Criminal de 1830 que, dentre outros motivos, por força da abolição da escravatura, encontrava-se em descompasso com a nova realidade social.

Assim, em 1890, de maneira apressada, substitui-se o Código Criminal pelo **Código Penal**. Este Código reafirmava, já em seu art. 1º, sua filiação ao princípio da legalidade e estabelecia o princípio da territorialidade para os crimes.

Além dessa diretriz inicial, o Código trazia outras inovações:

i) explicava a diferença entre crime e contravenção (arts. 7º e 8º);

ii) inseria uma variedade de aplicação de penas (art. 43), mas estabelecia o respeito aos direitos fundamentais ao prever que "*Art. 44. Não há penas infamantes.*" e, ainda, no mesmo artigo, estabelecia que "*(...) As penas restritivas de liberdade individual são temporárias e não excederão de 30 anos.*";

iii) inclusão de novos crimes, como aqueles que impediriam o livre culto de religiões (arts. 185 e 186).

Outra importante alteração legislativa deste período foi a promulgação do **Código Civil**, no ano de 1916. Desde a Independência, o Brasil não conseguira organizar seu ordenamento jurídico civil. Utilizava-se, como já visto, de maneira subsidiária o Código Comercial e, ainda, as Ordenações Filipinas.

Tal prática, além de demonstrar um grande empecilho no desenvolvimento da sociedade, gerava grandes e graves conflitos, uma vez que a regulação da sociedade que se tinha havia sido pensada para uma outra sociedade, que já não existia.

No plano internacional, a pressão também era diferenciada. Desde o Código Napoleônico, da França, os Códigos Civis adquiriram, juntamente com os textos Constitucionais, figura de destaque na promoção e estabelecimento de direitos e garantias fundamentais e, portanto, era um código de cidadãos.

O Brasil, assim, como não conseguia definir quem seriam seus cidadãos, ou ainda, como não queria deixar claro, no papel, a existência de escravos, acabou por negligenciar de maneira contínua a necessidade do estabelecimento do Código Civil.

Somente no governo de Campos Salles, no final da década de 1890, é que se retomou a ideia da construção efetiva de um Código Civil. Para tanto, o presidente contratou o jurista Clóvis Beviláqua, da Escola do Recife, como redator. Esta contratação gerou uma série de discussões e disputas políticas, principalmente porque muitos dos políticos eram formados pela Academia de Direito de São Paulo, marcada por outras ideologias, o que gerou um atraso de mais de uma década na consecução do projeto.

Clóvis Beviláqua entregou o projeto em 1900 e este foi aprovado, inclusive com a intermediação de Silvio Romero, na Câmara dos Deputados. Entretanto, quando foi encaminhado ao Senado, foram propostas muitas emendas, particularmente pelo Senador Rui Barbosa e, então, ali o projeto ficou "estacionado" por mais de 10 anos. Em 1912, diante da urgência e da necessidade de uma regulação civil, a Câmara dos Deputados propôs que se adotasse, em caráter provisório, o Código apresentado até que se encerrasse o debate no Senado. Este gesto fez com que o Senado se posicionasse, rapidamente – em 4 anos – e aprovasse com todas as emendas do Senador Rui Barbosa, o Código Civil.

Os temas centrais do Código Civil de 1916 eram a família, a propriedade e o contrato. Ou seja, o pilar, ao sabor liberal, era a propriedade e o que gravitava em torno dela a saber, a família, que a possuía e precisava manter a posse, e as formas de transferência de propriedade que poderiam ser estabelecidas, por meio dos contratos.

Para o Código de 1916, por exemplo, ser sujeito de direito significava ser "sujeito de patrimônio", que para tanto precisa comprá-lo, sendo em igual medida "sujeito do contrato", bem como sujeito de família.

2.3.1.2. Desacertos republicanos e a reforma constitucional de 1926

Quase trinta anos após a promulgação da Constituição Republicana e após o estabelecimento de regras específicas nos campos civil e criminal, o Brasil adentrou em um novo período de críticas e de insurreições sociais.

A sociedade da década de 1920 já não era a mesma do final do século XIX. Em 30 anos instaurou-se um processo, ainda lento, é verdade, de industrialização e de urbanização, bem como se modificou sensivelmente a base da cadeia produtiva, que não contava mais com servos e escravos, mas com trabalhadores assalariados.

Além disso, no início do século XX, o Brasil sofreu um grande e contínuo processo migratório. Comunidades inteiras como a italiana e árabe se instalaram no país em busca de oportunidade de trabalho e de vida. Assim, em menos de duas décadas o país passou a conviver com uma sociedade totalmente distinta. Não bastasse isso, algumas funções estatais foram, definitivamente, profissionalizadas, como a do exército.

Além disso, com a política dos governadores e a do café-com-leite, na qual somente tinham expressão política e chegavam ao poder os estados de Minas Gerais e de São Paulo, muitos dos latifundiários de outras partes do país estavam descontentes e não se sentindo representados pelo governo.

De outra parte, a Constituição, por si só, ensejava uma série de questionamentos. Como lembra Carlos Maximiliano, *"alguns queriam apenas retocá-la; almejavam outros reforma radical, restringindo a autonomia dos Estados e restaurando o regime parlamentar"*[35]. Fato é que muitos estavam descontentes não só com a Constituição, mas com a própria sociedade.

Acontecimentos como o falseamento da democracia que existia, corroborado pelo tipo de Sistema Eleitoral instituído, causavam grande instabilidade na sociedade.

Em uma República Federativa, parecia inadmissível que o reconhecimento das eleições ainda fosse efetuado pelo poder político, representado pelo legislativo. Ou, ainda, que o voto fosse descoberto, e que a desorganização e a indisciplina reinantes nos partidos locais, absolutamente vinculados e à mercê dos coronéis, industriais e banqueiros, haviam acabado por desnaturar o mandato político.

O direito à participação política das mulheres, de há muito reivindicado, não encontrava nenhum eco entre os deputados e senadores da República, o que levava ao descontentamento de parcela significativa da sociedade.

35 Carlos Maximiliano citado por Bastos, C. R. obra citada. p. 245.

Por outro lado, a crise econômica que se iniciava no plano internacional, bem como o surgimento de movimentos sociais pleiteando melhores condições de vida, de trabalho e distribuição de renda, geravam muitas controvérsias quanto à validade da democracia liberal e do liberalismo econômico.

Assim, em 1926, sem mais resistir às pressões dos deputados foi feita uma ampla revisão no Texto Constitucional que ficou marcada por um caráter nitidamente racionalista e autoritário, introduzindo profundas alterações no instituto da intervenção da União nos Estados, no Poder Legislativo, no processo legislativo, no fortalecimento do Executivo, nos direitos e garantias fundamentais e na Justiça Federal, ou seja, em tudo o que havia sido feito de "democrático" na Constituição de 1891.

Essa Emenda apenas contribuiu para demonstrar a total insatisfação de todos sobre tudo. Movidos por esse sentimento, surgiu um grupo, que também queria ver seus interesses garantidos nesta nova ordem social chamada República, que se intitulava como tenentismo e que, cumprindo a marcha histórica, promoveu uma nova revolução, desta vez armada, na sociedade brasileira.

Quando as oligarquias brasileiras cederam à revisão, o momento já não era oportuno, pois neste período já se iniciara uma grande contra-revolução dos excluídos do poder que, apoiados por suas oligarquias, organizavam-se para combater a estrutura instituída.

Assim, nesse período observa-se a organização, no Rio Grande do Sul, dos latifundiários excluídos da República e também das classes médias e do movimento operário, principalmente urbano, por meio do movimento denominado tenentismo.

Essa oposição começou a enfraquecer o eixo central (São Paulo – Minas Gerais) que, para se manterem no poder, adotou práticas fraudulentas eleitorais, com baixíssima legitimidade da sociedade e das oligarquias, e assim insuflando, ainda mais, o movimento contra a dominação, ou ainda, a chamada ditadura republicana que estava instaurada.

2.3.2. Era Vargas: o Estado Novo e a redemocratização

A intenção de *"republicanizar a República teve seu momento auge em 1930"*[36]. Ao afirmar isso, Francisco Iglesias consegue sintetizar o ideal que impulsionou a criação do movimento revolucionário que se concretizou em 1930 e que, sem sombra de dúvidas, foi uma das sucessões mais conturbadas na história do Brasil.

36 Iglesias, F. obra citada. p. 265.

O movimento de 1930 é resultado de um grande número de mudanças e crises sociais. Nos últimos anos da década de 1920 as instituições políticas e sociais vinham, constantemente, sendo criticadas de maneira violenta. Alguns setores da sociedade se organizaram e fortaleciam movimentos como o do tenentismo e da classe operária. A liderança de militares saídos do movimento do tenentisto começou a pesar muito para a sociedade.

Além disso, a pressão popular, principalmente das baixas camadas médias, pelas reformas sociais que clamavam a necessidade da industrialização foi se intensificando. Contudo, a reivindicação desta classe não poderia virar vontade política sem algum intermédio. É no tenentismo que seus anseios finalmente ganham expressão.

O tenentismo se opunha aos ideais oligárquicos, principalmente no que tange o desenvolvimento interno do país, uma vez que o Estado oligárquico concentrava seus esforços na exportação de produtos agrícolas e negligenciava as demais atividades. Em suma, aquele grupo político intentava introduzir um caráter nacionalista ao desenvolvimento do Brasil.

O tenentismo foi o movimento de maior expressão no cenário político brasileiro na década de 1920. Nacionalistas e liberais — talvez seja mais correto dizer liberais-conservadores — os tenentes defendiam a moralização do processo eleitoral, o que compreenderia a introdução do voto secreto e a criação de uma justiça eleitoral a fim de manter a integridade das eleições no Brasil. Sua proposta empolgou a massa urbana e o movimento ganhou força à medida que passou a expressar os anseios das camadas médias dos centros urbanos.

Vale lembrar ainda que a necessidade de um nível mais alto de vida e consumo, que era sentida por todas as camadas sociais, se manifestava, também, com mais intensidade nas baixas. As camadas médias tradicionais tinham, ainda, uma visão estamental do mundo e a classe operária defendia, antes, a instauração da ditadura do proletariado. Desta forma, a "urgência" das baixas camadas médias quanto à introdução das reformas sociais foi decisiva na convergência entre os problemas da massa e os interesses dos tenentes: as reformas sociais eram o ponto de partida para a industrialização, que por sua vez requeria um Estado forte e industrializador para encabeçar este processo.

No campo político, no final da década, quando se preparava a sucessão legal da presidência da República de Washington Luís – ainda sob a égide da estratégia do "café-com-leite", isto é, a alternância da presidência entre representantes de Minas Gerais e de São Paulo – o movimento começou a se modificar. Conforme o acordo, o próximo presidente deveria ser um paulista.

Entretanto, o estado de Minas Gerais, governado por Antonio Carlos, optou por apoiar um representante de outra base, o Rio Grande do Sul, e, ainda, receber o apoio do Estado da Paraíba, rompendo com o que havia sido pactuado. Assim, Minas Gerais apoiou o candidato sulista, Getulio Vargas, e São Paulo apoiou seu candidato, Júlio Prestes.

A campanha foi acirrada, apesar da existência de uma frágil plataforma na qual se insistia em temas como o voto secreto e a anistia, fazendo-se uma pequena referência à questão social, que considerava "*pouco grave ou inquietante*"[37] e, ainda, se tratava da reforma eleitoral e do apoio dos partidos.

Getulio Vargas era um candidato com uma visão conservadora da vida política; Júlio Prestes foi eleito, com o apoio da "máquina" governamental. Esse fato desencadeou o processo da Revolução. O candidato aliado e sua base de apoio formaram a "Aliança Liberal".

Na Aliança Liberal, encontravam-se os velhos políticos ao lado dos tenentes – que tanto haviam combatido em outros tempos –, unidos por um momentâneo interesse político. Os mais hábeis condutores da vida política uniram-se aos tenentes pois os consideravam como populares.

Depois das eleições e da proclamação dos resultados, os políticos preferiram se retirar da Aliança, entretanto os tenentes, não, e apelaram para a "batalha das armas", conduzidos por alguns políticos pouco cautelosos. Dissuadidos em um primeiro momento, começaram a se organizar como oposição até que, em julho de 1930, João Pessoa foi assassinado por motivos nacionais e regionais, mas também por motivos pessoais. Este fato teve grande repercussão e o movimento resolveu tomar o poder à força.

Em outubro do mesmo ano, no dia 23, os rebeldes ocuparam a capital com o apoio da marcha vitoriosa das forças ligadas ao sul, capitaneadas por Vargas. Com um golpe político-militar depuseram o presidente Washington Luís, faltando 22 dias para o fim de seu mandato, e impediram a posse do presidente eleito pelo Partido Republicano, Júlio Prestes, nomeando Getúlio Vargas como chefe do governo provisório. Todo o restante do governo já havia se demitido, acatando o conselho dos chefes do Exército e da Marinha, de cardeais e de outros políticos, visto que, naquele momento, a resistência não tinha perspectivas.

O movimento visava introduzir uma política de consolidação da base do Estado (integrando a massa urbana à cena política), promovendo a centralização político-administrativa do país (antes descentralizada em função do

37 *Ibid*, p. 266.

poder oligárquico), e impor o intervencionismo econômico-social (colocando o Estado à frente das relações de classe).

Getulio Vargas, que se aliara aos tenentes na Revolução de 1930 como chefe do governo provisório e mais tarde como presidente da República, correspondeu fielmente ao ânimo intervencionista e industrializador da época.

2.3.2.1. A Revolução Constitucionalista de 1932 e a Constituição de 1934

A troca de poder mostrou-se, aparentemente, tranquila e simples: entretanto, a observação detalhada apresenta este período como um dos mais complicados da recente história brasileira, vez que havia começado uma verdadeira revolução da sociedade brasileira. Isso não foi visível nos primeiros tempos, mas ao cabo de alguns meses podia-se, facilmente, perceber esta nova conjuntura: internamente, havia uma facilidade e continuidade de trocas no poder; internacionalmente, os reflexos da crise de 1929 levaram a um descrédito na teoria liberal e era comum a proclamação de seus horrores, tanto políticos como econômicos, e surgiu uma avalanche de novas ideias.

Com o reconhecimento de Vargas como chefe do governo provisório, encerrou-se a vigência da Constituição de 1891, que havia durado 35 anos com uma única reforma, a de 1926. Primeiro, o governo provisório Éditou o Decreto nº 19.398 em novembro de 1930, no qual definia as atribuições do novo governo, em sua maioria composta por poderes discricionários – e a dissolução do Congresso Nacional e das Casas Legislativas nos municípios e estados, a substituição dos governos dos estados por interventores, além de suspender todas as garantias constitucionais e de voltar à censura da imprensa. O Decreto, em seu art. 1º, regia que

> *O Governo Provisório exercerá discricionariamente, em toda a sua plenitude, as funções e atribuições não só do Poder Executivo, como também do Poder Legislativo até que eleita a Assembléia Constituinte estabeleça esta reorganização constitucional do país.*

Durante o governo provisório, muitas mudanças jurídicas foram introduzidas. O próprio governo limitou seus poderes com a edição de uma "Lei Orgânica". Também foi instituído o "Código Eleitoral" em 1932, pelo Decreto nº 21.076, pelo qual se instituiu a Justiça Eleitoral, composta por órgãos como o Tribunal Superior Eleitoral e os Tribunais Regionais Eleitorais, que institui o voto secreto, possibilitou o voto feminino, estabeleceu como idade mínima 18 anos e inaugurou a representação classista nos órgãos legislativos. Nesse mesmo período, em continuação ao movimento do bacharelismo, o governo criou a "Ordem dos Advogados do Brasil", com a missão de ser o *"(...) órgão de disciplina e seleção da classe dos advogados"*, conforme dispõe o art. 17 do Decreto nº 19.408.

Em tal contexto, com a estrutura ainda indefinida quando às antigas oligarquias, a custo o país se acomodava aos novos papéis que a República lhes oferecia, sendo raros os líderes capazes de atuar de maneira decisiva no flanco de ideias.

O Governo Provisório não demonstrava nenhuma intenção de instituir uma nova Constituição. Na realidade, a Constituição foi objetivamente atrasada pelo domínio tenentista, que a temia e preferia continuar influenciando o presidente, ampliando-se a fase revolucionária para uma postura anti-oligárquica, pensando, definitivamente, no fim da antiga ordem. Entretanto, a pressão popular e da oligarquia era muito forte e essa intenção do tenentismo se frustrou.

Além disso, em São Paulo eclodia um movimento que, em 9 de julho de 1932, intitulava-se como "Constitucionalista" e pressionava para que a nova Assembléia constituinte se realizasse. Esse movimento ficou conhecido como a Revolução Constitucionalista de 1932.

Em 5 de abril de 1933, foi convocada uma constituinte, sendo as eleições, baseadas no novo Código Eleitoral, realizadas no mês seguinte. O governo provisório elegeu uma Comissão incumbida de elaborar um anteprojeto de Constituição, até a data de 3 de maio de 1933, data fixada para a realização da Assembléia Constituinte. Desta comissão participavam civis e militares.

A Comissão partiu do texto de 1891 com a intenção de incorporar o que o "novo direito" estava criando diante de um marco social e econômico diferente, com muito culto ao ideológico. Além disso, incorporou uma série de influências internacionais da época, dentre elas a da República de Weimar.

Em novembro do mesmo ano, a Assembléia foi instalada e os trabalhos se iniciaram. A nova constituinte contava com a novidade de ter 40 deputados designados, além dos 214 eleitos de forma ordinária. Eram 18 representantes dos empregados e 17 dos empresários, 3 profissionais liberais e 2 funcionários públicos. Deste modo, Vargas queria garantir a participação de sua base de sustentação.

Uma Assembléia Constituinte foi convocada para elaborar um diploma capaz de atender à nova nação que emergira do primeiro pós-guerra e assim a constituição de 1934 foi fruto de um trabalho árduo e contínuo, em função do alto nível de seus participantes[38].

38 Reale, M. *Momentos decisivos do constitucionalismo brasileiro.* Apud. Bastos, C. R. p. 181.

A principal característica da Constituição de 1934 foi a de instituir a democracia social, acompanhando os movimentos ocorridos em países da América e da Europa e, particularmente, a Constituição de Weimar.

A nova Constituição era, dessa forma, muito inovadora em relação à de 1891. Um texto minucioso, organizado em 187 artigos (a de 1891 possuía 91 artigos) que refletia, inclusive, os antagonismos, as aspirações e os conflitos da sociedade daquele momento. Mais do que isso, ela representava um compromisso diante das diversas forças que protagonizavam os diversos movimentos e eventos políticos que a antecederam.

A nova Constituição foi publicada no Diário Oficial em 16 de julho de 1934. Nela estavam preservados o federalismo, o presidencialismo e o regime representativo como se vê em seu art. 1º

> *A Nação brasileira, constituída pela união perpétua e indissolúvel dos Estados, do Distrito Federal e dos Territórios em Estados Unidos do Brasil, mantém como forma de Governo, sob o regime representativo, a República federativa proclamada em 15 de novembro de 1889.*

Em termos de organização do Estado, inverteu-se a perspectiva de um Estado Liberal pela de um Estado Intervencionista[39].

Nos aspectos formais, os principais pontos de mudança podem ser assim resumidos:

i) nome de Deus no preâmbulo;
ii) incorporação no texto constitucional de conceitos e preceitos do direito civil, do direito administrativo e do direito social;
iii) ampliação volumosa do número de títulos e capítulos.

No que diz respeito às questões materiais, a Constituição tinha como principais características:

i) reforço dos vínculos da Federação;
ii) poderes coordenados e independentes entre si e sufrágio feminino e voto secreto;
iii) o Senado, com funções de promover a coordenação dos poderes, manteria a continuidade administrativa e zelaria pela Constituição, tarefa atribuída em 1891 ao Supremo Tribunal Federal;

39 *"Art. 12 – A União não intervirá em negócios peculiares aos Estados, salvo: I – para manter a integridade nacional; II – para repelir invasão estrangeira, ou de um Estado em outro; III – para pôr termo à guerra civil; IV – para garantir o livre exercício de qualquer dos Poderes Públicos estaduais; V – para assegurar a observância dos princípios constitucionais especificados nas letras 'a' a 'h', do art. 7º, nº I, e a execução das leis federais; VI – para reorganizar as finanças do Estado que, sem motivo de força maior, suspender, por mais de dois anos consecutivos, o serviço da sua dívida fundada; VII – para a execução de ordens e decisões dos Juízes e Tribunais federais."*

iv) os ministros do Estado com responsabilidade pessoal e solidária com o presidente da República e obrigados a comparecer ao Congresso para prestarem esclarecimentos ou pleitearem medidas legislativas;

v) Justiça militar e eleitoral como órgãos do Poder Judiciário: o sistema eleitoral ganhou em muito com a Justiça Eleitoral, preparada dentro dos princípios da independência e da imparcialidade, para tratar de toda matéria que lhe cabia;

vi) introduziu-se o Ministério Público, o Tribunal de Contas e os Conselhos Técnicos coordenados por Conselhos Gerais; e

vii) introdução das normas reguladoras da ordem econômica, social, família, educação e cultura, dos funcionários públicos e da segurança nacional.

Particularmente, um elemento que chama a atenção é que a Constituição de 1934 aboliu a figura do vice-presidente (art. 51), não possuindo este, como em 1891, nem a natureza substitutiva. Assim, em caso de óbito do presidente, outro deveria ser eleito.

Do ponto de vista histórico, a Constituição de 1934 não apresenta grande relevância. Além disso, nela encontra-se ainda uma feição liberal, bem expressa nos Conselhos Técnicos que revelavam uma tendência centralizadora, tecnocrata, criados em atenção às forças getulistas da Revolução de 1930. Vargas acreditava que a forma de subjugar as oligarquias era, precisamente, a criação de um aparelho amplo formado por autênticos tecnocratas.

A Constituição também tinha um lado nacionalista para responder a certos setores do Exército que solicitavam a apropriação, pelo Estado, de certas riquezas e atividades. E, ainda, estava presente do lado corporativista, manifesto na possibilidade de participação na Câmara dos Deputados de um representante classista.

Este último aspecto estava presente, também, em decorrência da influência direta de Getulio Vargas, que via no corporativismo a possibilidade de neutralizar os choques sociais, vez que por sua doutrina estes e os conflitos sociais configuravam-se como anomalias a serem combatidas. Além disso, essa corrente compreendia que os conflitos existentes em uma sociedade só existem devido à ausência de leis e, portanto, são resultado de erros jurídicos e não sociais. As forças se equilibrariam normalmente ou, então, por meio de um poder que as controlasse de modo a tornar secundários os interesses particulares. Essa compreensão de Vargas foi determinante para que, nos primeiros anos de governo, fossem instituídas inúmeras leis trabalhistas.

Após a aprovação da Constituição de 1934, Getúlio Vargas foi eleito presidente com mandato que deveria durar até 1938.

2.3.2.2. A instauração do Estado Novo

Após a Constituição de 1934, o movimento tenentista, que se afiliava a diversas correntes ideológicas, se esfacelou e em seu lugar surgiram tendências paralelas àquelas que começavam a se apresentar como antagônicas, assim como todo o período da época.

Por um lado a revolução de 1930 foi um marco do processo de industrialização brasileiro, contando com o apoio das baixas camadas médias e dando vida à burguesia industrial, mas por outro, a ausência desta classe social como agente condutor desconfigurou o movimento enquanto burguês no sentido dos países centrais — nos quais a revolução burguesa foi caracterizada pela tomada do poder pela burguesia associada à transformação da sociedade feudal em moderna, promovendo o desenvolvimento de forças produtivas capitalistas. O que no Brasil só ocorrerá, de fato, anos mais tarde, em 1964, com o golpe militar, quando da ascensão do capital monopolista.

O movimento revolucionário de 1930 criou as condições institucionais indispensáveis à aceleração do processo de industrialização, ainda que este não fosse seu objetivo primordial. Afinal, o tenentismo, força propulsora da revolução, visava a quebra do monopólio oligárquico do poder estatal e a construção de um estado nacional soberano, que proporcionariam as condições favoráveis às políticas intervencionistas e industrializadoras do governo Getulio Vargas.

No entanto, a composição política heterogênea do grupo que subira ao poder ao lado de Vargas e dos tenentes — oligarquias dissidentes e burguesia industrial — limitaria a margem de manobra do tenentismo e determinaria no governo pós-oligárquico uma divergência de interesses, dando luz a um "Estado de compromisso", que se caracterizava pelo compromisso político conservador entre as partes constituintes do grupo: do lado da nascente burguesia industrial. O Estado estabelecia uma política de desenvolvimento que incentivava a industrialização e a integração operária, enquanto que, para satisfazer os interesses oligárquicos, a política da ordem assegurava a manutenção dos grandes latifúndios e das relações de trabalho no campo. Para os operários, o governo elaborou uma legislação trabalhista determinando os direitos mínimos dos trabalhadores.

Assim, o que se percebe é que o compromisso do Estado era com a ordem em geral, assegurada pela política de compensação para os setores não prioritários — um exemplo válido é a política de sustentação do preço do café, em prol da manutenção da atividade oligárquica.

A heterogeneidade do governo pós-oligárquico também determinou a ascensão do Estado como poder hegemônico, uma vez que a complexidade da composição política do grupo excluiu a possibilidade da hegemonia política de uma das forças integrantes. Logo, o Estado emerge à frente das relações sociais e comanda o processo de desenvolvimento do país — tomando o lugar da nascente burguesia industrial enquanto líder do processo industrializador; o que acaba aproximando o modelo brasileiro de industrialização ao modelo conservador (modelo prussiano), a revolução industrial acontece de cima para baixo (ou do alto), no sentido de ser conduzida pelo Estado.

Todo esse quadro ocasionou novo momento de conflito entre os chamados comunistas, que queriam mais poder para o povo, e os fascistas, que queriam um Estado cada vez mais forte. E, assim, para combater as revoltas, Vargas decretou, no final de 1936, o estado de sítio.

Neste período, todos os movimentos dos "comunistas" eram monitorados por meio de informantes. No entanto, muitos deles não foram evitados e então a estratégia se modificou e se implementou por meio da cultura do pânico de uma "ameaça comunista". Textos nos quais se detalhavam planos de combate à sociedade foram identificados como de autoria dos comunistas. Entretanto, logo se observou que não havia motivos para continuar decretado o estado de sítio.

Assim, Vargas, auxiliado por seu chefe de Estado Maior, General Góis Monteiro, e por seu Ministro da Guerra, General Dutra, articulava um golpe para permanecer no poder. Em 1937 elaboraram o Plano Cohen, que consistia na divulgação de um documento no qual se relatava, em detalhes, um plano comunista contra o Estado[40] e, ante essa ameaça, foi autorizada a continuidade do estado de sítio.

Na sociedade, a impressão que se tinha é de era necessário o golpe, pois havia um "descompasso" entre o que estava previsto na Constituição de 1934 e a realidade da sociedade.

40 Este documento apresentava estratégias que deveriam ser usadas num plano de combate violento àqueles que eram contrários à revolução comunista. A título ilustrativo, apresentamos o seguinte trecho: *"(...) A violência deve ser planificada deixando de lado qualquer sentimentalismo não só favorável, aparentemente, ao ideal revolucionário como também à piedade comum; isso significa que certos indivíduos, por exemplo, devem ser eliminados só pelo fato de serem contrários à nossa revolução. Especialmente, no que se refere às Forças Armadas (...) é necessário, no plano de ação, descer ao detalhe do mínimo; cada oficial suspeito à revolução deverá ter um homem encarregado de sua eliminação, eliminação essa que será feita sob pena de morte do encarregado, na hora aprazada."* (Plano Cohen) Castro, F. L. obra citada. p. 356.

Essa crise, insuflada pelos próprios participantes do poder que envolvia, entre outros, o Partido Comunista e a ação integralista, e com participação efetiva do presidente Getulio, foi a grande justificativa para 1937.

Assim, em 10 de novembro de 1937, Vargas, sob o argumento de se colocar fim às agitações comunistas, decretou o fechamento do Congresso e anunciou uma nova Constituição[41]. Vargas, em seu Diário, recorda esse episódio:

> A gravidade da situação (...) está na consciência de todos os brasileiros. Era necessário e urgente optar pela continuação deste estado de coisas ou pela continuação do Brasil. Entre a existência nacional e a situação de caos, de irresponsabilidade e desordem em que nos encontrávamos, não podia haver meio termo ou contemporização.

E continuava analisando que "*quando as competições políticas ameaçam degenerar em guerra civil, é sinal que o regime constitucional perdeu o seu valor prático, subsistindo apenas como abstração*"[42].

Tratava-se de um projeto de pura intervenção e de exacerbado nacionalismo.

> Restauremos a Nação na sua autoridade e liberdade de ação: na sua autoridade, dando-lhe os instrumentos de poder real e efetivo com que possa sobrepor-se às influências desagregadoras, internas ou externas; na sua liberdade, abrindo o plenário do julgamento nacional sobre os meios e os fins do governo e deixando-o construir livremente a sua história e seu destino.

No entanto, entre o projeto restaurador do Estado e as atitudes efetivas do novo governo, havia um grande abismo. Como o anúncio da nova Consti-

41 Essa "justificativa" encontra-se presente na Introdução da Constituição, na qual se lê: "*O Presidente da República dos Estados Unidos do Brasil, Atendendo às legitimas aspirações do povo brasileiro à paz política e social, profundamente perturbada por conhecidos fatores de desordem, resultantes da crescente agravação dos dissídios partidários, que, uma notória propaganda demagógica procura desnaturar em luta de classes, e da extremação, de conflitos ideológicos, tendentes, pelo seu desenvolvimento natural, a resolver-se em termos de violência, colocando a Nação sob a funesta iminência da guerra civil; Atendendo ao estado de apreensão criado no País pela infiltração comunista, que se torna dia a dia mais extensa e mais profunda, exigindo remédios, de caráter radical e permanente; Atendendo a que, sob as instituições anteriores, não dispunha, o Estado de meios normais de preservação e de defesa da paz, da segurança e do bem-estar do povo; Sem o apoio das forças armadas e cedendo às inspirações da opinião nacional, umas e outras justificadamente apreensivas diante dos perigos que ameaçam a nossa unidade e da rapidez com que se vem processando a decomposição das nossas instituições civis e políticas; Resolve assegurar à Nação a sua unidade, o respeito à sua honra e à sua independência, e ao povo brasileiro, sob um regime de paz política e social, as condições necessárias à sua segurança, ao seu bem-estar e à sua prosperidade, decretando a seguinte Constituição, que se cumprirá desde hoje em todo o País*".

42 Vargas, G. Diário. São Paulo/Rio de Janeiro: Siciliano/FGV, 1995, p. 82.

tuição foi ato-contínuo ao fechamento do Congresso, pode-se afirmar que o que se deu no Brasil foi, mais uma vez, um golpe de Estado. Assim, entende-se que essa Constituição, outorgada, em termos jurídicos deve ser chamada de Carta, uma vez que não teve nenhuma participação popular.

Em termos jurídicos, esse movimento justificava-se em decorrência de dois fatos marcantes: a Constituição de 1934, considerada de cunho bastante liberal, e as crises internacionais e nacionais pelas quais o Brasil estava passando.

Outorgada foi a Carta de 1937, de caráter eminentemente autoritário, inspirada no modelo fascista, e estabelecia plenos poderes ao chefe do Estado, o Presidente, como se observa em seu art. 73:

> *O Presidente da República, autoridade suprema do Estado, coordena a atividade dos órgãos representativos, de grau superior, dirige a política interna e externa, promove ou orienta a política legislativa de interesse nacional, e superintende a administração do País.*

O que se percebe é que se tratou de um documento cujo grande objetivo foi a instauração de um regime autoritário, no qual o presidente da República era a autoridade suprema do Estado, coordenador da atividade dos órgãos representativos de grau superior, dirigente da política interna e externa e promotor e orientador da política legislativa de interesse nacional, superintendente e administrador do país[43]. Nesta perspectiva, não se encontra dispositivo que fale sobre a divisão e separação dos poderes.

Não foi surpresa quando, no início de dezembro de 1937, todos os partidos foram extintos por decreto do presidente. Mas esta intenção ainda não permanecia muito clara para a sociedade. Toda essa mudança foi justificada nos "Considerandos" da Carta Constitucional, como já se viu.

O Estado Novo construiu, portanto, o mito da nação e do povo, buscando tornar o país uma nação integrada, eliminando os entraves regionais. Identificando nação e povo como um corpo, unido ao ditador, passava-se a imagem de que, finalmente, o povo havia tomado o poder.

Outro fato que merece destaque na Carta de 1937 é o estatuto assumido pelo Judiciário. Este sofreu uma perda substancial no que diz respeito ao controle de constitucionalidade das leis. A Carta estabelece que uma vez declarada a inconstitucionalidade das leis pelo STF, estas deveriam retornar ao Legislativo, que poderia rejeitar essa decisão, caso em que a própria Constituição restaria alterada, como previsto no art. 96:

43 Alves, F. A. As Constituições do Brasil. In *Revista de Direito Constitucional e Ciência Política*, São Paulo: p. 14.

Só por maioria absoluta de votos da totalidade dos seus Juízes poderão os Tribunais declarar a inconstitucionalidade de lei ou de ato do Presidente da República. Parágrafo único: No caso de ser declarada a inconstitucionalidade de uma lei que, a juízo do Presidente da República, seja necessária ao bem-estar do povo, à promoção ou defesa de interesse nacional de alta monta, poderá o Presidente da República submetê-la novamente ao exame do Parlamento: se este a confirmar por dois terços de votos em cada uma das Câmaras, ficará sem efeito a decisão do Tribunal.

Além disso, foi feita uma previsão expressa de que, em se declarando estado de emergência ou de sítio, os atos governamentais praticados em virtude dele não poderiam ser apreciados nem julgados pelos juízes e tribunais.

Além dessa, destacam-se as seguintes peculiaridades da Carta de 1937:

i) criação de restrições aos direitos individuais e às suas garantias. Apesar de se ter mantido um artigo sobre os direitos e garantias individuais, ele foi, durante o período, de todo inválido, senão não se falaria em ditadura, mas em um novo Estado de Direito;

ii) ausência dos princípios democráticos da legalidade, da irretroatividade da lei e do Mandado de Segurança;

iii) reaparecimento da pena de morte para os crimes políticos e para os homicídios cometidos por motivo fútil e com extremos de perversidade, como estabelecia o art. 122, inciso 13, que rege que

A Constituição assegura aos brasileiros e estrangeiros residentes no País o direito à liberdade, à segurança individual e à propriedade, nos termos seguintes: (...) 13) não haverá penas corpóreas perpétuas. As penas estabelecidas ou agravadas na lei nova não se aplicam aos fatos anteriores. Além dos casos previstos na legislação militar para o tempo de guerra, a lei poderá prescrever a pena de morte para os seguintes crimes: a) tentar submeter o território da Nação ou parte dele à soberania de Estado estrangeiro; b) tentar, com auxílio ou subsídio de Estado estrangeiro ou organização de caráter internacional, contra a unidade da Nação, procurando desmembrar o território sujeito à sua soberania; c) tentar por meio de movimento armado o desmembramento do território nacional, desde que para reprimi-lo se torne necessário proceder a operações de guerra; d) tentar, com auxílio ou subsídio de Estado estrangeiro ou organização de caráter internacional, a mudança da ordem política ou social estabelecida na Constituição; e) tentar subverter por meios violentos a ordem política e social, com o fim de apoderar-se do Estado para o estabelecimento da ditadura de uma classe social; f) o homicídio cometido por motivo fútil e com extremos de perversidade.

iv) Censura prévia da imprensa, teatro, cinema e radiodifusão, com a faculdade para o Estado proibir a circulação, a difusão ou a representação; além do que, nenhum jornal poderia recusar a inserção de comunicados oficiais.

O país parecia, enfim, estar inserido definitivamente na luta contra os comunistas e contra a democracia liberal.

Além da Constituição, outras leis foram promulgadas nesse período que tinham o caráter ora de manter a autoridade (toda a legislação penal), ora de congregar adeptos e minorar as manifestações populares contrárias ao golpe como os trabalhadores (leis trabalhistas).

2.3.2.3. Leis Civis e Leis Penais das décadas de 1930 e 1940

Com a competência da União para legislar sobre processo ditada constitucionalmente em 1934, tornou-se necessária a preparação de um novo Código de Processo Civil; tendo o governo organizado comissões de juristas encarregados daquela tarefa.

Foi então apresentado um trabalho por Pedro Batista Martins, advogado, que revisto pelo então Ministro da Justiça Francisco Campos, por Guilherme Estellita e por Abgar Renault, transformou-se no Código de Processo Civil de 1939.

Dentre suas principais características estava a adoção do princípio da oralidade, tal como preconizava Chiovenda, com algumas concessões à tradição, especialmente no que diz respeito aos sistemas de recursos e à multiplicação de procedimentos especiais.

Em 1º de janeiro de 1942, entrou em vigor o Código Penal (Decreto nº 2.848 de 07/12/1940), e teve sua origem em um projeto de Alcântara Machado. Configura-se como uma legislação eclética, na qual se aceitavam os postulados das escolas clássicas e positivistas, aproveitando o que de melhor havia na duas legislações.

Estabelecia como princípios básicos a adoção do dualismo, conforme ressalta Mirabete[44], culpabilidade-pena e periculosidade-medida de segurança; a consideração da personalidade do criminoso e a aceitação excepcional da responsabilidade objetiva.

2.3.2.4. Leis trabalhistas: anúncio de novos tempos

Não bastasse a própria concepção do governo, influências externas, particularmente as transformações ocorridas na Europa e nos Estados Unidos, exerceram, de certo modo, alguma pressão no sentido de levar o Brasil a elaborar leis trabalhistas. Além disso, não se podia esquecer o compromisso

44 Mirabete, J. F. *Manual de Direito Penal*. 19. ed. São Paulo: Atlas, 2003, p. 42.

internacional assumido pelo Brasil ao ingressar na Organização Internacional do Trabalho, criada pelo Tratado de Versalhes (1919), propondo-se a observar normas trabalhistas.

Internamente, os fatores mais influentes foram o movimento operário de que participaram imigrantes com inspirações anarquistas, caracterizado por inúmeras greves em fins de 1800 e início de 1900; o surto industrial, efeito da Primeira Guerra Mundial, com a elevação do número de fábricas e de operários; e a política trabalhista de Getulio Vargas.

A década de 1930 acompanhará a instauração, no Brasil, do Ministério do Trabalho (1930), da Justiça do Trabalho (1939) e de inúmeras legislações esparsas que versavam sobre o direito laboral.

No Brasil já vigoravam, até 1942, leis proibindo o trabalho dos menores de 12 anos, de 1891; a primeira lei sindical, de 1907, a primeira lei de acidentes do trabalho, de 1919; a lei instituindo caixa de aposentadoria e pensões dos ferroviários, de 1923; lei de férias de 15 dias anuais, de 1925; a primeira lei de indenização por despedida injusta, de 1935; salário mínimo, de 1936; e lei de Organização da Justiça do Trabalho, de 1939.

Essas leis esparsas foram consolidadas em 1943, dando origem à Consolidação das Leis do Trabalho (CLT) que, além da sistematização das leis esparsas existentes na época, acrescia novos institutos criados pelos juristas que a elaboraram.

A CLT exerceu enorme influência particularmente pela técnica que revelou. Além disso, foi a primeira lei geral a se aplicar a todos os empregados, sem distinção entre a natureza do trabalho (técnico, manual ou intelectual). A Consolidação não pode ser considerada um código, porque, não obstante a sua apreciável dimensão criativa, sua principal função foi a reunião de leis existentes e não a criação, como num código, de leis novas.

Da mesma forma que é possível afirmar que a política operária do Estado pós-oligárquico usou baixos artifícios de manipulação da massa urbana para promover o desenvolvimento do país, é igualmente viável dizer que esta articulação do governo acelerou as concessões trabalhistas a tangerem os operários, além de facilitar o processo de industrialização.

O Estado populista era, de um lado, criador: sua política intervencionista e industrializante o colocou à frente das relações de classe e deu vida a uma forte burguesia industrial que mais tarde seria capaz de defender seus próprios interesses. De outro lado, seu caráter mediador integrou a classe operária e a burguesia industrial aos planos político e econômico, promovendo certa estabilidade à política de compromisso.

O governo de Vargas se caracterizou pela dualidade de suas ações: primeiro com o "Estado de compromisso" que satisfez os anseios das oligarquias, da burguesia industrial e dos operários; depois com a concessão da cidadania às massas urbanas e a anulação do seu direito de expressão política autônoma; da mesma forma com sua face de criador/mediador; e por último, mas não menos dual ou importante, com sua política externa oscilante.

Esta última dualidade foi fundamental para obtenção de financiamento externo para a construção do parque industrial brasileiro. A política externa de Vargas sempre oscilou entre o suporte norte-americano e apoio alemão. O Estado Novo, consolidado por Vargas em 1938, dependia da base de sustentação dos EUA, embora o comércio bilateral com a Alemanha ganhasse força nesse mesmo ano. O dilema do governo era decidir por um desenvolvimento mais autônomo, com o apoio dos alemães, ou por manter a base do estado autoritário com a ajuda dos norte-americanos e deixar de lado seu projeto de autonomia.

A guerra decidiu por Vargas a proximidade do Brasil com os EUA, que concederam, logo após a entrada brasileira na II Guerra Mundial ao lado dos países aliados, o financiamento para a construção da Companhia Siderúrgica Nacional em troca da instalação de bases militares norte-americanas na costa nordestina brasileira (Natal e Fernando de Noronha). Vargas acreditava que o alinhamento aos EUA na guerra se fosse converter em apoio financeiro para o desenvolvimento da indústria pesada nacional. Idealizava um projeto fundado no capital nacional (privado e estatal) associado ao capital estrangeiro.

Não obstante, os EUA não mudaram sua percepção do Brasil enquanto país subordinado e decapitaram o projeto de Vargas insistindo na "vocação agrícola" do país. Logo em seguida, romperam com o Brasil e voltaram seus esforços financeiros aos países asiáticos, que estavam ameaçados pela onda comunista.

Golpeado pelos norte-americanos, Vargas radicalizou sua postura nacionalista sem muito sucesso. A falta de financiamento e esforço nacional limitou o sonho de industrialização tardia e periférica de Vargas a um complexo industrial puxado pelo setor de bens de consumo duráveis, elevada dependência internacional (produtiva e técnica), articulação financeira deficiente — ausência de um capital financeiro disposto a investir na atividade produtiva, muito menos rentável do que a especulativa.

A era Vargas, caracterizada pelo populismo, representou a fase de transição da sociedade tradicional para a moderna. Isto fica claro quando analisada a crise do populismo que expôs a necessidade de um governo autoritário que pudesse conter a pressão popular — tarefa que o governo populista não conseguiu desempenhar com muito sucesso — a fim de assegurar a nova fase de acumulação de capital, a monopolista, que entraria em cena após o golpe militar de 1964.

2.3.2.5. O Populismo

Com a queda de Getulio Vargas, a presidência da República foi entregue ao presidente do Supremo Tribunal Federal (STF), José Linhares, com o apoio dos militares e da oposição, além da anuência dos dois candidatos ao cargo. Nesse período, José Linhares nomeou novos interventores, revogou o decreto-lei antitruste e perseguiu comunistas, demonstrando-se uma continuidade da situação de repressão no País.

Os dois candidatos à Presidência da República eram Dutra e Eduardo Gomes, sendo que pelo desempenho e apoio nos comícios, considerava-se o último como favorito. Eduardo Gomes conquistou a simpatia de grandes parcelas da classe média urbana com um discurso que defendia o liberalismo e a democracia, tão fragilizados no período ditatorial de Getulio Vargas. O símbolo deste candidato era o lenço branco agitado durante sua passagem ou participação em comícios.

Em 28 de novembro de 1945, Getulio Vargas manifestou em público seu apoio à candidatura de Dutra, revertendo o quadro de favoritismo. Não havia pesquisa de opinião, logo, o resultado das eleições surpreendeu a oposição, pois Dutra venceu com 55% dos votos, enquanto Eduardo Gomes obtinha 35%, sendo que não foi apenas uma vitória nos pequenos estados, mas também nos grandes, como Rio Grande do Sul, São Paulo e Minas Gerais, havendo maior apoio a Eduardo Gomes no Nordeste.

O resultado das eleições revelou a eficiência da máquina eleitoral organizada pelo Partido da Social Democracia (PSD), que era um partido formado pelo governo varguista, podendo-se verificar sua excelente atuação também em regimes democráticos, embora fosse fruto de uma ditadura. Além disso, observa-se o apoio dado a Getulio Vargas pelos trabalhadores e a influência dos interventores por ele nomeados. Getulio Vargas, aproveitando-se das características da lei eleitoral, pôde concorrer ao senado em cinco Estados e à Câmara de Deputados Federal em nove Estados, conseguindo se eleger em dois para senador e em sete para deputado; escolhendo, no entanto, assumir como Senador do estado do Rio Grande do Sul. Desse modo, nota-se que no Parlamento havia uma maioria do PSD.

Neste contexto histórico, verifica-se uma tendência à formação de ideologias capazes de sustentar o poder político; defendendo-se, portanto, valores que se baseavam no desenvolvimentismo, nacionalismo e populismo. O populismo funda-se em um binômio que é a raiz de sua força: a massificação por meio da ampla política trabalhista de Getulio Vargas e a presença de um líder carismático, o qual representa as massas e que, por consequência, acarreta a redução da representatividade da classe então dirigente.

As massas, antes apartadas da participação política, agora se tornam a força dos governos populistas, que as incorporam e fomentam o espírito nacionalista. O poder público é engrandecido pelo discurso desenvolvimentista, o qual se baseia no processo de industrialização e crescimento da Nação. O líder surge como o laço que conecta a massa ao Estado, invertendo a ordem da relação entre sentido e símbolo, pois neste momento, o símbolo fornece o conteúdo, não o inverso, ou seja, a construção do sentido não acarreta a formação do símbolo do líder, mas é este que doa o sentido ao símbolo que representa.

Em suma, é um momento da História do Brasil em que valores urbanoindustrialistas estão em ascensão fundados na democracia e no liberalismo. Importante ressaltar que embora afastado da Presidência da República, Getulio Vargas conseguiu construir uma máquina eleitoral, o PSD, eficaz para a preservação do poder político mediante o apoio das massas. Assim, estes aspectos influenciaram na elaboração da Constituição de 1946, como se verá a seguir.

2.3.3. As mudanças do pós-guerra e a Constituição de 1946: a redemocratização

O ideário nacional-desenvolvimentista nasceu no Brasil em um momento da História de grandes alterações, pois havia se encerrado a Segunda Guerra Mundial, propagando-se os valores capitalistas mediante a atuação dos Estados Unidos da América em diversos países da Europa destruídos pela Guerra, com o Plano Marshall, houve a Conferência Ásia-África de Bandung em 1955, onde foi fomentado o princípio da coexistência pacífica entre os diversos países, passou-se a empregar a expressão Terceiro Mundo. O Brasil estava em um instante em que ideias liberais poderiam auxiliar no desenvolvimento do capitalismo no plano nacional.

Dutra assumiu a presidência em janeiro de 1946, sendo que a Constituição foi promulgada em 18 de setembro de 1946. Devido às mudanças ocorridas, pretendeu-se edificar a Constituição em princípios liberal-democráticos. Adotou-se a forma federativa, distribuindo-se as funções entre a União, Estados e Municípios. Tendo em vista o escopo de se construir um Estado Democrático, verificou-se a separação de poderes, com a divisão de atribuições entre os Poderes Executivo, Legislativo e Judiciário. O chefe do executivo seria escolhido mediante voto direto e secreto, adquirindo um mandato de 5 anos. Em relação ao Poder Legislativo, cumpre asseverar que os representantes da Câmara dos Deputados seriam escolhidos mediante o emprego do princípio proporcional e do Senado mediante o princípio majoritário. Esta forma de votação dos representantes do Legislativo favorecia as oligarquias locais, notadamente do Nordeste, sendo que se estabeleceu um número fixo de senadores: 3 por estado, logo, fornecendo-se a mesma participação dos grandes estados aos pequenos. Além disso, deve-se destacar que ao contrário da Constituição de 1934, de inspiração fascista, a Constituição de 1946 eliminou a representação profissional, demonstrando a não continuidade da adoção do corporativismo tão presente na época Vargas.

Houve também alterações quanto ao voto, pois ao contrário da Constituição de 1934, que em relação às mulheres apenas tornava obrigatório o exercício político passivo para as que exerciam funções públicas remuneradas, estendeu a obrigatoriedade de votar para todos os homens e mulheres. Assim, verifica-se um reconhecimento do exercício dos direitos políticos às mulheres, tornando-se um passo importante para as conquistas do sexo feminino ao longo da história política do País.

No âmbito da ordem econômica e social, a Constituição de 1946 estabeleceu dispositivos referentes ao aproveitamento dos recursos minerais e elétricos, já que se visava ao desenvolvimento industrial do País. Em relação à ordem social, passou a existir a previsão de participação nos lucros da empresa na forma da lei; todavia nunca se obteve regulamentação para a execução desse preceito constitucional. Além disso, em seu art. 148, estabeleceu-se que deveria ser elaborada lei que punisse práticas que distorcessem o mercado, impedindo a livre concorrência[45].

45 Art. 148 da Constituição de 1948: "*A lei reprimirá toda e qualquer forma de abuso do poder econômico, inclusive as uniões ou agrupamentos de empresas individuais ou sociais, seja qual for a sua natureza, que tenham por fim dominar os mercados nacionais, eliminar a concorrência e aumentar arbitrariamente os lucros*".

Na esfera sindical, não houve muitas alterações, havendo ainda certo benefício aos "pelegos", uma vez que fora mantido o imposto sindical. Além disso, permaneceu a possibilidade de intervenção estatal e a unidade sindical não foi alterada. Grande avanço seria relativo ao dispositivo que reconhece o direito de greve; contudo, limitou-se sua eficácia, logo, aplicação, ao determinar que uma lei regulasse este direito.

Em suma, como se constata, a Constituição de 1946 possui muitos traços do liberalismo e da democracia, fundando-se em valores que fortalecem a presença do Estado por meio da conexão entre líder e massas.

2.3.4. Regime Militar

2.3.4.1. Antecedentes do Regime Militar

Em outubro de 1963, uma Emenda Constitucional foi rejeitada pelo Congresso, sendo que seu conteúdo referia-se à imediata desapropriação de terras sem prévia indenização. Este fato gerou grande movimentação das Ligas Camponesas e dos sindicatos rurais, havendo nesta época constantes invasões de terras. Leonel Brizola, então governador do Rio Grande do Sul, e seus apoiadores também criticavam diversas medidas adotadas pelo presidente João Goulart (Jango), acusando-o de ceder às forças imperialistas e realizar poucas reformas sociais. Brizola, ao controlar a Rádio Mayrink Veiga em 1963 e lançar um semanário intitulado *O Panfleto*, formou o "grupo dos onze", o qual propunha a organização de grupos de ação em todo o País para a concretização das reformas sociais.

Com referidas agitações e manifestações, o grupo militar iniciou um processo de organização para o exercício de uma "intervenção defensiva", havendo apoio inclusive dos altos postos militares, como o chefe do Estado-Maior do Exército, Humberto de Alencar Castello Branco. Este quadro intensificou-se com uma revolta de sargentos e cabos ocorrida em setembro de 1963 em decorrência de uma decisão do Supremo Tribunal Federal que inviabilizava a eleição de sargentos.

Nesta trilha do cenário político, João Goulart perdeu forças mais uma vez ao propor ao Congresso, em outubro de 1963, a decretação de estado de sítio de trinta dias devido às conturbações sociais; no entanto, esta tentativa de Jango não foi bem recebida nem pela direita, nem pela esquerda. O grupo conservador moderado já engrossava as fileiras da direita, já que as agitações cresciam e causavam um crescente nervosismo quanto ao futuro da Nação.

Na mesma data, em outubro de 1963, houve a última manifestação operária em São Paulo, com parcial vitória, que acarretou um reajuste salarial de 80%;

contudo, em poucos meses, a hiperinflação corroeu esta conquista, reduzindo a capacidade de compra novamente. Esta crise econômica serviu de grande sustentáculo da oposição para defender o efeito nocivo do governo de João Goulart, demonstrando a necessidade de uma rápida intervenção antes do advento do caos.

Nos primórdios do ano de 1964, com uma estratégia mal arquitetada, mas fortemente apoiada pelos mais íntimos à Presidência da República, resolveu-se desconsiderar a presença do Congresso e dar início às reformas de base. Para receber o apoio das massas, marcou-se um comício em 13 de março na frente da Estação Central do Brasil, que se denominou "Comício Central", e Jango assinou dois decretos, um desapropriando refinarias de petróleo que ainda não tinham sido transmitidas à Petrobras e outro era o decreto da Supra (Superintendência da Reforma Agrária). Essas medidas assustaram, principalmente, as classes médias e conservadoras, que passaram a fantasiar situações de desapropriações dos imóveis urbanos. Além disso, a previsão de alterações nos impostos e o direito a votar dos analfabetos causaram mais incômodo da direita.

Em suma, o processo que acarretou o Regime Militar foi composto por uma série de atos às vezes mal calculados pelos apoiadores de Jango, às vezes mal interpretados pela oposição. As agitações dos camponeses, as reivindicações por reformas sociais e por desapropriações de terras subutilizadas, os comícios envolvidos por bandeiras vermelhas geraram grande medo da direita, dos conservadores moderados e da classe média, fornecendo espaço para a intervenção dos militares.

2.3.4.2. Período militar

Uma reação ao cenário de agitações do governo de Jango foi a "Marcha da Família com Deus pela Liberdade", constituída por um grupo conservador católico e organizada em São Paulo, que demonstrou resistência à situação conturbada da vida social e política do País.

Um dos principais elementos que causou a efetiva participação dos militares foi a desordem e a quebra da tão prezada hierarquia, de modo que esta é o fato gerador de toda a organização das Forças Armadas. Havia a Associação dos Marinheiros, que exigia melhores condições e salários aos marinheiros; contudo, com as manifestações e participação das ações sindicais, Sílvio da Mota, em 24 de março de 1964, expediu a ordem de prisão aos dirigentes dessa associação. Como não teve êxito no cumprimento de sua ordem, sentiu-se inferiorizado e pediu demissão, sendo substituído por Paulo Rodrigues, o qual revogou as prisões, fornecendo incentivo para a continuidade das agitações dos membros da Associação de Marinheiros e os contínuos abalos à hierarquia.

O estopim para o que viria a ser o Golpe de 1964 deu-se em 31 de março, quando o general Olímpio Mourão Filho, com o apoio do governador de Minas Gerais, Magalhães Pinto, deslocou suas tropas de Juiz de Fora para o Rio de Janeiro. Em 1º de abril de 1964, João Goulart retorna a Brasília, evitando-se o combate direto entre os envolvidos. O II Exército uniu-se ao I Exército, e na mesma noite do dia em que voltara a Brasília, Jango partiu para Porto Alegre, sendo declarado seu cargo de Presidente da República vago por Auro Moura Andrade, ocupando a função o então presidente da Câmara dos Deputados, Ranieri Mazzilli.

Antes de se juntar a João Goulart no Uruguai, Brizola tentou conseguir apoio das tropas do Rio Grande do Sul, mas desta vez não obteve sucesso. Pela primeira vez no País, verificar-se-ia a participação de militares em um golpe para eles permanecerem no poder, pois até então estes o repassaram aos civis após o restabelecimento da ordem.

Em suma, os militares tomaram o poder e iniciaram uma nova fase da História do País, rompendo com o momento anterior, fundado em princípios democráticos e no populismo. A instalação de um regime militar ocorreu em diversos países da América Latina, tornando-se fruto também do cenário da política mundial, a qual estava bipolarizada e demandava um apoio ao capitalismo dos Estados Unidos dos seus próximos geograficamente, ou seja, dos países latino-americanos.

2.3.4.3. Transformações no pensamento e no ensino jurídico

O ensino jurídico passou por profundas transformações nesse período, uma vez que houve mudanças nas instituições políticas do País, refletindo-se, consequentemente, no âmbito do Direito. Assim, tornou-se necessário realizar alterações que fortalecessem o Regime Militar; fortalecendo-se, portanto, o positivismo jurídico, notadamente, a Escola Paulista.

A técnica passou a prevalecer sobre a teoria, pretendia-se transmitir conhecimentos tecnocráticos, desarticulados e sem uma responsabilidade metodológica para a compreensão do todo do Direito. O verdadeiro espírito do Direito foi enterrado de maneira que até hoje luta pela sua volta na sua completude.

O ensino jurídico conectado ao "Humanismo", ideias como justiça, ética e desenvolvimento social foram afastados do âmbito das Universidades, que passaram a transmitir conhecimentos voltados para uma prática sem finalidade da efetivação da justiça. O Direito passou a não ser mais compreendido, sua essência foi obscurecida; preservando-se, por conseguinte, apenas a sua forma, para que as normas fossem aplicadas como instrumentos, ou seja, não existia mais uma finalidade em si mesmo, mas apenas uma ferramenta de solução de controvérsias.

Nessa época, iniciou-se uma proliferação de Universidades, as quais não estavam comprometidas com a formação de pensadores que contribuíssem para a transformação do País. Deve-se salientar que ao se refletir criticamente e ao se compreender os institutos jurídicos, está-se modificando a realidade, já que se possui conteúdo para a alteração; todavia, ao se ignorar o desenvolvimento do pensamento crítico, formam-se tão-somente técnicos, os quais perpetuam o sistema, sem efetuar qualquer mudança. Desse modo, pode-se asseverar que

> A educação a nível universitário converteu-se, então, numa banal e descompromissada atividade de informações genéricas e/ou profissionalizantes – com alunos sem saber ao certo o que fazer diante de um conhecimento transmitido de maneira desarticulada e pouco sistemática, sem rigor metodológico, sem reflexão crítica e sem estímulo às investigações originais[46].

Em suma, para evitar contestações ao Regime Militar, transformou-se o ensino jurídico, o qual passou a ser responsável pela formação de técnicos com conhecimentos formais, sendo vista a Universidade como maneira de ascensão econômica e social; acarretando, por conseguinte, a perda da cientificidade do Direito. A reforma do ensino trouxe marcas que até hoje se fazem presentes; havendo, no entanto, uma tendência cada vez maior do incentivo à interdisciplinaridade, para retomar o diálogo entre os diversos campos do saber, que, devido à tecnicidade, fecharam-se em linguagem e mundos próprios. Assim, busca-se, hodiernamente, um fortalecimento do pensamento crítico no plano universitário; contudo, as cicatrizes do período anterior ainda se fazem presentes.

2.3.4.4. Os Atos Institucionais e a Constituição de 1967

Devido à ocorrência da Revolução, foi necessário um novo Poder Constituinte Originário, que gerou as alterações das instituições jurídicas e políticas, para se compatibilizar com o Regime Militar.

Em 9 de abril de 1964, baixou-se o Ato Institucional nº 1 – AI-1, com vigência limitada a 31 de janeiro de 1966. A Constituição de 1946 não foi revo-

46 Faria, J. E. e Campilongo, C. *A Sociologia Jurídica no Brasil*. Porto Alegre: Sérgio Antonio Fabris, 2005, p. 11.

gada, embora os princípios democráticos não tenham sido preservados nesse momento histórico. O Congresso também permaneceu em funcionamento; contudo, o poder havia sido transferido para outras esferas. Desejava-se o enfraquecimento do Congresso e, como consequência, o AI-1 viabilizou a apresentação de projetos de lei pelo Poder Executivo, dando um prazo de 30 dias para aprovação na Câmara e 30 dias no Senado. Como este lapso temporal é muito reduzido, dificilmente era obtida a sua aprovação, entrando em vigor automaticamente pelo decurso do prazo estipulado. Além disso, deu-se ao Presidente da República o poder de apresentar projetos de lei que regulassem alterações nas despesas públicas.

No Ato Institucional nº 1 previu-se a suspensão das imunidades parlamentares, os direitos políticos, a vitaliciedade dos magistrados e a estabilidade dos servidores públicos com a finalidade de se afastarem das atribuições os indivíduos considerados como subversivos e contrários ao Regime Militar. A UDN (União Democrática Nacional) foi o partido que não teve nenhuma cassação aos seus parlamentares.

Os Inquéritos Policial-Militares também foram instituídos com o AI-1, iniciando-se o processo de perseguições aos indivíduos que ofereciam "risco" à ordem social e política. Ainda havia a possibilidade de se impetrar o *habeas corpus*, e a imprensa ainda não havia sido limitada nesse período. O *Correio da Manhã*, jornal do Rio de Janeiro, denunciou os atos de tortura praticados por Ernesto Geisel, chefe da Casa Militar, mas as investigações foram trancadas. Assim, observa-se que ainda existiam espaços livres não controlados pelos militares.

Os estudantes foram alvos de violentas perseguições e a sede da União Nacional dos Estudantes (UNE) foi incendiada, fazendo com que seus membros se reunissem clandestinamente. A UnB (Universidade de Brasília) foi invadida após a implantação do Regime Militar, pois sua organização e estruturação eram voltadas para a efetivação de reformas sociais e tinha propostas inovadoras.

Os sindicatos e as Ligas Camponesas sofreram também o impacto com o advento do Regime Militar. Muitos líderes destas organizações foram presos e o controle sobre eles permaneceu constante.

Em relação às eleições, cumpre-se mencionar que o AI-1 disciplinou que o novo presidente da República seria escolhido por voto indireto do Congresso Nacional, vencendo as eleições indiretas o general Humberto de Alencar Castello Branco em 15 de abril de 1964, com mandato que iria até 31 de janeiro de 1966.

Em 17 de outubro de 1965, baixou-se o AI-2 ainda no Governo de Humberto de Alencar Castello Branco. Determinou-se que a escolha do presidente da República ficaria a cargo do Congresso Nacional, através de votação nominal em sessão pública. Seguindo a tendência do AI-1, aumentou-se a força do chefe do Poder Executivo, fornecendo ao presidente a possibilidade de expedir atos complementares aos seus próprios atos e decretos-leis concernentes à segurança nacional.

A alteração principal ocorrida com o advento do AI-2 foi a extinção do sistema pluripartidário, centralizando no cenário político a presença de dois partidos: a Aliança Renovadora Nacional (Arena) e o Movimento Democrático Brasileiro (MDB).

Em fevereiro de 1966, o AI-3, na linha estratégica do AI-2, transportou a lógica de eleições indiretas para o âmbito estadual, sendo os governadores escolhidos pela Assembléia Legislativa. Assim a máquina política estava recebendo os contornos do regime militar, inviabilizando cada vez mais a manifestação oposicionista.

A Constituição de 1967 está diretamente conectada com o AI-4, pois em outubro de 1966, o Congresso foi fechado e por meio do AI-4 foi convocado extraordinariamente para aprovar uma nova Constituição, que ratificaria o fortalecimento do Poder Executivo e o enfraquecimento do Congresso. Deve-se salientar, no entanto, que a Constituição de 1967, forçosamente aprovada em janeiro de 1967, não manteve as normas de exceção no seu interior, não estabelecendo nova possibilidade de cassação de mandatos.

Os espaços de liberdade e flexibilidade que ainda existiam foram eliminados pelo AI-5, o qual estabeleceu um regime de tortura e violência. Ao contrário dos demais atos institucionais, o AI-5 não tinha prazo limitado; vigorando, por conseguinte, de 1968 a 1979. O Presidente da República passou a ter poderes para fechar o Congresso, intervir em Estados e Municípios e cassar mandatos. Aumentou-se, portanto, de maneira excessiva, os poderes presidenciais.

Além dessas medidas, foi eliminada a possibilidade de se impetrar *habeas corpus* quando os indivíduos estivessem sendo acusados por crimes contra a ordem econômica, social e a economia popular. Como bem destaca Boris Fausto:

> A partir do AI-5, o núcleo militar do poder concentrou-se na chamada comunidade de informações, isto é, naquelas figuras que estavam no comando dos órgãos de vigilância e repressão. Abriu-se um novo ciclo de cassação de mandatos, perda de direitos políticos e expurgos no funcionalismo, abrangendo muitos professores universitários. Estabeleceu-se na prática a censura aos meios de comunicação; a tortura passou a fazer parte integrante dos métodos de governo[47].

47 Fausto, Boris. *História do Brasil*. São Paulo: EDUSP, 2007, p. 480.

Por derradeiro, deve-se asseverar que não houve a implantação de uma ditadura pessoal, mas comandada por uma Cúpula composta pelos altos postos das Forças Armadas. As alterações das instituições políticas ocorreram conforme as necessidades dos militares para sufocarem a oposição e permanecerem no poder. Estavam extintos os princípios democráticos previstos na Constituição de 1946, sendo eliminada a liberdade dos indivíduos de maneira violenta e brutal.

2.3.4.5. Transição para o Regime Democrático

O processo de abertura política iniciou-se no governo Geisel, sendo marcado por progressos e regressos; travando-se, por conseguinte, uma luta com a linha dura. A finalização desta transição para um regime democrático foi conturbada, devendo-se destacar o importante movimento das "Diretas Já" para o desenrolar da conclusão da liberalização do regime.

A campanha "Diretas Já" teve seu início em 1983, tendo destaque o engajamento do PT e PMDB. Em novembro de 1983, foi organizada uma manifestação que teve pouca participação popular, havendo predominância dos membros do PT. Em 27 de janeiro de 1984, houve outro comício na Praça da Sé, em São Paulo, que contou com grande presença popular. A partir de então, passou-se a ter uma ampla aceitação dos cidadãos, que projetavam todos os seus anseios (maiores salários, segurança, redução da inflação) na campanha para uma verdadeira representação do povo; todavia, sabe-se que não bastavam eleições diretas para serem resolvidos os problemas de ordem econômica, política e social.

Diante deste cenário, foi proposta uma Emenda Constitucional que viabilizasse a realização de eleições diretas, denominando-se Emenda Dante de Oliveira[48]. No dia 25 de abril, quando seria votada referida emenda na Câmara dos Deputados, houve grande manifestação popular favorável à sua aprovação, sendo organizado inclusive um "buzinaço", o qual foi reprimido pelo general Newton Cruz, que montou seu cavalo branco e passou a chicotear os carros cujos motoristas aderissem ao movimento.

Apesar da forte pressão da população, dos sindicatos e partidos políticos, a Emenda não foi aprovada, necessitando de mais 22 votos para ser encaminhada ao Senado Federal. Devido à composição do Senado neste período, seria difícil a aprovação da Emenda Dante de Oliveira.

48 Nome advindo do deputado do PMDB que a apresentou.

Embora não tenha sido aprovada a emenda e não tenham ocorrido eleições diretas, a campanha "Diretas Já" foi um marco para a efetivação da transição democrática, já que contou com o apoio de diversos membros da sociedade, sendo uma evidente demonstração do descontentamento popular perante o cenário político, econômico e social.

Por meio de um sistema eleitoral ainda do regime militar, seriam realizadas as eleições para a presidência. O PDS tinha três nomes: Aureliano Chaves, Mario Andreazza e Paulo Maluf. O último fez uma larga campanha para que os membros do PDS o escolhessem, sendo que este foi o escolhido. Diante da escolha de Paulo Maluf pelo PDS, Aureliano Chaves retirou sua candidatura em julho de 1984 e organizou a Frente Liberal para se opor ao candidato do PDS, dando origem ao Partido da Frente Liberal (PFL). O PFL aproximou-se do PMDB, formando a Aliança Democrática e lançando como candidato Tancredo Neves e como vice-presidente, José Sarney.

Em 15 de janeiro de 1985, Tancredo Neves e Sarney venceram no Colégio Eleitoral, com um apoio evidente: 480 votos, enquanto Maluf obteve 180 votos. O PT absteve-se de votar em protesto às eleições indiretas.

A posse havia sido marcada para 15 de março de 1985. Neste período do dia 15 de janeiro a 15 de março de 1985, ocorreu o que menos se desejava naquele momento: o agravamento da situação de saúde de Tancredo Neves, sua internação e a posse temporária na data prevista por Sarney. Em 21 de abril, faleceu Tancredo Neves sem ter tomado posse, causando grande comoção nacional, não apenas pela perda do político, mas principalmente pela sua ausência em um instante da história política do Brasil tão conturbada e claramente caracterizada por uma transição democrática já arquitetada pelos militares.

José Sarney era tido como oposicionista de "última hora", não tendo forte apoio do PMDB ou de outras bases políticas. Assim, para não sofrer oposição, manteve o ministério escolhido por Tancredo Neves, além de respeitar as liberdades públicas durante seu governo. O centro das atenções de todos estava nas reformas legislativas e na convocação de uma Assembléia Constituinte, para eliminar a presença do regime militar nas instituições jurídicas e políticas.

Tendo em vista as expectativas do povo brasileiro, em maio de 1985 foi realizada a primeira alteração na legislação, indicando um restabelecimento da democracia, visto que foram instituídas as eleições diretas, foram legalizados todos os partidos políticos e foi concedido o direito de voto aos analfabetos.

Para atender ao clamor público, as eleições para a composição da Assembléia Nacional Constituinte foram marcadas para novembro de 1986. Na mesma data, ocorreriam eleições para o Congresso e para o governo dos estados. Antes desta data, em novembro de 1985, ocorreram eleições para prefeitos em diversas cidades. Apesar de haver uma vitória do PMDB em muitas cidades, cumpre-se destacar que sua força foi reduzida com a perda nas capitais mais relevantes, como São Paulo e Rio de Janeiro.

Desse modo, ocorreu a primeira reunião da Assembléia Constituinte em 1º de fevereiro de 1987, sendo que sua elaboração final pretendia atender a diversos setores da sociedade. Depositou-se grande expectativa na nova Constituição, tida como capaz de apagar todas as crises enfrentadas naquela época.

Em suma, o processo de redemocratização foi coordenado pelos próprios militares, que efetuaram uma liberalização lenta e gradual. A Campanha "Diretas Já" foi um importante marco de demonstração do descontentamento popular e do desejo por uma representação democrática. Embora tenham sido realizadas eleições indiretas, Tancredo Neves contou com o amplo apoio dos cidadãos, ocasionando grande frustração o seu falecimento. José Sarney, que era vice-presidente, assumiu a presidência e pretendeu concretizar os pontos centrais do projeto de Tancredo Neves. O Brasil passava por um momento de profunda crise econômica e de elevado descontentamento social, acarretando um aumento das expectativas perante a Constituição que foi promulgada em 5 de outubro de 1988; contudo, observou-se que apenas uma nova Constituição não era capaz de eliminar todos os problemas nacionais, exigindo-se um trabalho árduo e planejado que prevalece até o presente .

2.3.5. O Brasil hodierno e as transformações jurídicas e sociais

Compreender o Direito atual no Brasil exige do seu estudioso recorrer à História do Direito para analisar e transpor os testemunhos do passado, em continuidade com o presente e suas transformações jurídicas e sociais.

Desde o final da década de 1980 o Brasil está sofrendo importantes mudanças. Iniciadas com a Constituição Federal de 1988, o Direito atual implementou novas leis, como o Código Civil em 2002, o Código de Defesa do Consumidor em 1990, a Lei de Defesa da Concorrência em 1994, a Lei de Arbitragem em 1996, o surgimento das agências reguladoras, as transformações no processo penal e civil, a reforma do judiciário e a criação do Conselho Nacional de Justiça, dentre outras.

Ainda que por um lado o Direito hodierno está em maior conformidade com as transformações jurídicas e sociais do final do século XX e início do

XXI, por outro, o Direito no Brasil, como em qualquer país, exige ser constantemente repensado, atualizado e adequado aos problemas do cotidiano social e econômico.

A morosidade do Judiciário, o descrédito na Polícia, os exageros do Ministério Público, as Leis ineficazes, o não-comprometimento do Executivo, um Sistema Tributário que esmaga a classe média da população e o empresário sem a contrapartida adequada do Estado, o Legislativo que não legisla, o Judiciário que não decide, o Executivo que em lugar de governar e executar, legisla, a corrupção, a impunidade. Problemas como esses, apenas suscitados, são vários e exigem medidas urgentes. De qualquer forma, o Brasil hodierno já apresenta melhorias que acompanham as transformações jurídicas e sociais, conforme se passa a verificar.

2.3.5.1. A Constituição Federal de 1988

Aos 27 de novembro de 1985, por meio da Emenda Constitucional nº 26, de 27 de novembro de 1985, concretizava-se a Assembléia Constituinte, instalada no dia 1º de fevereiro de 1987. Concluídos os trabalhos presididos pelo Deputado Ulisses Guimarães, a Constituição Federal do Brasil foi promulgada em 5 de outubro de 1988.

Em razão da ideologia adotada no texto constitucional que se destaca no aspecto social pelo relevo com que trata o cidadão, e ainda, no campo econômico, dado ao enfoque atribuído ao Estado no desempenho de suas funções, a Carta Magna foi apelidada de "constituição cidadã".

No seu art. 1º, incisos I, II, III e IV, dispõe a Constituição que a República Federativa do Brasil tem como fundamento a soberania, a cidadania, a dignidade da pessoa humana e os valores sociais do trabalho e da livre iniciativa. Os objetivos fundamentais, dispostos no art. 3º, incisos I, II, III e IV, são a construção de uma sociedade livre, justa e solidária, com a erradicação da pobreza e da marginalização e a redução das desigualdades sociais e regionais, a promoção do bem de todos e a garantia do desenvolvimento nacional. O parágrafo único do art. 4º versa sobre a integração latino-americana, que o Brasil tem como princípio nas suas relações internacionais.

Já no art. 5º, encontram-se os direitos à igualdade, segurança e propriedade. Nos diversos incisos do art. 5º encontram-se a liberdade profissional e associativa; a garantia à propriedade e sua função social, como também a desapropriação quando necessária; a garantia do direito de inventos industriais, marcas, nomes e signos distintivos em vista do desenvolvimento tecnológico e econômico do País, a promoção da defesa do consumidor; e ainda a concessão de mandado de injunção nos casos de falta de norma regulamentadora, que torne inviável o exercício de direitos e liberdades constitucionais.

Especificamente no que se refere aos direitos sociais, destaca-se o art. 6º, onde estão disciplinados os direitos sociais: a educação, a saúde, o trabalho, a moradia, o lazer, a segurança, a previdência social, a proteção à maternidade e à infância, a assistência aos desamparados, e ainda, os arts. 7º, 8º, 9º, 10 e 11, que dispõem acerca dos direitos dos trabalhadores.

No art. 21 e seus incisos, destaca-se a competência da União, que, dentre outras, deverá elaborar e executar planos nacionais e regionais de ordenação do território e de desenvolvimento econômico e social, e explorar, diretamente ou mediante autorização, concessão ou permissão, determinados serviços.

O art. 37 e seus incisos XIX e XX apresentam os princípios da Administração Pública acerca das autarquias, empresas públicas, sociedades de economia mista e fundações. Já o art. 103, § 2º, dispõe acerca da proposição de ação direta de inconstitucionalidade e ação declaratória de constitucionalidade. No art. 149 está a garantia da competência exclusiva da União para instituir contribuições sociais de intervenção no domínio econômico.

Eros Roberto Grau, acerca do conjunto de diretrizes, programas e fins que enuncia a Carta Magna, escreve

> que a nossa Constituição de 1988 é uma Constituição dirigente, isso é inquestionável. O conjunto de diretrizes, programas e fins que enuncia, a serem pelo Estado e pela sociedade realizados, a ela confere o caráter de plano global normativo, do Estado e da sociedade. O seu art. 170 prospera, evidenciadamente, no sentido de implantar uma nova ordem econômica[49].

Neste sentido, o Título VII da Constituição Federal de 1988 dispõe acerca "Da Ordem Econômica e Financeira", compondo-se de quatro capítulos, quais sejam: I – Princípios gerais da atividade econômica, arts. 170 a 181; II – Política urbana, arts. 182 e 183; III – Política agrícola e fundiária e da reforma agrária, arts. 184 a 191; e IV – Sistema financeiro nacional, art. 192.

O *caput* do art. 170 estabelece a estrutura geral do ordenamento jurídico-econômico fundado na valorização do trabalho humano e na livre iniciativa, ou seja, uma sociedade brasileira capitalista moderna, na qual o Estado deve conciliar a composição dos titulares de capital e de trabalho, para que por meio de sua política econômica assegure a existência digna, conforme preceitos da justiça social, adotando-se, para tanto, alguns princípios norteadores, quais

49 Grau, E. R. *A ordem econômica na Constituição de 1988*. 8. ed. São Paulo: Malheiros, 2003. p. 153.

sejam: soberania nacional, propriedade privada, função social da propriedade, livre concorrência, defesa do consumidor, defesa do meio ambiente, redução das desigualdades regionais e sociais, busca do pleno emprego e tratamento favorecido para empresas de pequeno porte.

Destaca-se ainda neste Título VII que o constituinte estabeleceu no art. 173 que a exploração da atividade econômica deve ser feita pelo agente privado e ao Estado apenas quando necessário nos casos imperativos da segurança nacional ou de relevante interesse coletivo. Porém, o Estado continua atuando na ordem econômica, mas agora como agente normativo e regulador da atividade econômica, assim definido no art. 174, justificativa das agências reguladoras.

Nesse contexto desponta a elaboração teórica e legislativa das agências reguladoras, caracterizadas pela dinamicidade (desburocratizadas), autonomia (normativa e financeira), independência (em relação à Administração direta e com suas decisões revistas apenas pelo Poder Judiciário), tecnicidade (dirigentes especializados no setor regulado), consenso para dirimir conflitos (decisões colegiadas), ou seja, relevante instrumento de adequação de uma nova ordem jurídico-econômica.

Tal processo tem início no governo do presidente Fernando Collor de Mello, em 1990, com o PND, Plano Nacional de Desestatização. Com o *impeachment* de Collor, assume seu vice, Itamar Franco, que de forma muito tênue dá prosseguimento às iniciativas desestatizantes. Contudo, é no final do governo Itamar que o Plano Real é implementado, sob a coordenação do Ministro da Fazenda, Fernando Henrique Cardoso. Eleito presidente da República em 1994, o governo FHC se destaca com a criação das agências reguladoras nos setores de telecomunicações (Anatel), petróleo e bio-combustíveis (ANP), saúde suplementar (ANS), vigilância sanitária (Anvisa), cinema (Ancine), águas (ANA), transportes terrestres e aquaviários (ANTT e Antaq) e energia elétrica (Aneel).

Entretanto, no início do primeiro mandato do presidente Luiz Inácio Lula da Silva, em 2003, seu governo declarou a intenção de esvaziar as agências reguladoras, devolvendo as competências de regulação e fiscalização aos respectivos Ministérios. Tais declarações soaram mal junto ao mercado e diante da crítica especializada, uma vez que a concepção das agências reguladoras é tratar questões técnicas por meio da técnica, e não pelo viés político.

O governo Lula, porém, de forma indireta praticamente esvazia e limita a atuação das agências reguladoras. Primeiro, com a falta do repasse de dotações orçamentárias dos respectivos Ministérios às agências, o que compromete sobremaneira a atuação destas, especialmente quanto à fiscalização do mercado e dos agentes regulados. Depois, com a ausência de nomeação de dirigentes para as agências, que deveriam ocupar o lugar daqueles que tinham o mandato encerrado. Diversas agências ficaram sem o quórum mínimo para decidir questões importantes para o desenvolvimento do País e para o bem-estar econômico dos consumidores. Quando novos dirigentes eram indicados, muitas vezes em vez da técnica prevaleciam aspectos políticos, e assim eram aprovados e legitimados pelo Senado Federal e nomeados pelo presidente da República.

Por fim, o maior revés às agências reguladoras ocorre com o despacho do presidente da República em 2006 ao aprovar o Parecer da Advocacia-Geral da União, que analisando a divergência entre o Ministério dos Transportes e a Agência Nacional de Transportes Aquaviários (Antaq) reconhece o "recurso hierárquico impróprio", algo que interfere decisivamente na autonomia e na independência das agências reguladoras. Permite-se com tal recurso a revisão ministerial de decisões tomadas pelas agências, sob a alegação de que "a aferição da autonomia das agências e de suas condutas além de diretamente vinculadas às suas finalidades institucionais se mede principalmente pela adequada compatibilização com as políticas públicas adotadas pelo presidente da República e os Ministérios que o auxiliam". Com isso, decisões técnicas podem ser tratadas de forma política, trazendo insegurança jurídica aos administrados e inibindo investimentos para o desenvolvimento socioeconômico do País.

Já o art. 192 da Constituição Federal estabelece que o Sistema Financeiro Nacional, estruturado de forma a promover o desenvolvimento equilibrado do País e a servir aos interesses da coletividade, será regulado por leis complementares. Porém, as leis a que se refere o art. 192 não foram promulgadas, e o funcionamento do Sistema Financeiro Nacional continua regulado e estruturado pela Lei Ordinária nº 4.595/1964, recepcionada pela Constituição de 1988 como lei complementar.

O Título VIII da Constituição dispõe "Da Ordem Social", que em seus oito capítulos tratam dos seguintes temas: I – Disposições gerais, art. 193; II – Da seguridade social, arts. 194 a 204, versando sobre saúde, previdência e assistência social; III – Da educação, da cultura e do desporto, arts. 205 a 217; IV – Da ciência e tecnologia, arts. 218 e 219; V – Da comunicação social, arts. 220 a 224; VI – Do meio ambiente, art. 225; VII – Da família, da criança, do adolescente e do idoso, arts. 226 a 230; e VIII – Dos índios, arts. 231 e 232.

Ressalta-se ainda o art. 219, que assegura o mercado interno integrante do patrimônio nacional e meio de alcançar o desenvolvimento socioeconômico e o bem-estar da coletividade, e por fim, o art. 225, que determina o meio ambiente ecologicamente equilibrado como direito e dever do Estado e da coletividade.

Desde a sua promulgação em 1988, a Constituição Federal sofreu 56 Emendas que modificam, excluindo partes ou complementando, seu texto original. A última Emenda Constitucional, a de número 56, data de 20 de dezembro de 2007.

2.3.5.2. O Código Civil de 2002

Com a aprovação da Lei nº 10.406, de 10 de janeiro de 2002, e após cumprir um ano de *vacatio legis*, entra em vigor o então Novo Código Civil, em substituição ao primeiro Código Civil Brasileiro, Lei nº 3.071, de 1º de janeiro de 1916, resultado do projeto apresentado em 1901 por Clóvis Beviláqua com influência do Código Civil Alemão de 1896 (*Bürgerliches Gesetzbuch*), e que vigorou desde 1917.

O Código Civil de 2002 é resultado dos trabalhos desenvolvidos por uma comissão instituída em 1969 e dirigida por Miguel Reale, cujo Projeto do Código Civil foi publicado em 1973 e transformado em Projeto de Lei (nº 634) em 1975.

Sob influência do Código Civil italiano, o Código Civil reconhece a importância da empresa e seus reflexos para a sociedade e para o Estado, na medida em que a empresa se revelava instrumento de transformação econômica e social.

A empresa, escreve Vicente Bagnoli,

> até então tida como mera organizadora das coisas para a produção, algo típico até o final do século XIX e meados do século XX, passa a ser vista de forma mais abrangente pelo jurista na medida em que o Estado atuava no domínio econômico, resultando na chamada "Teoria da Empresa". Além da atividade profissionalmente organizada para a produção e circulação de bens ou serviços, incluem-se no conceito atual de empresa todos os direitos e obrigações decorrentes de sua atividade na sociedade, seja nos aspectos comerciais (hoje empresariais), fiscais, previdenciários, trabalhistas, ambientais, penais, cíveis, concorrenciais, constitucionais e administrativos, dentre outros"[50].

Explica Fábio Ulhoa Coelho que

> a teoria da empresa é, sem dúvida, um novo modelo de disciplina privada da economia, mais adequado à realidade do capitalismo superior. Mas através dela não se supera, totalmente, um certo tratamento diferenciado das atividades econômicas. O acento da diferenciação deixa de ser posto no gênero

50 Bagnoli, V. *Direito Econômico*. 3. ed. Série Leituras Jurídicas, v. 29. São Paulo: Atlas, 2008, p. 80.

da atividade e passa para a medida de sua importância econômica. Por isso é mais apropriado entender a elaboração da teoria da empresa como o núcleo de um sistema novo de disciplina privada da atividade econômica e não como expressão da unificação dos direitos comercial e civil[51].

Tal comentário é pertinente, visto que a matéria do Código Comercial de 1850, exceção ao Direito Marítimo, que continua no Código Comercial, passa a ser trabalhada pelo Código Civil, substituindo-se a teoria dos atos de comércio pela teoria da empresa, da atividade econômica de produção e circulação de riquezas.

Os 2046 artigos do Código Civil estão assim organizados: Parte Geral: I – Das Pessoas, II – Dos Bens, e III – Dos Fatos Jurídicos; Parte Especial: Livro I – Do Direito das Obrigações, Livro II – Do Direito de Empresa, Livro III – Do Direito das Coisas, Livro IV – Do Direito de Família, Livro V – Do Direito das Sucessões; e Livro Complementar: Das Disposições Finais e Transitórias.

Em que pese mais adequado à nova realidade sócio-jurídico-econômica brasileira, a crítica que se faz ao Código Civil é que ele já "nasceu" tarde, atrasado, visto que foi concebido diante da realidade do início da década de 1970, e promulgado apenas trinta anos mais tarde.

2.3.5.3. Transformações no processo civil e penal

Acompanhando as transformações jurídicas e sociais, os Códigos de Processo Civil e Penal sofreram recentes e importantes alterações, sobretudo no intuito de tornar o trâmite processual mais célere e, consequentemente, mais eficiente.

No que se refere ao Código de Processo Civil (Lei nº 5.869, de 11/01/1973), a Lei nº 10.352, de 26/12/2001, alterou dispositivos referentes a recursos e ao reexame necessário, e a Lei nº 10.358, de 27/12/2001, alterou os dispositivos relativos ao processo de conhecimento. Já a Lei nº 11.187, de 19/10/2005, estabeleceu nova disciplina ao cabimento dos agravos retido e de instrumento. Entretanto, talvez a alteração mais significativa se deu por meio da Lei nº 11.232, de 22/12/2005, que estabeleceu a fase de cumprimento das sentenças no processo de conhecimento e revogou dispositivos referentes à execução fundada em título judicial.

Em matéria processual penal, o Código de Processo Penal (Decreto Lei nº 3.689, de 03/10/1941), a Lei nº 11.689, de 09/06/2008, alterou dispositivos referentes ao Tribunal do Júri, reduzindo de quatro para uma as audiências de instrução, inquirição de testemunhas e produção de provas, e encerrando novo julgamento automático quando o réu é condenado com pena igual ou superior a vinte anos.

51 Coelho, F. U. *Curso de Direito Comercial*. 7. ed. v. 1. São Paulo: Saraiva, 2003, p. 18.

2.3.5.4. A reforma do Judiciário

A reforma do Judiciário é uma necessidade para aperfeiçoar o funcionamento do Poder Judiciário, de modo que ele tenha mais agilidade, rapidez e eficiência, garantindo à sociedade maior acesso à Justiça e, sobretudo, que assim se faça Justiça.

O maior acesso à Justiça pode se dar com o estímulo aos Juizados Especiais Estaduais e Federais, fortalecendo e aprimorando-os, já que se revelam eficazes alternativas para solucionar lides. O acesso à Justiça à população mais carente e distante de grandes centros também ocorre em virtude dos Juizados Itinerantes e dos Centros Integrados de Cidadania. Outrossim, deve-se definitivamente institucionalizar a Defensoria Pública, tanto da União como estaduais, de modo a dar a devida assessoria à população sem recursos para pagar diretamente pelos serviços de um advogado, e ainda implementar os meios alternativos de resolução de controvérsias, como a mediação, a conciliação e a arbitragem, a fim de se evitar que toda lide seja levada ao Judiciário.

A Proposta de Emenda à Constituição (PEC) 358/05, que trata da Reforma do Judiciário, já teve seu texto aprovado em dois turnos no Senado e em um na Câmara. O texto está pronto para passar por uma nova e última apreciação dos deputados. A PEC deverá ser dividida em partes, aprovando o que for consenso e deixando para negociar posteriormente itens ainda controversos, que poderiam ser suprimidos e voltariam em uma nova proposta. Assim, a tendência é que aquilo que não tiver sido alterado, nem no Senado nem na Câmara, seguirá para promulgação e passará a integrar a Constituição Federal.

Dentre os temas estão os ajustes no Conselho Nacional de Justiça e outros que assegurem maior celeridade aos processos, como a súmula impeditiva de recursos. Um dos temas polêmicos e que pode dificultar a aprovação da PEC, diz respeito à manutenção ou não do "foro privilegiado", por prerrogativa de função, para aqueles que já tenham deixado o cargo quando do início de uma ação judicial.

Destaca-se que a PEC 358/05 é parte remanescente da PEC 96/92, que compunha o núcleo original da reforma e foi implementada por meio da Emenda Constitucional nº 45, de 30/12/2004.

A Emenda Constitucional nº 45 alterou dispositivos dos arts. 5º, 36, 52, 92, 93, 95, 98, 99, 102, 103, 104, 105, 107, 109, 111, 112, 114, 115, 125, 126, 127, 128, 129, 134 e 168 da Constituição Federal, acrescentou os arts. 103-A, 103-B, 111-A e 130-A, além de outras providências. Em linhas gerais tratou de temas como garantias fundamentais, intervenção federal, poderes constitucionais, organização, competência, Senado Federal, Judiciário, Magistratura,

Supremo Tribunal Federal, Superior Tribunal de Justiça, Tribunal Regional Federal, Tribunal Regional do Trabalho, juízes federais, Justiça do Trabalho, Tribunal de Justiça, Ministério Público, Defensoria Pública, orçamento, súmula vinculante, controle externo e Conselho Nacional de Justiça.

2.3.5.5. O Conselho Nacional de Justiça

A Emenda Constitucional nº 45, de 2004, incluiu no art. 92, que determina quais são os órgãos do Poder Judiciário, o inciso I-A, acerca do Conselho Nacional de Justiça (CNJ). Criado em 31/12/2004, mas instalado aos 14 de junho do ano seguinte, o CNJ é presidido por um Ministro do Supremo Tribunal Federal e possui 15 Conselheiros aprovados pelo Senado Federal e nomeados pelo Presidente da República. Está localizado no Anexo I do Supremo Tribunal Federal.

Em conformidade com o art. 103-B da Constituição Federal e com o seu regulamento interno, tem como principais competências: o controle da atuação administrativa e financeira do Poder Judiciário e do cumprimento dos deveres funcionais dos juízes; zelar pela autonomia do Poder Judiciário; zelar pela observância do art. 37 da Constituição Federal e apreciar a legalidade dos atos administrativos praticados por membros ou órgãos do Poder Judiciário, podendo desconstituí-los, revê-los ou fixar prazos para que se adotem as providências necessárias ao exato cumprimento da lei, sem prejuízo da competência do Tribunal de Contas da União; receber e conhecer das reclamações contra membros ou órgãos do Poder Judiciário; representar ao Ministério Público, no caso de crime contra a administração pública ou de abuso de autoridade; rever os processos disciplinares de juízes e membros de tribunais; elaborar semestralmente relatório estatístico sobre processos e sentenças prolatadas, por unidade da Federação, nos diferentes órgãos do Poder Judiciário; e elaborar relatório anual, propondo as providências que julgar necessárias, sobre a situação do Poder Judiciário.

2.3.6. Reflexão acerca do direito e suas tendências contemporâneas

O estudo do Direito é uma realidade difundida em toda a parte do Brasil. Todos os Estados, e suas mais diversas cidades, possuem Faculdades que formam bacharéis todos os anos. Conforme informações do Conselho Federal da Ordem dos Advogados do Brasil, no início de 2007 o Brasil dispunha de 1.017 cursos de Direito autorizados.

Tantos bacharéis desempenham as mais diversas atividades profissionais, como delegados de polícia, juízes, promotores, procuradores, cartorários, policiais, diplomatas e mesmo advogados. Explica-se esse leque de profissões devido à abrangência deste curso. O bacharel em Direito possui importantes elementos para atuar junto à sociedade. Mesmo aqueles que não seguem uma carreira jurídica, têm uma base sólida para desempenhar sua atividade laboral, viver o cotidiano e enfrentar os desafios do dia-a-dia.

Certamente as áreas do Direito como família, criminal, imobiliário, trabalhista, civil em geral, continuam atuais, mas acrescentam-se novos desafios como biotecnologia, crimes praticados pela internet, anencefalia, meio ambiente, globalização, consumidor, economia, elementos que exigem a reflexão de novas tendências do direito, como concorrência, regulação, informação, dentre outras.

Depreende-se, portanto, o papel transformador do Direito, que a partir de diversas fontes, como a tradição, os costumes, a própria lei, mas também fontes auxiliares como a economia, os avanços tecnológicos, a ética, valoriza cada um desses elementos e determina o que é o justo para vida em sociedade e assim pautar o comportamento esperado das pessoas.

O bacharel em Direito, portanto, não pode desperdiçar o diferencial que possui confirmado pelo aprendizado dessa ciência e renunciar à sua missão de empenhar seus esforços e conhecimentos para fazer da sociedade algo cada vez mais justo e humano, sobretudo em defesa daqueles desprovidos de conhecimento e poder econômico.

Rudolf Von Ihering, renomado jurista e responsável pela estruturação de importantes conceitos no ordenamento jurídico ocidental, publicou em 1872 *A Luta pelo Direito*, na qual em uma das partes se ocupou da seguinte temática, "a defesa do Direito é um dever para com a sociedade". Escreveu Ihering[52] que "quando mil homens têm de dar combate, o desaparecimento de um só pode passar despercebido; mas quando cem dentre eles abandonam a bandeira, a posição daqueles que ficam fiéis torna-se cada vez mais crítica; todo o peso da luta recai sobre eles exclusivamente".

A História do Direito é a base para verificar as transformações pelas quais passou o Direito e, portanto, a sociedade, e a partir do que a história revela ao presente, projetar o Direito da sociedade do século XXI.

52 Von Ihering, R. *A Luta pelo Direito*. 17. ed. Tradução João Vasconcelos. Rio de Janeiro: Forense, 1999. p. 45.

Bibliografia

ABBAGNANO, Nicola. *Dicionário de filosofia*. São Paulo: Mestre Jou, 1982.

AGUIAR, Renan. *História do direito*. José Fabio Rodrigues Maciel *(Coordenador)*. São Paulo: Saraiva, 2007.

ALMEIDA, José Ricardo Pires de. *Instrução pública no Brasil (1500-1889)*: História e Legislação. Tradução de Antonio Chizzotti. São Paulo: Educ/Pucsp, 2000.

ALVES, Francisco de Assis. As Constituições do Brasil. *In Revista de Direito Constitucional e Ciência Política*, São Paulo.

ANDERSON, Perry. *Passagens da Antiguidade ao feudalismo*. São Paulo: Brasiliense, 2000.

AQUINO, Santo Tomás. *Verdade e conhecimento*: Questões disputadas 'Sobre a verdade' e 'Sobre o verbo' e 'Sobre a diferença entre a palavra divina e humana'. Tradução, estudos introdutórios e notas de Luiz Jean Lauland e Mario Bruno Sproviero. São Paulo: Martins Fontes, 1999.

BAGNOLI, Vicente. *Direito e poder econômico*: os limites jurídicos do Imperialismo frente aos limites econômicos da soberania. Rio de Janeiro: Campus/Elsevier, 2009.

_________. *Direito econômico*. 3. ed. Série Leituras Jurídicas, v. 29. São Paulo: Atlas, 2008.

_________. *Introdução ao direito da concorrência*: Brasil-Globalização-União Européia-Mercosul-ALCA. São Paulo: Singular, 2005.

BELLOTTO, H. As fronteiras da documentação. *Caderno FUNDAP*. São Paulo, v. 4, n. 8, abril, 1984.

BLOCH, Marc. *Apologia da história*. Rio de Janeiro: Jorge Zahar, 2001.

BOBBIO, Norberto. *O direito e a era dos direitos*. São Paulo: Cortez, 2002, p. 426.

BORGES, Vavy Pacheco. *O que é história?* 5. ed. São Paulo: Brasiliense, 1983.

BOSI, Alfredo. *O positivismo no Brasil*: uma ideologia de longa duração. Disponível em <http://www.academia.org.br/abl/media/prosa43c.pdf>. Acesso em abril de 2008.

BURKE, Peter. *A Revolução Francesa da historiografia*: a Escola dos *Annales*, 1929-1989. São Paulo: Unesp, 1991, p. 45 e s.

CAETANO, Marcelo. *História do direito português (sécs. XII-XVI)*. Lisboa: Verbo, 2000, p. 98.

CANOTILHO, J. J. Gomes. *Direito constitucional*. 7. ed. Coimbra: Almedina, 1994.

BASTOS, Celso Ribeiro. *Curso de direito constitucional*. São Paulo: Celso Bastos Éditora, 2002.

CAETANO, Marcelo. *Direito constitucional*. v. 1. São Paulo: Forense, 2000.

CARVALHO, José Murilo. *Os bestializados*: o Rio de Janeiro e a República que não foi. São Paulo: Cia. da Letras, 1987.

CASTANHEIRA NEVES, Antônio. Digesta: *Escritos acerca do direito, do pensamento jurídico, de sua metodologia e outros*. v. 2, Coimbra, 1995.

CASTRO, Flávia Lages. *História do direito geral e Brasil*. 6. ed. Rio de Janeiro: Lumen Juris, 2008.

COELHO, Fábio Ulhoa. *Curso de direito comercial*. 7. ed. v. 1. São Paulo: Saraiva, 2003.

COMPARATO, Fábio Konder. *Ética: direito, moral e religião no mundo moderno*. 2. reimp. São Paulo: Companhia das Letras, 2006.

COSTA, Emilia Viotti. Introdução ao estudo da emancipação política do Brasil. *In Brasil em perspectiva*. Carlos Guilherme da Mota (Org). 4. ed. São Paulo: Difusão Européia do Livro, 1973.

DALLARI, Dalmo. *Elementos de teoria geral do Estado*. 23. ed. São Paulo: Saraiva, 2002.

DAVID, René. *O direito inglês*. São Paulo: Martins Fontes, 2000.

DAVID, René. *Os grandes sistemas do direito contemporâneo*. Tradução Hermínio A. Carvalho. 4. ed. São Paulo: Martins Fontes, 2002.

FARIA, José Eduardo; CAMPILONGO, Celso. *A sociologia jurídica no Brasil*. Porto Alegre: Sergio Antonio Fabris, 2005.

FAUSTO, Boris. *História do Brasil*. São Paulo: Edusp, 2007.

FEBVRE, Lucien. *Combates pela história*. Lisboa: Presença, 1985.

FERREIRA, Aurélio Buarque de Holanda. *Novo dicionário da língua portuguesa*. Rio de Janeiro: Éditora Nova Fronteira, (s.d.).

FERREIRA, Waldemar M. *História do Direito Brasileiro*. T. II. Rio de Janeiro: Freitas Barros, 1952.

FUNARI, Pedro Paulo Abreu; SILVA, Glaydson José da Silva. *Teoria da História*. São Paulo: Brasiliense, 2008,

GILISSEN, John. *Introdução histórica ao direito*. Lisboa: Fundação Calouste Gulbenkian, 2001.

GRAU, Eros Roberto. *A ordem econômica na Constituição de 1988*. 8. ed. São Paulo: Malheiros, 2003.
SOARES, Guido Fernando Silva. *"Common Law"*: introdução ao direito dos EUA. 2. ed. São Paulo: Revista dos Tribunais, 2000.
HOBSBAWN, E. *A era das revoluções*. São Paulo: Companhia da Letras, 2001.
IGLESIA, Francisco. *História política de Brasil (1500-1964)*. Madri/Espanha: Éditorial Mapfre, 1992.
IHERING, Rudolf von. *A luta pelo direito*. 17. ed. Tradução João Vasconcelos. Rio de Janeiro: Forense, 1999.
LOMBARDI, José Claudinei. Historiografia educacional brasileira e os fundamentos teórico-metodológicos da História. *In Pesquisa em Educação*: história, filosofia e temas transversais. Campinas: Autores Associados: HISTEDBR; Caçador, SC: UnC, 1999, p. 8.
LYRA Fº, Roberto. *O que é o direito?* São Paulo: Circulo do Livro, 1990.
MACHADO, Roberto. *Ciência e saber*: a trajetória da arqueologia de Michel Foucault. Rio de Janeiro: Graal, 1988.
MARKY, Thomas. *Curso elementar de direito romano*. 8. ed. São Paulo: Saraiva, 1995.
MARX, Karl. *A ideologia alemã*. São Paulo: Martins Fontes, 2002.
MARX, Karl. *Manifesto do partido comunista*. Marco Aurélio Nogueira (org.). Petrópolis: Vozes, 1988.
MIRABETE, Julio Fabbrini. *Manual de direito penal*. 19. ed. São Paulo: Atlas, 2003.
MONTEIRO, Hamilton. *Brasil república*. 3. ed. São Paulo: Ática, 1994.
MOREIRA ALVES, José C. *Direito romano*. v. I. Rio de Janeiro: Forense, 1971.
MORENTE, Manuel Garcia. *Fundamento de filosofia primeira*: lições preliminares. São Paulo: Mestre Jou, 1980.
RAGO, Margareth. Estudo reavalia rumo da Escola de Annales. *in O Estado de S. Paulo*. São Paulo: 11/06/2000, D2.
REALE, Miguel. *Horizontes do direito e da história*. São Paulo: Saraiva, 1956.
SANTOS, Jair F. *O que é pós-moderno?* São Paulo: Brasiliense, 1998, p. 8.
SCHAFF, Adam. *O marxismo e o indivíduo*. Rio de Janeiro: Civilização Brasileira, 1967.
SPINOZA, B. Textos filosóficos. *Introdução*. Coleção 'Os pensadores', São Paulo: Abril Cultural, 1970.
VALADÃO, Haroldo. *História do direito especialmente do direito brasileiro*. Parte 1. Rio de Janeiro: Freitas Bastos, 1980.
VARGAS, Getulio. *Diário*. São Paulo/Rio de Janeiro: Siciliano/FGV, 1995.
VIEHWEG, T. *Topica y filosofía del derecho*. Barcelona: Gedisa, 1991.
WOLKMER, Antonio Carlos. *Fundamentos de história do direito*. 4. ed. revista e ampliada. Belo Horizonte: Del Rey, 2008.

Bibliografia Sugerida

PARTE I – INTRODUÇÃO CONCEITUAL

ARANTES, Paulo Eduardo. *Hegel: a ordem do tempo*, São Paulo: Pólis, 1981.

BENJAMIN, Walter – "Sobre o Conceito de História", *In Magia e técnica, arte e política*. Tradução de Sérgio Paulo Rouanet. São Paulo: Brasiliense, 1985.

BLOCH, Marc *Introdução à história*. Tradução de Maria Manuel Miguel e Rui Grácio. Lisboa: Europa/América, 1965.

BRAUDEL, Fernand. *Reflexões sobre a história*. São Paulo: Martins Fontes, 1992.

BURKE, Peter (org.). *A escrita da história*: novas perspectivas. Trad. Magda Lopes. São Paulo: Éditora da Universidade Estadual Paulista, 1992.

CARDOSO, Ciro Flamarion; BRIGNOLI, Hector. *Os métodos da história*. Rio de Janeiro: Graal, (s.d.).

CARDOSO, Ciro Flamarion; VAINFAS, Ronaldo (Orgs.). *Domínios da história*. Ensaios de teorias e metodologia. Rio de Janeiro: Campus, 1997.

DUBY, Georges. *História e nova história*. Trad. Carlos da Veiga Ferreira. Lisboa: Teorema, 1986.

FRIEDRICH, Carl Joachim. *Perspectiva histórica da filosofia do direito*. Rio de Janeiro: Zahar, 1963.

FURET, François. *A oficina da história*. Tradução de Adriano Duarte Rodrigues. Lisboa: Gradiva, (s.d.).

HEGEL, G. *A razão na história*: Introdução à filosofia da história universal. Lisboa: Edições 70, 1995.

IGLESIAS, Francisco. *Historiadores do Brasil*: capítulos de historiografia brasileira. Rio de Janeiro: Nova Fronteira; Belo Horizonte: UFMG, Ipea, 2000.

KOSIK, Karel. *Dialética do concreto*. 2. ed. Rio de Janeiro: Paz e Terra, 1976.

LE GOFF, Jacques; NORA, Pierre (Dir.). *História – novos problemas, novos objetos, novas abordagens*. Tradução de Theo Santiago et al. Rio de Janeiro: Francisco Alves, 1976.

LE GOFF, Jacques. *História e memória*. Trad. Bernardo Leitão. Campinas: Éditora da UNICAMP, 1990. (Repertórios).

LEFORT, Claude. *As formas da história*: ensaios de antropologia política. Trad. Luiz Roberto Salinas Fortes e Marilena de Souza Chauí. São Paulo: Brasiliense, 1979.

LOWY, Michael. *As aventuras de Karl Marx contra o Barão de Munchhausen*, marxismo e positivismo na sociologia do conhecimento. São Paulo: Busca Vida, 1987.

SCHAFF, Adam. *História e verdade*. Trad. Maria Paula Duarte. 6. ed. São Paulo: Martins Fontes, 1996.

VASQUEZ, Adolfo Sanchez. *Filosofia da práxis*. Tradução de Luiz Fernando Cardozo. Rio de Janeiro: Paz e Terra, 1976.

VEYNE, Paul. *Como se escreve a história*: Foucault revoluciona a história. Trad. Alda Baltar e Maria Auxiliadora Kneipp. Brasília: Éditora da Universidade de Brasília, 1982.

PARTE II – DIREITO NO MUNDO OCIDENTAL

1. Direito na Antiguidade

ARANGO-RUIZ, Vincenzo. *Istituzioni di diritto romano*. 14. ed., Nápoles, Jovene, 1978.

BONFANTE, Pietro. *Diritto romano*. Milano, Giuffrè, 1979.

GUARINO, Antonio, *Diritto privato romano*, 12. ed., Napoli, Jovene, 2001.

JAEGER, Werner Wilhelm. *Paideia*: a formação do homem grego. São Paulo: Martins Fontes, 2001.

LOBO, Abelardo Saraiva da Cunha. *Curso de direito romano*. Brasília: Senado Federal, 2006.

MOREIRA ALVES, José Carlos. *Direito Romano*. v. 1, 12. ed. Rio de Janeiro: Forense, 1999.

MOSSÉ, Claude. *Histoire des doctrines politiques en Grèce*. Paris: Universitaires de France, 1969.

SCHULZ, Fritz. *Classical Roman Law*. Oxford: Aalen, Scientia, 1992.

TALAMANCA, Mario. *Elementi di diritto privato romano*. Milano: Giuffrè, 2001.

2. O Direito na Idade Média

ANDERSON, Perry. *Passagens da Antiguidade ao feudalismo*. São Paulo: Brasiliense, 2000.

AQUINO, Santo Tomás. *Verdade e conhecimento*: Questões disputadas 'sobre a verdade' e 'sobre o verbo' e 'sobre a diferença entre a palavra divina e humana'. Tradução, estudos introdutórios e notas de Luiz Jean Lauland e Mario Bruno Sproviero. São Paulo: Martins Fontes, 1999.

GILISSEN, John. *Introdução histórica ao direito*. Lisboa: Fundação Calouste Gulbenkian, 2001.

3. Direito e Estado Moderno

DUVERGER, Maurice. *Constitutions et documents politiques*. Paris: Presses Universitaires, 1970.

HOBSBAWM, Eric J. *A era das revoluções*: 1789-1848. 20. ed. São Paulo: Éditora Paz e Terra, 2006.

QUIRINO, Célia Galvão; SADEK, Maria Teresa (org.). *O pensamento político clássico*: Maquiavel, Hobbes, Locke, Montesquieu, Rosseau. São Paulo: Éditora T. A. Queiroz, 1980.

WEFFORT, Francisco C. (org.). *Os clássicos da política*: Maquiavel, Hobbes, Locke, Montesquieu, Rousseau. 13. ed., 8. impr. São Paulo: Ática, 2003.

4. Perspectivas e influências jurídicas da Idade Contemporânea

BAGNOLI, Vicente. *Direito e poder econômico*: os limites jurídicos do imperialismo frente aos limites econômicos da soberania. Rio de Janeiro: Campus/ Elsevier, 2009.

DALLARI, Dalmo de Abreu. *O Estado federal*. São Paulo: Ática, 1990.

HAMILTON, A.; JAY, J.; MADISON, G. *Os artigos federalistas*. Apresentação de Isaac Kramnick; Tradução Maria Luiza X. de A. Borges. Rio de Janeiro: Nova Fronteira, 1993.

HOBSBAWM, Eric. *A era do capital*: 1848-1875. 10. ed. São Paulo: Paz e Terra, 2004.

TOCQUEVILLE, Alexis de. *A democracia na América*. Belo Horizonte: Ed. Itatiaia; São Paulo, Ed. da Universidade de São Paulo, 1987.

PARTE III – HISTÓRIA DO DIREITO LUSO-BRASILEIRO

1. História do Direito Português

BOXER, Charles Ralph. *O império colonial português, 1415-1825*. Lisboa: Edições 70, 1969.

COSTA, Mário Júlio de Almeida. *História do direito português*. Coimbra: Almedina, 1996.

GOMES DA SILVA. Nuno Espinosa. *História do direito português*: fontes de direito. 2. ed. Lisboa: Calouste Gulbenkian, 1991.

SÉRGIO, Antonio. *Breve interpretação da história de Portugal*. 3. ed. Lisboa: Liv. Sá da Costa, 1974.

2. História do Direito Brasileiro

ABREU, J. Capistrano de. *O descobrimento do Brasil*. São Paulo: Martins Fontes, 1999 (1883).

CALMON, Pedro. *História do Brasil*. Rio de Janeiro: José Olympio Éditora, 1959, v. 1-4.

FAUSTO, Boris. *História geral da civilização brasileira*. O Brasil republicano. São Paulo: Difel, 1975.

HOLANDA, Sérgio Buarque de (org.). *História geral da civilização brasileira*. São Paulo: Difel, v. 1 e 2, 1968.

LINHARES, Maria Yedda (org.). *História geral do Brasil*. Rio de Janeiro: Elsevier, 1990.

LOPES, José Reinaldo de Lima. *O direito na história*: lições introdutórias. São Paulo: Max Limond, 2000.

MARTINS JR, Izidoro. *História do direito nacional*. Recife: Cooperativa Éditora e de Cultura Intelectual, 1941.

RODRIGUES, José Honório. *Teoria da história do Brasil*. São Paulo: CEN, 1969 (1949).

SODRÉ, Nelson Werneck. *O que se deve ler para conhecer o Brasil*. Rio de Janeiro: Ed. Civilização Brasileira, 1945.

SOUZA, Laura de Mello e. (org.). *História da vida privada no Brasil*. São Paulo: Cia. das Letras, 1997.

TRÍPOLI, César. *História do direito brasileiro*. São Paulo: Revista dos Tribunais, 1947.

a) Colônia e Império

ABREU, J. Capistrano de. *Capítulos de história colonial* e *Os caminhos antigos e o povoamento do Brasil*. Brasília: Éditora da UNB, 1963 (1907).

ADORNO, Sérgio. *Os aprendizes do poder*. Rio de Janeiro: Paz e Terra, 1988.

BELMONTE. *No tempo dos bandeirantes*. 3. ed., São Paulo: Melhoramentos, (s.d.).

CARONE, Edgard. *A primeira República*. São Paulo: Edipe, 1969.

________. *A República Velha*: instituições e classes sociais. São Paulo: Edipe, 1975.

FAORO, Raymundo. *Os donos do poder*: formação do patronato político brasileiro. 10. ed. São Paulo: Globo; Publifolha, v. 1, 2000.

FERNANDES, Florestan. "A sociedade escravista no Brasil" in *Circuito fechado* – quatro ensaios sobre o "poder institucional", São Paulo: Hucitec, 1976.

FREYRE, Gilberto. *Casa grande e senzala*. 10. ed. Rio de Janeiro: José Olympio, 1961.

HOLANDA, Sérgio Buarque de. *Raízes do Brasil*. 6. ed. Rio de Janeiro: José Olympio, 1971.

LIMA, Oliveira. *Dom João VI no Brasil*. Prefácio Wilson Martins, 4. ed. Rio de Janeiro: Top Books, 2006.

MARCHAND, Alexandre. *Do escambo à escravidão*. 2. ed. São Paulo: Revista dos Tribunais, 1930.

MENDONÇA, Joseli Nunes. *Cenas da abolição*: escravos e senhores no Parlamento e na Justiça. São Paulo: Éditora Fundação Perseu Abramo, 2001.

NABUCO, Joaquim. *O abolicionismo*. Rio de Janeiro: Nova Fronteira; São Paulo: Publifolha, 2000.

NOVAIS, Fernando A. *Estrutura e dinâmica do antigo sistema colonial*. São Paulo: Brasiliense, 1986.

PINHEIRO, Paulo Sérgio (org.), *Trabalho escravo, economia e sociedade*. Rio de Janeiro: Paz e Terra, 1984.

RIBEIRO, Darcy. *A fundação do Brasil – testemunhos (1500-1700)*. Petrópolis: Vozes, 1992.

SCHWARTZ, Stuart. *Segredos internos, engenhos e escravos na sociedade colonial*. Trad. português. São Paulo: Companhia da Letras, 1988.

SILVA, Maria Beatriz Nizza da. *Sistema de casamento no Brasil colonial*. São Paulo: T. Queiroz; Ed./Edusp, 1984.

TAVARES BASTOS, Aureliano Cândido. *A Província*: estudo sobre a descentralização no Brasil. Brasília: Senado Federal, edição fac-sim., 1996.

b) Brasil Republicano

CAPELATO, M. Helena. *Os arautos do liberalismo. Imprensa paulista 1920-1945*. São Paulo: Brasiliense, 1989.

COSTA, Emília Viotti da. *Da monarquia à república*. Momentos decisivos. São Paulo: Brasiliense, 1985.

FAUSTO, Boris. *Crime e cotidiano*. A criminalidade em São Paulo (1880-1924). São Paulo: Brasiliense, 1984.

________. Pequenos ensaios de história da República. *Cadernos Cebrap*, n. 12, 1975.

________. *Trabalho urbano e conflito social (1890-1920)*. Rio: Difel, 1976.

GODOY SILVEIRA, R. M. *Republicanismo e federalismo, 1889/1902*. Brasília: Senado Federal, 1979.

LAMOUNIER, Maria Lúcia. *Da escravidão ao trabalho livre* (a lei de locação de serviços de 1879). Campinas: Papirus, 1988.
QUEIROZ, Suely R. Reis de. *Os radicais da República*. São Paulo: Brasiliense, 1986.
SAES, Décio A. *Classe média e política – 1ª república brasileira*. Petrópolis: Vozes, 1975.
SILVA, Lígia Osório. *Terras devolutas e latifúndio*. Efeitos da lei de 1850. Campinas: Editora da Unicamp, 1966.
SODRÉ, Nelson Werneck. *As razões da independência*. Rio de Janeiro: Civilização Brasileira, 1969.
VIANA, Oliveira. *Instituições políticas brasileiras*. 3. ed. Rio de Janeiro: Record, 1974.

c) Era Vargas

CANO, Wilson. *Raízes da concentração industrial em São Paulo*. São Paulo: Difel, 1977.
HALL, Michel; PINHEIRO, Paulo Sérgio. *A classe operária no Brasil (1889-1930)*. São Paulo: Brasiliense, 1981.
OLIVEIRA, L. Lippi, et alli. *Estado Novo, ideologia e poder*. Rio de Janeiro: Zahar, 1982.
PERROT, Michelle. *Os excluídos da história*. São Paulo: Paz e Terra, 1988.
QUEIROZ, M. Izaura Pereira de. *O mandonismo local na vida política brasileira*. São Paulo: Alfa Omega, 1976.
VILLELA, A. N.; SUZIGAN, W. *Políticas do governo e crescimento da economia brasileira, 1889-1945*. Rio de Janeiro: IPEA/INPES, 1975.

d) Regime Militar

COLLIER, David (org.). *O novo autoritarismo na América Latina*. Rio de Janeiro: Paz e Terra, 1982.
D'ARAUJO, Maria Celina et alii (org.). *Visões do golpe*: a memória militar sobre 1964. Rio de Janeiro: Relume-Dumará, 1994.

e) Nova República

HOBSBAWM, Eric J. *Era dos extremos*: o breve século XX: 1914-1991. São Paulo: Cia. das Letras, 1995.
PRADO JR., Caio. *Formação do Brasil contemporâneo*. São Paulo: Brasiliense, 1965.

Sistema CTcP,
impressão e acabamento
executados no parque gráfico da
Editora Santuário
www.editorasantuario.com.br - Aparecida-SP